전염의 상상력

나남
nanam

나남신서 1925

전염의 상상력

2017년 8월 25일 발행
2017년 8월 25일　1쇄

지은이_ 박길성·김우주 외
발행자_ 趙相浩
발행처_ (주) 나남
주소_ 10881 경기도 파주시 회동길 193
전화_ (031) 955-4601 (代)
FAX_ (031) 955-4555
등록_ 제 1-71호(1979.5.12)
홈페이지_ http://www.nanam.net
전자우편_ post@nanam.net

ISBN 978-89-300-8925-8
ISBN 978-89-300-8001-9 (세트)
책값은 뒤표지에 있습니다.

나남신서 1925

전염의 상상력

박길성 · 김우주 외 지음

나남
nanam

Imagination of Contagion

by

Park, Gil-Sung & Kim, Woo Joo
and Associates

nanam

나남신서 1925

전염의 상상력

차 례

제 2 부 전염의 사회 · 문화적 현상

01

총 론
전염을 상상하기
박길성

1. 전염: '타성'과 '상상력'

《총, 균, 쇠》, 《붕괴》의 저자인 다이아몬드(Jared Diamond)는 세계의 다른 민족들에 견주어 유럽인들이 누렸던 면역성을 산업, 문화, 정치 차원에서 유라시아 대륙의 우월성을 가능케 한 주요 근원의 하나로 간주하였다. 전염 질병이 사회의 진화와 팽창을 설명하는 중요 변수라는 것이다. 잘 알려져 있듯이 유럽인들은 그들이 운반했던 전염 질병과 면역성을 바탕으로 자신들이 식민지화했던 인구의 상당수를 절멸시켰다. 인간사회의 자연사를 전염 혹은 면역의 시각에서 이해할 수 있는 대목이다. 다이아몬드가 주시하는 전염이라는 관념은 역사적 현상들의 관찰 속에서, 동시에 그 같은 현상들을 분석하는 이론적 모델 속에서 중요한 의미를 갖는다.

오늘날 전염현상은 도처에 존재한다. 그것은 각종 전염성 질병, 금

9

융시장에서의 단발성 투기와 쇼크, 문화적 열광과 유행, 컴퓨터 네트워크를 따라 퍼지는 바이러스 등의 형태로 나타난다. 한편 전염은 사회관계의 방식을 특징짓고, 다양하고 창의적인 생각들이 사회를 통해서 확산되어가는 방식을 결정하기도 한다. 공적 문화적 담론들에서 '사회적 전염', '감정적 전염', '정신적 전염', '금융의 전염', '문화적 전염' 등의 표현들은 이제 어렵지 않게 접할 수 있게 되었으며, 이것은 곧 전염현상이 타자에게 영향을 미치는 사회관계의 상호작용 방식으로 확대되고 있음을 시사한다.

그럼에도 불구하고 대부분의 사람들은 '전염'이라는 단어를 고유한 액면적 의미만을 갖는 것으로 생각하는 타성을 가졌던 것이 사실이었다. 즉, 질병의 물리적 생물학적 전달과 커뮤니케이션과 관련된 좁은 의미에만 '전염'을 한정지었다는 것이다. 학계의 사정도 크게 다르지 않아서 전염현상을 의학적 차원에서 주도되어야 할 연구주제로 인식한 나머지, 타 학문 분야의 연구자들은 상대적으로 이를 소홀하게 다루어왔다. 전염 문제는 주로 의학의 전문 분야 또는 의학사를 비롯한 의료인문학에서 연구가 진행되었으며, 인문사회과학 분야에서는 산발적 연구가 이루어졌을 뿐, 본격적으로 학문적 주제로 다루어진 바가 매우 일천하다. 특히, 자연세계와 문화세계에서의 전염현상을 가로지르며 학제적인 모델과 관점을 사용한 연구사례는 국내의 경우 찾아볼 수 없는 실정이다.

하지만 최근 약 20여 년 동안 전염에 관한 관심은 의학을 비롯한 자연과학 담론의 테두리를 넘어 전염의 사회문화적 담론과 이론들의 학제 간 연구에서 더 활발하게 전개되고 있음을 목격할 수 있다. 상당수의 전염이론들은 소셜 네트워킹(*social networking*), 바이럴 마케팅(*viral marketing*), 지구적 금융 위기 등과 맞물리면서 더 많은 설명력을 지니게 된다. 특히 전 지구적 사회의존의 심화로 요약되는 세계화 시대의 도래와 더불어 전염현상은 동시성, 보편성, 편재성의 양상을 강하게 보인다.

전염현상의 일상성 및 편재성과 더불어, 주목해야 할 또 다른 중요한 사실은 과거와는 비교가 될 수 없을 정도로 전 분야에서 발생하는 전염의 기하급수적 팽창 속도이다. 특히 그것의 종료지점에 대한 정확한 예측가능성을 허락하지 않는다는 점에서 가공할 만한 파괴력과 역동성을 구비하고 있다. 전염은 인간의 공포와 취약성을 말해 주며, 때로는 인간의 무지와 무기력을 방증하기도 한다. 하지만 전염개념은 이와 동시에 그 같은 긴박한 상황에 맞서 다양한 경계절차와 예방장치를 준비할 수 있다는 가능성의 단초를 함의하기도 한다. 전염의 부정적 의미뿐만 아니라 혁신의 전염, 행복의 전염과 같은 긍정의 은유도 내포되어 있다. 전염이야말로 그 어느 영역보다 풍부한 상상력을 요청한다.

상상력의 내용은 크게 두 가지 사항을 포함한다. 첫째로, 전염에 관한 개념의 확장을 위하여 '대상으로서의 전염'을 확인한다. 여기에는 병균, 바이러스와 같은 생물학적인 것만이 아니라 사회문화적 현상까지 있음을 제시하고자 하였다. 대부분의 사람들은 전염이라는 단어를 질병의 전이라는 생물학적 의미에서만 사용하고 있다. 그러나 전염이라는 개념에는 생물학적 질병만이 아니라, 문화, 규범, 제도, 규제와 같은 것들의 영향을 받거나 확산되는 것이 포함되어 있다. 전염현상에는 생물학적 현상만이 아니라 금융 및 소비자 마케팅, 언어, 문화 현상 전반에 걸친 확산현상 등이 존재한다.

둘째로, 전염을 통해 사회 내 발생하는 다양한 현상에 대한 이해의 폭을 넓히기 위해 '메커니즘으로서의 전염'을 파악한다. 메커니즘으로서의 전염은 병원체만이 아니라 문화, 감정, 규제, 건강 등의 확산 메커니즘에 적용시켜 사회과학적으로 또 인문학적으로 고민하고 분석할 수 있는 가능성을 고려하게 해준다. 의학적으로 감염병의 전파원리, 감염사슬(chain of infection)을 보면 병원체, 인간, 그리고 사회 간의 삼각관계가 복잡하게 얽혀 있음을 알 수 있다. 예를 들어, 감염체가 사람들에게 침투하여 사회로 확대되는 과정은 미디어의 효과와 루머의 강도 등과도 연결시켜 볼 수 있다. 또한 사람들의 무의식적 행동과 전혀 예상하지 못했던 현상이 감염을 발생시키는 경우도 존재한다. 이것은 병원체의 확산만이 아니라 동년배들의 영향, 학교교육의 효과 등에서 확인된다. 이러한 작업들은 전염이 이루어지는 원리들을 다양하게 살펴보고 유형화함으로써 현상발생 원리에 대한 다양한 메커니즘들을 폭 넓게 논의하게 만든다.

2. 축적된 연구

전염에 대한 인식은 사회적 무리의 심리학을 전문적으로 연구했던 일부 사회 이론가들에 의해서 19세기 후반기부터 발전되었다. 일반적으로 특정 유형의 무리들이 노출하는 행동양식, 감정과 정서, 사유방식

등은 일상생활에서 정상적으로 노출하는 행동양식들과 매우 상이한 것으로 이해되었다. 전염이론은 특정 개인들이 노출하는 감정과 행동은 하나의 무리 속에 있을 때, 한 무리의 다른 구성원들에게 전염되고 확산되어가고, 궁극적으로는 사회적 행동의 구별적 형식 속에서 최고 정점에 도달한다는 점을 강조했다.

20세기 초에 뒤르켐(Emile Durkheim)은 자살에 대한 그의 고전적 연구에서 데스핀(Prosper Despine)의 《도덕적 전염》(*De La Contagion Morale*)에서 시작하여 당시에 영향력 있던 타르드(Gabriel Tarde)의 《모방의 법칙》(*Les Lois de L'imitation*)에 이르기까지 19세기의 전염이론을 비판적으로 검토한 바 있다(Durkheim, 1997). 이 같은 전염이론을 발전시키는 데 있어 가장 주목할 만한 이론가는 르 봉(Gustave Le Bon)으로, 그는 군중의 행동양식을 설명하기 위해 전염개념을 사용했다. 1895년 그의 유명한 저서 《군중심리》(*La Psychologie des Foules*)에서 그는 군중의 두 가지 중요한 심리적 특징을 파악했는데 하나는 군중 형성에서 발생하는 개별성의 제거이고, 다른 하나는 군중 속에 놓일 때 개인의 정신에서 발생하는 심리적 변형이다. 이때 전염은 개인의 심리적 변형의 결과물로서 나타난다(Le Bon, 2002).

전염에 관한 담론과 이의 인식론적 계보는 19세기 후반으로 거슬러 올라가지만 연구의 왕성함은 그리 오래되지 않았다. 서구학계의 경우, 최근 약 20년 동안 전염의 학제적 연구는 사회학, 물리학, 네트워크 이론 등을 중심으로 급속도로 팽창해가는 추세이다. 무엇보다 '전염'(contagion) 문제의 학제적 융합 연구의 지표의 하나로 전염전문학술지인 *Contagion: Journal of Violence, Mimesis, and Culture*를 손꼽을 수 있을 것이다. 1994년 봄에 창간호를 발행하기 시작한 *Contagion* 학회지는 지라르(René Girard)의 학문적 전통성을 계승하여 국가주의와 폭력, 인간과 신성 그리고 종교와 정치의 문제를 전염학으로 확장함으로써 인문학과 사회과학에서 전염문제의 학문적 적합성의 문제를 제기할 수 있게 하였다. 2013년 영국 왕립 학회에서 출간하는 세계적 철학학술지 *Philosophical Transactions* 특집호에서 전염현상에 대한 다각도의 인문학적 연구를 시도하였고, 프랑스의 경우에도 인문학 학술지 〈코뮤니카시옹〉(*communications*)에서 이미 1999년 전염 관련 특집호를 출간한 데 이어 2014년에도 파리 고등사범학교에서 출간하는 정통 인문학 학술지 〈트라세〉(*Tracé*)에서 동일한 주제에 대한 학제적 특집호를 마련한 바 있다.

이 밖에도 최근 10여 년 동안 전염의 학제적 연구는 다양한 분야에서 이루어져 그 연구결과물들이 속속 출간되었다. 몇몇 대표적 저작을 소개하면, 인문학에서 전염 담론의 은유 계보와 인식론을 치밀하게 추적한 미첼(Peta Mitchell)의 저서, 《전염적 은유》(*Contagious Metaphor*)는 이 분야에서 중요한 성과물로 인정받는다. 또한 컴퓨터 바이러스의 문제를 매체고고학의 시각에서 집중적으로 연구한, 파리카(Jussi Parikka)의 저서 《디지털 전염》(*Digital Contagions: A Media Archaeology of Computer Viruses*) 역시 중요한 성과로 주목받고 있다. 아울러, 의학사의 세계적 석학인 프라이스 스미스(Andrew T. Price-Smith) 교수가 출간한 《전염과 재앙》(*Contagion and Chaos: Disease, Ecology, and National Security in the Era of Globalization*) 역시 전염질병의 문화사와 정치경제학을 집대성한 중요한 저술이다.

최근 약 20년 동안 진행된 전염연구의 세계적 동향을 살펴보면, 전염현상은 다양한 학제적 장 속에서 상당한 수준의 융합연구들이 축적되었음을 확인할 수 있다. 특히 전염모델의 응용범위의 경우, 관념의 확산, 감정의 전염, 혁신의 확산, 전통의 전승, 소문의 확산, 폭력의 재생산, 금융 파산의 연쇄 등의 현상들을 전염학의 모델로 설명하려는 연구결과들이 다수 발표되고 있다. 이에 대한 도표는 〈그림 1-1〉과 같다. 금융·주식 분야와 소셜 네트워크에 관한 연구가 왕성하게 진행되고 있음을 확인할 수 있다.

그림 1-1 **전염모델의 응용분야 분석**

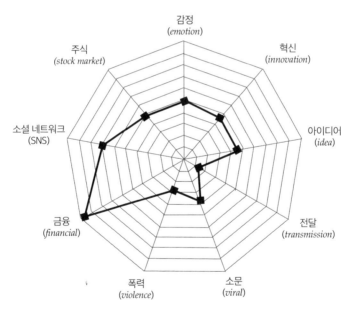

출처: 1980년부터 2014년까지 'contagion'을 의학적 관점이 아닌 인문학적 관점으로 분석한 논문들은 Open Source: Library of Congress에서 총 454편 검색되었다. 위 그림은 454편의 논문들을 키워드 분석으로 분류한 결과이다.

3. 전염의 대상과 메커니즘

민주화를 이룬 지 30년, IMF 외환위기를 겪은 지 20년인 2017년, 한국사회는 어떤 모습이라 할 수 있는가.

군부 독재정권에 의해 억압되었던 '민주주의'를 그 본연의 의미에 맞게 국민이 주인이 되도록 회복시키고, 훼손되었던 민주적 절차와 정당성을 복원시키고자 했던 당대의 열망은 '박종철 고문치사사건'과 '이한열 사망사건' 등이 도화선이 되어 들불처럼 번져나갔다. 이후 호헌 철폐와 직선제 개헌을 통해 민주주의를 되찾은 한국사회에 대한 기대는 부풀어갔고, UN·OECD 등의 국제기구에 가입하며 명실상부 선진국의 반열에 올랐음을 자부하기에 이르렀다. 그만큼 그 장밋빛 전망에 시나브로 암운이 드리우고 있다는 사실을 사람들은 분명하게 인식하지 못했다. 규제 없는 자율이 '방만'이 되어 과거의 기적이 병폐로 곪아가던 순간에, 철저한 준비 없이 격랑이 이는 세계경제라는 바다에 열어젖힌 문을 통해 쏟아져 들어온 것들은 우리의 낙관을 부질없게 만들기에 충분했다.

IMF로부터의 구제금융뿐만 아니라 뼈를 깎는 구조조정과 세계에서 전례를 찾기 힘든 — 외채상환과 외환확보를 위한 — 금 모으기 운동 등이 더해져 'IMF 조기졸업'의 상처뿐인 영광이 더해지는 과정 중에, 국가적 경제위기의 충격과 이로부터의 교훈은 각골난망(刻骨難忘)이라는 표현 그대로 우리 사회와 국민들에게 아로새겨졌다. 신자유주의적 경제질서가 제도화·보편화되었고, 이에 맞게 기업운영과 일반 국민들의 삶 또한 재조정되었다. 투자자본에 의한 단기실적 평가에 부합하기 위해 기업들은 중장기적 투자보다는 단기적 이익 창출에 집중하게 되었고, 존재하는 모든 것이 투자상품으로 거래되는 금융 시장을 마주한 개인들 또한 투자·재테크 열풍에 휩싸였다. 그러면서도 여전히 강력한 권한을 갖고 있는 공적 제도와 기관에 대한 신뢰는 갈수록 낮아졌는데, 이것이 규율 없는 정치권력에 의해 장악된 결과는 다시금 반복된 '인재'(人災)와 이에 대한 국민들의 낙담과 공분이었다.

짧게 돌아본 지난 30년 곳곳에서 '전염'은 그 모습을 드러냈었다. 많은 사람들을 동원하는 '운동', 자본의 흐름에 따라 한 국가에서 다른 국가로, 다시 한 국가 내부의 경제 영역으로부터 여타의 사회 영역으로까지 파급되었던 '위기', 특정 대상에 대한 대중 다수의 '열광', '유행', '광기', '공포', 그리고 액면 그대로의 '질병의 전염'이 그것이다. 마냥 전염의 외연을 (지나치게) 넓게 규정했을 때나 가능한 이야기라고 치부하고 넘어가기 어렵다. 무언가가 전파되는 동안 어디선가, 어느 순간엔가 전파자였던 우리의 경험이 전염의 대상과 속성이 액면적 의미에만 국한될 수 없음을 방증하고 있다.

다분히 한국적 맥락에서 논의했지만, 오늘날 실제로 지구적 수준에서도 '거대전환'으로서의 세계화, 정보화, 민주화의 추세는 뚜렷하다. 이를 정확히 독해하고자 전염학의 새로운 패러다임 구축을 모색하기 위한 다양한 제언과 연구과제는 새로운 형태의 초학제적 구조의 모색으로 귀결되는 경향을 보인다. 이를테면 초국가적 전염학의 모색, 예방의학 차원에서의 메커니즘 구축은 통합전염학의 초학제적 연구의 이론적 토대를 모색하기 위한 기반으로서 주목되어야 한다. 의료인문학, 과학기술학, 문학, 의학사, 뉴미디어 연구 등, 최근 약 20여 년 동안 학문 선진국에서 전염과 질병에 대해서 축적한 연구성과는 전염 문제에 대한 다학제적 이론을 형성함과 동시에 하나의 새로운 패러다임을 구축하고 있다는 점에서 국내에서도 적극적 수용이 필요하다. 다중의 대상을 갖고 있는 전염을 다중의 학제 간 협업을 통해 다루어야 한다는 이야기다.

더불어 우리는 전염의 외연을 넓히기 위한 우리의 상상력을 단지 전염되는 '대상'에만 국한시켜 두지 않을 것이다. 각종 질병을 포함한 병리적 현상에 제한되어 있었던 인식의 지평을 다양한 사회적 대상 및 현상으로 넓혀 전염을 새로이 조망하고자 할 때, 무엇이 전염되는지와 더불어 관심을 기울여야 할 부분은 바로 그 대상이 전염되는 방식인 '메커니즘'이다. 감염은 균이 몸 안에 들어가 증식한 것이고, 전염은 병을 남에게 옮기는 것, 전달하는 것, 퍼져나가는 것, 옮아가는 과정을 의미하는 것이다. 의학적 개념인 이러한 전염의 과정들을 다양한 현상에 적용하여 어떤 현상, 문화, 감정 등이 확산되는 메커니즘을 보다 구체화하는 것이 필요하다. 나아가 사회 내 부정적 현상에 대한 면역력을 키우는 대안을 마련하는 일 역시 필요하다. 우리 사회에서 부정적인 현상에 대한 면역력을 키우는 것, 거짓된 소문에 쉽게 흔들리지 않는 사회 분위기 형성 등도 역시 중요한 부분이다.

과학기술의 발달과 함께 병원체가 한 생물로부터 다른 생물로 전염되는 방식과 경로에 대한 이해 또한 증진되었지만, 정작 우리의 실질적 삶에 대한 이해는 그만한 수준까지 병진하지 못했던 것 같다. 우리는 이제까지 전염병이 한 개인이 아닌 '사회' 속에 자리하는 과정과 영향, 결과에 대해서는 무관심했다. 아니, 애당초 어느 부분에 관심을 뒤야 하는지 몰랐다고 하는 편이 더 적합한 표현일 것이다. 2016년, 혹한의 광장을 뜨겁게 달궜던 시민들의 촛불은 헌정 사상 최초로 대통령의 탄핵을 이끌어냈다. 이후 대통령 선거 국면에 접어들 때까지도 그 열기를 이어갔지만, 그처럼 촛불이 들불로 번졌던 과정 및 이유에 대해서는 정치권의 아전인수(我田引水) 격 해석이 아닌 명증성 있는 설명을 찾아보기 어렵다. 이 또한 우리의 무지에서 비롯한 일이다.

이 무지가 우리 지식사회 구성원들의 태만으로 인한 것이라면 이 또한 통렬한 반성이 필요한 일이겠으나, 실상 가장 근본적인 원인은 우리의 전염에 대한 상상력에서 찾을 수 있다. 이때의 상상력은 별안간에 우리가 목도한 현상을 설명할 새로운 방법을 주문하기 위한 것이 아니다. 그보다는 이미 우리에게 익숙한 메커니즘 등을 현상을 설명하는 데 때로는 개별적으로, 때로는 종합적으로 적용시켜 볼 수 있는 호기심과 담대함의 원천이자 그 자체다.

물이 담긴 비커에 스포이드로 떨어뜨린 잉크 방울은 분자의 이동에 따라 용매 속으로 퍼져나간다. 자동차 공장에서 자동차는 컨베이어 벨트를 따라 이동하며 개별 공정에서 필요한 부품을 조달받은 후에야 비로소 하나의 완제품으로 거듭난다. 조직・집단 차원의 혁신은 다른 조직・집단과의 관계 속에서 인적 자원의 이동을 통한, 혹은 그들 간의 호혜적 교류나 사업활동을 통한 이전 및 습득의 과정을 거쳐 점차 보편화된다. 패션, 음반, 영화, 예술 등 문화(산업) 영역에서 이른바 '트렌드 세터'(trend-setter)들이 제시하는 비전과 스타일은 세계 곳곳에서 유무형의 경계를 초월해 열광적 호응을 이끌어낸다. 우리에게 너무나 익숙한 이 현상들의 원리는 각각 확산, 운반, 모방, 유행 등의 개념으로 규정되며 모두 일종의 이동성(*mobility*)을 포함한다. 이동하고 옮겨지는 대상과 그 방법상의 차이가 각각의 개념을 구분짓게 해준다.

　이러한 전염은 하나의 '은유'로서 공적 담론과 문화적 담론에서 증식되고 있다. 심리학에서 제시된 정서적 전염, 인류학에서 제시된 문화적 전염, 경제학에서 사용되는 금융 전염 등, 다양한 은유에서 사용된다. 인문학과 사회과학에서 전염 은유의 사용은 불가피하게 그것의 물리적 양상들보다는 정서적, 또는 정신적 양상을 부각시킨다. 사회심리학, 경제학, 밈(*meme*) 이론 등은 관념, 감정, 또는 충동의 전달을 표상하기 위해서 전염의 은유를 사용한다. 특히, 전염 은유를 에워싸는 부정적 함축 의미가 제거되고 그 대신, 생각의 전염은 창의성을 위한 핵심어가 되고, 지식과 아이디어를 소통시키고 성취하게 만들어주는 근본적 과정을 형성한다. 신체적 전염과, 관념 또는 감정의 전염병과 유사한 확산현상에 존재하는 유추를 파악한 것은 이미 전염 질병의 전달에 대한 초기 이론에서 나타날 뿐만 아니라, contagion이라는 단어의 어원에서 감지된다. 이 점은 전염의 '액면적 의미'(미생물학적, 의학적, 물리적)와 '은유'(사회문화적, 정서적, 정신적 전염) 사이의 명백한 경계선을 긋는 것을 어렵게 만든다.

　그럼에도 불구하고 우리는 전염의 '대상'이 어떤 메커니즘에 따라 '전염'되는지 규명하고자 한다. 대상에 부여된 이동성이 어떤 양상으로 나타나며 결과적으로 전염으로까지 이어지는지 우리가 이미 일상적·학술적으로 규정한 개념들의 조합을 통해 설명해내는 것이다. 사회적 메커니즘에 관한 기존의 개념들을 동원하여 복합적 메커니즘으로서의 전염을 개념화하고 이를 분석에 활용하는 것이다. 이것이 곧

'초연결 사회'와 '네트워크 사회' 등으로 지칭되는 우리 사회의 가장 지배적이며 본질적인 메커니즘으로서의 전염을 규명하는 상상력이자, 바로 그 전염을 통해 우리 사회를 독해하는 상상력이다.

메커니즘으로서의 전염을 이해함에 있어 한 번 더 우리의 상상력을 요청해야만 하는 지점이 있다. 전염이 단일의 사회적 층위에서뿐만 아니라 상이한 사회적 층위들을 관통하여 발생하는 곳, 그러한 다층적 이동에 대한 설명을 요구하는 시점이 바로 그 지점이다. 개인, 조직·집단, 네트워크, 제도, 국가, 전 지구적 수준에서 전염은 발생하며 그 과정이 항상 점층, 혹은 점강의 양상을 보이는 것은 아니다. 각각의 층위를 반드시 거쳐야만 할 이유도 없다. 경우에 따라서는 특정 층위에서 시작된 전염이 다른 층위의 구성요소들에 변화를 가하기도 한다. 이와 같은 전염의 '급진적' 도약과 하강의 계기는 무엇인가? 무엇이 정치·경제·문화 등 사회 전 영역에 걸쳐 의생물학·물리학·사회과학·인문학을 막론한 학제적 호기심과 탐구의 원천이 되는 현상들을 만들어내고 또 퍼져나가게 하는 것인가?

4. 통합전염학을 위하여

우리는 전염에 관한 편협한 시각에서 벗어나 사고할 필요가 있다. 전염은 스케일(scale)의 차이에 따라 구분되는 사회적 층위를 넘나듦과 동시에 사회 제 영역 간 경계 역시 자유로이 오간다. 일단 사회 일반을 구성하는 하위영역들을 경제, 정치, 문화 등으로 거칠게 구분한다면, 전염이야말로 이 구분을 무색하게 만든다. 하지만 바로 이 점 때문에 우리는 우리 사회 내에 발생하는 현상들을 보다 심도 있게 이해할 수 있다. A가 B에 "영향을 준다"는 상투적 설명을 대신할 수 있는 입체적 설명을 제시할 수 있다. 한 국가의 정치적 불안정성이 그 국가의 거시경제에 영향을 주어 관련 지표를 악화시켰다는 진술은 현상의 원인과 결과를 지목할 수는 있지만 양자를 잇는 그 원리까지 보여주지는 못한다.

연구진은 통합전염학의 초학제적 연구를 위하여 의학, 물리학, 인문사회학 분야를 주축으로 하여 전염학의 생태를 확인하고 통합전염학의 기본 토대를 마련하는 작업을 진행하였다. 통합전염학의 초학제적 연구에 참여한 연구진은 2년간 연구를 진행하면서 학제 간 축적되어 사용되던 용어의 경직성이 완전히 무너질 수는 없다는 사실을 인식하고 근본적 한계에 직면하였다. 실제로 통합전염학에서 가장 중요하게 정립되어야 할 '전염'이라는 용어가 의학계와 인문사회계에서 해석이 분분하기도 했다. 그러나 이러한 한계는 오히려 학문적 소통의 의지를 유발하는 긍정의 축으로 변환하게 되면 지속적인 교류의 가능성으로 발전하였다. 이와 같은 시행착오와 논쟁을 토대로 더 나은 정교한 연구모델 디자인을 마련하기 위해 노력할 것이다.

지금까지 연구진은 연구결과물의 지식확산을 위해 많은 노력을 기울였다. 이번 기획도서, 《전염의 상상력》은 그 노력이 일궈낸 첫 번째 성과로서 전염에 관한 포괄적·학제적·융합적 시각과 이에 입각한 연구들이 일반 대중들에게 더욱더 친숙하게 다가갔으면 하는 바람에서 집필되었다. 그리고 전염현상과 관련하여 다양한 부문에서 발생하는 한국사회의 주요 당면 문제들을 설명하고, 의학·인문학·사회과학에 걸친 초학제적 방법을 통해 전염현상에 대한 실질적 해결책을 제시하는 목표 또한 갖는다.

앞으로는 통합전염학의 인식론 구축을 보다 강화하고 전염개념이 은유로서만이 아니라 사회현상을 설명함에 있어 매우 유용한 접근이라는 것을 주장할 것이다. 구체적 전염학의 종합적 이해를 구축하기 위한 노력은 계속될 것이다. 우리는 전염에 '대한' 상상력을 통해, 전염에 '담겨 있는' 상상력을 통해 이러한 바람이 달성될 수 있음을 논증하고자 한다.

5. 책의 구성

전염현상이라는 주제 안에는 디지털 네트워크, 금융 및 소비자 마케팅, 언어, 문화 현상 전반에 걸쳐 나타나는 확산적 현상들이 포함되어 있다. 그러므로 전염의 대상에는 각종 질병만이 아니라 문화현상, 인간의 정신, 바이럴 마케팅, 금융시장, 그리고 창의적 사고확산까지도 고려해야 한다. 또한 전염의 대상이 꼭 부정적이지만은 않다. 전염이 부정적 형태만을 퍼뜨리는 것이 아니다. 사자성어에 나쁜 사람과 가까이 지내다 보면 자신도 모르게 악한 행동에 물든다는 '근묵자흑'(近墨者黑) 만이 아니라, 선한 사람과 어울리면 그 영향을 받아 더불어 곧아진다는 뜻의 '마중지봉'(麻中之蓬) 도 있다. 이 책은 이와 같은 내용을 고려하여 총론을 포함하여 총 2부 12장으로 구성되어 있다.

제1부는 "전염의 이해와 설명"으로 전염현상이 지닌 메커니즘을 밝

히기 위해 이론적으로 고민한 것이다. "전염의 문화의미론적 이해"(김성도, 제2장)는 전염의 문화학을 제시함으로써 문화의 전달과정에 관한 이해를 위해 인식론적 방법론의 틀을 마련하고자 했다. 이 글은 '문화는 전염적인가?' '전염은 문화의 본질을 설명하는 데 적절한가?' '문화는 질병과 유사한 방식으로 퍼지는가?' '질병의 확산과 문화의 전달과정은 어떠한 공통점과 차이점이 있는가?'와 같은 질문에 답하기 위해 전염개념의 의미와 문법구조를 설명하였으며, 가브리엘 타르드의 모방법칙과 르네 지라르의 욕망이론을 제시한 뒤 앞에서 던진 질문들에 답한다.

"전염의 사회학적 이해"(오인규, 제3장)는 전염에 관한 사회학적 접근의 가능성을 멜랑콜리아의 확산연구를 통해 확인한다. 이 글에서는 한류 여성팬들 사이에 존재하는 멜랑콜리아 확산현상을 하나의 사례를 중심으로 새로운 사회전염학을 제시하고자 하였다. 이 글은 한류 여성팬들 사이의 멜랑콜리아가 확산되는 현상을 사회학적으로 살펴보는 것이 여성사회학이나 사회변화론에 있어 여성차별, 여성운동의 발전과정, 그리고 여성들의 무의식을 연결시켜 볼 수 있게 해주는 의미있는 작업이라고 주장하였다.

"전염의 복잡계 과학론적 접근"(정하웅·이병휘, 제4장)은 2003년 당시 홍콩 메트로폴 호텔에 머물던 한 명의 투숙객으로 인하여 바이러스가 전 세계적으로 퍼지게 된 사건을 살펴보는 것으로 시작한다. 이 사례가 보여준 것은 호텔과 같이 작은 공간에서 발생한 전염병도 전 세계적으로 쉽게 퍼질 수 있다는 것과 수많은 사람들에게 질병을 확산시키는 슈퍼전파자가 존재한다는 사실이다. '한 명의 사람으로부터 시작

된 각종 전염현상은 어떻게 순식간에 전 세계적으로 퍼질 수 있는가?'
에 대한 의문을 해결하기 위해 전염과정에 존재하는 구조와 과학적 원
리를 복잡계 이론을 통해 설명하였다.

"전염의 방어론"(김익환, 제5장)은 전염을 확산이 아닌 방어의 대상
으로 보고 방어의 원리에 대해 과학적으로 설명하였다. 이 글은 병원
체의 전염이 인류에게 심각한 위협으로 다가와서 막대한 인적·물
적·경제적 손실을 끼칠 수 있음을 강조하였다. 그러므로 감염성 병
원체의 증식과정을 파악하고 대처하는 것이 필요하다고 주장하며 다
섯 가지 전염경로 차단방법을 제시했다. 사람 사이의 전염방어, 곤
충·동물을 통한 전염예방, 병원시스템 보완, 범사회적 전염방어 시
스템 보완, 그리고 정신적 바이러스의 백신 마련 등을 제안하였다.

제2부는 "전염의 사회·문화적 현상"으로 제1부에서 고민한 전염현
상의 메커니즘을 실제 다양한 현상에 적용하여 살펴본 것이다. "온라
인 구전과 소비행동"(이장혁, 제6장)은 온라인 구전의 독특한 성격이
마케팅에 있어 구전으로 인한 구매의 확산 효과에 어떠한 영향을 미치
는지 살펴보았다. 정보의 전달방식과 보상물의 존재 여부에 따른 소
비자들의 반응과 마케팅 영향력이 어떻게 달라지는지 다루었다. 이제
는 물건을 판매하고 구매하는 데도 정보의 확산과 수용을 고려하는 전
염의 시각이 필요하게 되었다. "혁신의 사회적 형성과 수용"(강수환,
제7장)은 혁신을 기술개발과 발명과 같은 기술적 측면에서만 고려하
는 것이 아니라, 사회질서에서 형성되고 수용되는 문제로 다뤄야 한
다고 주장하였다. 그리고 혁신이 사회질서 내에서 만들어지고 확산되
는 과정을 기존 연구들과 다양한 사례들을 통해 확인했다. "경제위기

의 전염"(이종훈, 제8장)은 동아시아 외환위기와 미국발 글로벌 금융위기를 통해 '전염'은 경제위기의 촉발과 파급을 아우르는 본질적 원리이며 경제위기의 전염성을 제대로 인식함으로써 경제위기의 피해를 최소화하기 위한 방안을 마련할 때라고 주장했다.

이와 함께 문화와 예술적 측면에서의 전염현상도 존재한다. "팬덤 연구와 전염의 인식론"(김민형, 제9장)은 팬덤 연구를 위한 기존 접근들을 정리하고 그것들의 한계를 보완하기 위해 기존 연구에 전염적 인식을 결합한 팬덤현상에 대한 통합전염학적 인식을 시도했다. "오토마톤의 감성전염 고찰"(지승학, 제10장)은 인간에서 기계로 감성이 전염되어 기계가 인간의 감성을 재현하는 현상을 프리츠 랑의 영화, 〈메트로폴리스〉에 담긴 내용을 통해 이야기한다. "현대미술의 새로운 경향"(강소정, 제11장)은 행위자-네트워크 이론을 통하여 현대미술 내에 존재하는 기술들이 관객에게 미치는 전염적 현상들을 포착하고자 했다.

반복되는 이야기지만, 학계와 대중을 막론하고 여전히 일반적으로 인식되고 있는 전염의 대상은 질병이다. 그런데 이러한 질병 역시 사회와 연결되어 있는 존재로 그것을 규정하고 다루는 방식은 시대마다 사회마다 다르다. 질병은 과학적·생물학적인 것이 사회변동 과정과 매우 긴밀하게 연관된 존재로 질병의 사회적 형성(social construction of diseases)에 관한 부분도 고민해야 한다. "2015년 한국의 메르스: 회고와 대책"(김우주, 제12장)은 감염병에 대한 의학·인문·사회과학의 융합적 이해와 대응이 더욱 효과적일 수 있음을 간과해서는 안 된다고 주장했다. 감염병에 대한 과학적 접근만이 아니라 인간, 사회, 그리고 국가와 세계적 차원이 상호작용한다는 사실을 알고 이에 대한 대책을 모색해야 한다는 것이다. 이 글은 지난 한국 사회에서 발생한 메르스 사태를 보여줌으로써 당시 메르스 유행이 미디어의 경쟁적 또는 자극적 보도로 인한 사회불안, 소비활동의 위축, 정치적 이슈 편 가르기 등 사회, 문화, 경제, 정치에 영향을 미칠 수밖에 없었다는 것을 보여줬다.

독자들은 이 책에서 고려대학교 통합전염학 융합연구팀 연구진이 언뜻 불규칙적이고 무질서해 보이는 전염의 과정을 학술적으로 체계화하기 위해 들였던 노력과, 낯설고 부정적으로만 비쳐지는 전염을 친근하게 받아들이고 상상하도록 만들기 위해 행했던 고민의 산물들을 발견할 수 있을 것이다.

참고문헌

Durkheim, E. (1997). *Suicide: A study in sociology.* The Free Press.

Le Bon, G. (2002). *The crowd: A study of the popular mind.* Dover Publications.

Mitchell, P. (2014). *Contagious metaphor.* Bloombury Academic.

Parikka, J. (2007). *Digital contagions: A media archaeology of computer viruses.* Peter Lang.

Price-Smith, A. T. (2009). *Contagion and chaos: Disease, ecology, and national security in the era of globalization.* The MIT Press.

제1부

전염의 이해와 설명

02
전염의 문화의미론적 이해
김성도

1. 전염의 문화적 질문

전염의 문화학에서 전염은 그 자체가 하나의 연구내용이며 동시에
인간의 문화를 파악할 수 있는 관점이며 방법이다.[1] 협의의 의미에
서 전염은 질병 그 자체와 더불어 질병의 확산과정을 지시한다. 그
런데 문화가 의학적 차원에서의 질병 전염과 동일한 방식으로 전달
되고 확산된다는 사실은 문화적 전달과정을 기술하고 파악하는 관점
이나 방식으로서 전염모델의 인식론적 방법론적 변별성을 마련해 줄
수 있다. 이 장에서는 다음과 같은 물음들을 제기할 것이다.

---

[1] 전염현상의 편재성과 학제성에 대한 최근 연구성과를 제시하면 다음과 같다.
Nixon, K. & Servitje, L. (Eds.). (2016). *Endemic: Essays in contagion theory*. Palgrave
Macmillan; Sampson, T. D. (2011. 1. 1). Contagion theory beyond the microbe. *CTHEORY
Journal of Theory*. Available: http://www.ctheory.net/articles.aspx?id=675.

'과연 문화는 전염적인가?'

'전염은 문화의 본질을 설명하기 위한 적절한 은유인가?'

'문화는 실제로 질병이 전달되는 방식으로 전달되는가?'

'어떻게, 어디서, 왜 전염 가능한 질병은 문화적 과정에 비교되었는가?'

요컨대, 전염의 문화학에서는 문화의 전염성과 전염의 문화적 차원에 대한 양방향의 접근을 시도해야 할 것이다. 전염과 문화는 많은 공통점을 지닌다. 특히 전염개념은 문화에 의해 축조되었다는 사실을 환기할 필요가 있다. 마찬가지로 다양한 문화현상들은 마치 의학적 전염처럼 사람들 사이에서 소통되고 전파된다.[2] 기존 문화에서 이루어지는 새로운 구성원의 사회화부터, 하나의 문화에서 다른 문화로 향하는 새로운 문화적 실천의 확산에 이르기까지, 그 양식은 다양하다. 근대문화는 심지어 결핵에서 매독에 이르기까지 다양한 전염병을 야기한 주범으로 비난받았다.

문화와 전염의 다양한 연계성은 'culture'라는 서양어 단어 자체의 진화에서 드러난다. 라틴어 어근 cultura는 '경작하다'를 뜻했으며 그것의 영어 파생어 cultivation의 의미 장에서 잘 경작된 인간은 잘 경작된 정신을 가진 것을 의미했고, 함양된 정신의 소유자를 지칭했다. 19세기 중반부터 culture는 두 개의 새로운 의미를 획득했는데 모두 두 개의 새로운 학문에서 형성된 의미에서 비롯되었다.

인류학에서 culture는 지적 발달의 특별한 형식 또는 유형을 지시했

---

2 전염과 문화의 역사적 개념적 친화성에 대한 다양한 사례연구와 보다 상세한 분석은 다음의 문헌을 참조할 것. Pernick, M. S. (2002). Contagion and culture. *American Literary History*, 14(4), 858-865.

고, 근대 세균학에서는 미생물 특히 세균의 발달, 즉 세균배양, 배양균, 배양조직을 의미했다. 최근 의학 용어에서 'communicable'(전달 가능한)은 'contagious'(전염성이 있는)를 대신하여 사용되고 있는데, 이 같은 새로운 단어는 최소한 contagion만큼이나 culture라는 단어와 연계되어 있다. 커뮤니케이션(communication)이 감염(infection)의 기초인 것처럼, 그와 동시에 언어와 문화의 초석이라는 점에서 최소한 어원적 차원에서 전염과 문화 사이에 존재하는 개념적 친화성을 짚어낼 수 있다. 또한 분자생물학자들은 바이러스를 유전자 정보의 다발(packet)로서 언급한다. 즉, 현대 생물학은 언어적 커뮤니케이션과 의학적 커뮤니케이션을 직접적으로 동등한 가치를 갖는 것으로 파악한다.

위에서 제기된 물음들에 대한 예비적 작업가설은 다음과 같이 정리될 수 있다. 무엇보다 숙지할 점은 전염과 문화의 관계에 대한 최근 연구성과들은 친숙하면서도 협소한 기존의 전염개념에 대한 커다란 인식의 변화를 가져다주었다는 사실이다.

첫째, 그 같은 역사에 대한 심층적 탐구를 통해 전염에 대한 과거의 개념들에서 다채로운 연구의 시각들과 인식론적 계보를 새롭게 구성할 수 있을 것이다. 둘째, 기존의 개념 정의에서 전염의 액면적 의미와 은유적 의미 사이에 선을 그은 것과는 달리, 그 경계와 구별이 모호하고 양자 사이의 의미론이 보다 역동적이다. 셋째, 그 같은 역사 연구의 성과들은 전염과 문화가 오랫동안 매우 밀접하게 연계되었으며, 상호 구성적이었음을 깨닫게 해준다. 다시 말해, 구체적 시간과 장소와 더불어 전염과 문화 사이에 존재하는 관계의 특별한 성격들 역시 시대에 따라 다양하게 변천되었다.

2. 전염의 의미와 은유의 계보

1) 전염개념의 핵심적 의미: 사전적 정의

국어사전에서는 전염에 대해서 세 가지 상이한 의미를 제시하는데 이것은 영어사전과 프랑스어 사전에서 제시하는 개념 정의와 비교해도 상당한 유사점을 공유한다.

첫째, '병을 남에게 옮김'이라는 정의에서, 우리는 질병과 관련된 의학적 현상으로서의 전염을 명시함을 확인할 수 있고, '옮김'이라는 단어에서 '전달'(transmission)이라는 핵심적 의소(의미론적 요소)를 파악할 수 있다. 둘째, 국어사전을 비롯한 다른 언어 사전에서 모두 의학적 영역이 아닌 습관, 분위기 등 정서적 영역과 심리적 영역에서의 전염현상을 명시한다. 이 점에서 전염은 대부분의 자연어에서 정서적 현상의 확산을 의미함을 알 수 있다. 셋째, 사전의 정의에서는 전염현상의 핵심적 의소로서 '영향'이라는 의미를 명시한다.

이 밖에도, 전염의 의미론에서 실행해야 할 과제는 다른 동의어와의 연계성을 밝히는 것이다. 이를테면 감염, 오염 따위의 근접 어휘와의 의미론적 차별화이다. 그런데 한 가지 흥미로운 사실은, 국어사전에서 감염이라는 단어를 정의할 때, 전염과 달리, 먼저 버릇, 풍습, 사상 등과 같은 심리적 문화적 차원에서의 현상을 먼저 명시하고, 그다음에 의학적 현상을 정의한다는 점이다.

영어사전과 프랑스어 사전에서 제시된 '전염'의 개념 정의를 분석해보자. 우선 영어사전에서는 크게 3개의 핵심적 의소를 추출해낼 수 있는데, 전달(transmission: 전염 질병의 전달), 접촉(contact: 접촉을 통한 전달), 커뮤니케이션(*communication*: 태도 또는 정서 상태의 소통) 등이다. 프랑스어 사전에서는 전염에 대해 '일반적으로 비의지적으로 발생하는 질병의 전달'이란 정의를 제시함으로써 '비의지적 성격'을 강조한다. 둘째, 비유적 의미에서 특정 현상의 확장과 커뮤니케이션을 지시하며, 셋째, 감염, 오염, 전달, 전염병 등 다양한 동의어를 제시한다.

국어사전, 영어사전, 프랑스어 사전에 제시된 전염 관련 정의를 검토해 본 결과 크게 5개의 핵심적 의소, 즉 전달, 접촉, 소통, 영향, 확산을 추출할 수 있다. 액면적 사용 관례이건 은유적 사용 관례이건, '전염'이라는 단어는 몇 가지 전제조건을 담지한다. 그것은 의학적 사회적 현상의 확산을 성격 짓기 위해 사용된다. 이때 두 가지 측면을 기억해야 할 것이다. 하나는 팽창, 전달, 분포(*distribution*) 등의 양태성이며, 다른 하나는 기하급수적 확산의 속도를 이른다.

의학적 개념에서 전염은 환자로부터 건강한 사람에게 특정 질환이나 증상이 전달(전파)되는 것을 지칭한다. 이때 전염 병원체의 중간 매개적 벡터가 존재할 경우, 그 현상은 간접적인 것으로 파악된다. 이를테면 방문객, 가축동물이나 야생동물, 식료품이나 음료 등이 그 같은 중간 매개체가 될 수 있다.

주지하다시피, 파스퇴르(Louis Pasteur, 1822~1895)가 수립한 근대 미생물학이라는 획기적 성과와 현대 세균학의 괄목할 만한 발전과 더불어 상이한 병원균들과 감염 방식들은 그 원인과 경로가 정확히 규명되었다. 보다 구체적으로 전염이나 감염으로 인한 질병들이 세균을 통해 발생한다는 과학적 사실은 1860~1870년대 파스퇴르와 코흐(Robert Koch, 1843~1910)의 획기적 공헌에 힘입어 세상에 알려지게 되었다.

1893년 콜레라 백신이 개발되어 예방접종이 일반화되었으며, 코흐는 그 업적을 인정받아 1905년 노벨 생리의학상을 수상했다. 하지만, 광우병 사태와 에볼라 전염병 그리고 2015년 한국을 공포와 혼란의 도가니에 빠뜨린 메르스 사태에서 알 수 있듯이 전염병 분야에서는 여전히 미지의 문제들이 즐비하다.

2) 전염개념의 문법구조 : 동작주체, 피동작주, 행위자 없는 과정

전염에 관여된 주체와 객체를 규명할 때 제기되는 첫 번째 문제는 전염개념의 모든 의미론적 관례와 사용에서 제기되는 문제다. 즉, 전염현상은 하나의 관계적 현상을 기술하지만, 관계항들(relata), 다시 말해 관계 속에 놓인 요소들 또는 개체들의 역할은 결코 자명하지 않다는 점이다.

하나의 전염적 현상을 기술하는 것은 하나의 개체가 다른 개체를 감염시킨다는 것을 의미함과 동시에, 이 개체들이 사실상 그들 자신이 제어하지 못하는 그 무엇인가의 관계요소들에 불과하다는 점을 말해준다. 반면, 관계요소들로부터 도래하는 것을 정확히 명시하여 역할을 드러내는 것은 감염이라는 개념이다. 이는 '어떤 사람이 감염되었다', '어떤 사람이 다른 사람을 감염시켰다' 등의 표현에서 드러난다.

영어와 프랑스어에서 각각 전염과 감염을 뜻하는 단어 'contagion', 'contamination'은 모두 '만지다'를 의미하는 프랑스어와 영어 동사, toucher, touch와 의미를 지시하는 동일한 어근을 갖는다. 프랑스어 contagion은 라틴어 단어 cum tactus(함께 접촉)에서 왔으며, 감염을 의미하는 라틴어 단어 contaminare는 cum tangere(함께 만지다)에서 만들어졌다. 그런데 여기서 흥미로운 사실은, 이 명사들에서 파생된 형용사들 속에서 문법적 비대칭성을 목격할 수 있다는 점이다.

예컨대, '사람들은 감염될 수 있다' 라는 의미의 프랑스어 표현 "on peut être contaminé"의 경우 수동태이며 주어는 피동작주(patient)인데, '사람들은 감염적일 수 있다' 라는 의미의 프랑스어 표현 "on peut être contamineux"는 사용할 수 없다. 반면, 사람이나 사물을 주어로 형용사 contagieux를 사용할 수 있다〔예: "on est contagieux"(사람들은 전염될 수 있다). "le rire est contagieux"(웃음은 전염적이다)〕.

한편 누군가를 의도적으로 감염시키기로 결정할 수 있으나, 전염되려고 작위적으로 결정할 수는 없다. 감염은 전염을 겪는 피동작주에게서 작동되는 변화를 기술하는 반면, 특정 질병을 전염시키는 개인은 의도적으로 다른 누군가를 감염시킬 수 없다. 또한, Y에 의한 X의 감염이라는 말을 사용할 수 없다. 문법적으로 말해서, 감염은 그것의 과정 속에서 동작주체(agent)와 피동작주를 고려하고 있으나, 전염은 비인칭적 방식으로 하나의 과정을 기술할 수 있을 뿐이다.

따라서 전염과 감염의 개념들은 동일한 현상의 상이한 양상들을 기술하는 것이라 할 수 있다. 자살의 전염, 하품의 전염 등을 말할 수 있으나, 여기에는 전혀 감염의 여지가 개입하지 않는다. 더불어, 전염적이지 않은 하나의 질병을 누군가에게 의도적으로 전파시키면서 그를 감염시킬 수 있다. [3]

---

3 프랑스어에서 감염과 전염의 의미론적 문법적 구조의 차이에 대한 보다 상세한 분석은 다음 연구문헌을 참조할 것. Coste, F. & Minard, A. (2011). Contagions histoires de la précarité humaine. *Tracès* (*Revue des Sciences Humaines*), 21, 7-20.

예컨대, 에이즈(AIDS, 후천성 면역결핍증) 병균 VIH는 전염질병이 아니지만, 직접적인 성접촉을 통해 전염될 수 있다(transmissible)는 표현이 가능하다. 따라서 의심되는 환자들의 의도와 책임을 결정하는 임무가 사법부의 재판관들에게 주어진다. 특히 성적으로 전파 가능한 질병들의 경우, 감염의 의도를 갖고 범죄를 행한 것인지의 여부를 결정하는 역할은 법률적 차원에 속한다.

요컨대, 전염은 관련 현상을 그것의 전체적 포괄성과 거시적 층위에서 연구할 것을 주문하는 반면, 감염은 미시적 층위에서 전달의 행위자(actor)들에게 더욱 세심한 주의를 기울일 것을 요구한다. 전염과 관련된 주제의 이 같은 다면적 편재성은 결코 그 자체로 자명한 것이 아니다. 다양한 관련 학문들의 통합적 연구를 통해 세밀하고 심오하게 탐구되어야 할 학술적 대상이라 할 수 있다.

여기에서는 무엇보다 전염(contagion)과 감염(contamination)을 구별하는 것이 중요하다. 위에서 이 두 단어를 지칭하는 라틴어 계열의 언어들은 모두 접촉과 촉각의 감각을 지시하는 공통 어원을 갖지만, 그 어휘들의 문법은 상이함을 지적했다. 전염과 감염(또는 오염)이 기술하는 현상은 늘 관계적일지라도, 관계를 맺는 관계항들, 즉 요소들에 할당된 역할은 개념적 명료화가 필요함을 역설했다.

그 결과, 전염과 감염이라는 두 용어의 기술할 수 있는 힘은 바로 장소들, 관점들, 행위자들을 분절시킬 수 있는 그것들의 능력에서 기인하는 것이며, 자연과학·도덕·가치·의미를 다루는 인문학, 아울러 정치와 경제의 핵심 쟁점들에 대한 횡단적 사유를 가능하게 만들어 주는 초학제성에서 설명될 수 있다.

전염과 감염 등의 용어들은 위에서 언급한 이질적 사건들과 현상들을 포착하기에 매우 신축적인 것은 사실이나, 여전히 모호성의 제거를 통해 우리가 명료하게 개념화시켜야 할 다양한 전제들을 함축하는 것 역시 사실이다. 이런 이유에서 초반부에서 전염과 관련된 동의어들의 어원적 개념적 정의를 비롯해, 각각의 전염 관련 어휘들에 포함된 암묵적 전제들에 대한 의미론적 검토를 제시한 것이다.

또한 전염현상은 그것이 가진 시대적 상황의 긴박성, 역사적 깊이와 다양한 학술분야들의 가로지르기, 현대의 수많은 현상들의 전체적 이해를 위한 핵심 열쇠로서 제시될 수 있다는 점에서 방대한 연구공간을 개방시켜 준다.

3) 전염개념의 은유학과 계보학

전염의 의미론을 검토해 보면, 이 단어는 여러 언어에서 보편적으로 3개의 개념적 특징을 지닌다는 점을 간파할 수 있다. 횡단성,[4] 은유성, 부정성이 그것인데, 횡단성과 부정성에 대해 간략히 언급하고 은유성에 초점을 두고 서술하겠다.

간단한 접촉이 한 사람으로부터 다른 사람에게 첫 번째 사람의 속성을 전이시킬 수 있다는 생각은 결코 생물학과 의학 영역에 머무르지 않는다. 실제로 그 같은 평범한 생각은 거의 모든 영역에 적용되었다. 이

---

[4] 전염의 도덕적 의미에 대한 계보학적 연구는 다음 연구물을 참조할 것. 프랑스 인문학 학술지 *Tracés*(*Revue des Sciences Humaines*), 21, ENS Éditions(전염 주제 특집호). 특히 다음 논문 참조. Fossier, A. (2011). La contagion des péchés (XIe-XIIIe siècle). Aux origines canoniques du biopouvoir. *Tracés*, 21, 23-39.

를테면, 소문의 퍼짐이나, 정치지도자들이 군중 소요가 사회 전체를 전염시킬 수 있다는 위험성을 인식한다거나, 지적 활동에서 진행되는 생각들의 전염을 언급하는 것은 진부할 정도다. 인류학자들 역시 보편적으로 보이는 사회적 과정을 객관적 관찰을 통해 명증하게 해주었다. 예컨대 음식 인류학자 로젱(Paul Rozin)은 다음과 같은 멋진 표현을 사용한 바 있다. "한번 접촉한 것은 늘 접촉 상태에 놓인다."

전염개념의 의미론에서 지적해야 할 또 다른 특징은 그것의 부정적 지각과 인식, 즉 부정성이다. 생물학적 영역에서 인류학적 영역에 이르기까지, 전염은 늘 부정적인 것으로 각인되었으며, 늘 나쁜 것, 또는 악의 전달로서 인식된 것이 사실이다. 특히 전염을 도덕적 차원의 악의 개념과 동일시하는 경향을 앞서 지적한 바 있다. 하지만, 긍정적 전염도 존재한다는 엄연한 사실을 잊어서는 안 될 것이다. 그 어떤 경우에도 의학적 개념을 다시 재론하는 것이 필요하다. 왜냐하면 의학은 신화적 속박으로부터 전염현상을 분리해내고, 정밀하게 정식화했으며, 획기적인 과학적 발전을 이루어낸 분야이기 때문이다.

(1) 전염개념의 은유

대부분의 언어에서 전염(*contagion*)을 지칭하는 단어들은 오랫동안 액면적 의미와 은유적 의미 모두에서 사용되었다는 공통점을 보여준다.[5] 예컨대 《옥스퍼드 영어사전》(*Oxford English Dictionary*)은 contagion의 비유적 의미들로서 '상처를 주고, 모욕적이며, 타락시키는 접촉'

---

5 전염 용어의 은유적 확산에 대해서는 다음 연구서를 참조할 것.
  Mitchel, P. (2012). *Contagious metaphor*. Bloomsbury Academic.

(*hurtful, defiling, or corrupting contact*)이라는 정의를 제시한다. 아울러 개인적 영향의 효과, 공감 등의 긍정적 의미를 제공한다. 한편, 영국의 대문호 초서(Geoffrey Chaucer)는 이미 죄, 광기, 외부의 영향, 열광 등 사람들 사이에 발생하는 다양한 정서적 전달 현상을 기술하기 위해 영어 단어 contagion을 사용한 바 있다.

이 같은 본래 의미와 비유적 의미와 관계는 결코 고정된 것이 아니라, 역사적 문학적 맥락에 따라 상이하게 변화해왔다. 따라서 현대의 세균학에서 제시된 의학적 생물학적 의미에 부합되지 않는 모든 용법이 은유적 의도에서 사용되었다고 가정하는 것은 역사적 사실에 대한 무지를 노출하는 것이다. 이를테면 그리스와 로마 시대부터 종교, 관념, 감정은 빈번하게 액면 그대로 신체적 건강과 연계되었다.

죄악 또는 슬픔을 일러 '전염성을 띠고 있다'(*contagious*)고 하는 것은 하나의 은유일 수 있다. 하지만 그것은 또한 액면 그대로의 의미가 될 수 있다. 왜냐하면 근대 이전의 서양의 도덕과 문화에서 정신과 영혼의 불균형은 신체적 질병을 야기하거나 반영하는 것으로 믿어졌으므로, 정신적 상태는 신체적 물리적 전염에 의해서 전달되는 것으로 파악되거나, 그 자체가 질병 전염의 독이 될 수 있는 것으로 인식되었기 때문이다. 매료를 비롯해 따분함과 혐오감까지, 감정들은 시각적으로 전달될 수 있으나, 빛은 하나의 물질이며, 시각은 촉각의 한 형식으로 파악될 수 있다.

또한 전염을 살아 있는 것(*living*)으로서 파악했던 파스퇴르 이전에 살았던 서양의 모든 작가가 '살아 있다'는 용어를 현대 미생물학 의미에서 사용했다고 가정하는 것은 시대착오적이다. 로마 시대에 전염을 뜻하는 라틴어 단어 contagium을 수식하기 위해 animatum(정신) 또는

vivum(살아 있는 것) 등의 단어를 사용한 일부 작가들은 전염현상을 액면 그대로 살아 있는 유기체로 간주했다. 반면 일부 사람들에게 전염의 몇 가지 속성들, 움직이거나 확산시킬 수 있는 능력 등은 생명과 닮았다는 것을 의미했다.

서양의 언어사에서 contagion의 액면적 사용 관례와 비유적 사용 관례 사이의 경계가 역사적으로 우발적이거나 변화해왔다는 사실은 전염병과 공황을 의미하는 단어 'epidemics'와 'panic' 사이에 존재하는 어원적 역사적 친화성에서 보다 선명하게 부각된다. 이를테면, 현대와 달리 근대 이전에는 전염적 공포에 대한 지시가 반드시 또는 전적으로 은유적 차원에서 파악된 것은 아니라는 점을 분명히 기억할 필요가 있다.

예컨대, 공포는 오랫동안 질병의 직접적 원인으로 간주되었다. 역사적 사료를 보면, 19세기까지 사망증명서의 원인으로 '공포로 인한 사망'(died of fright)이라는 표현이 사용되었다. 또한 공황상태는 사람에서 사람으로 확산되고, 빈번하게 신체적 전염병의 실제 출현에 선행하는 것으로 인식되었다. 즉, panic은 액면 그대로 공포의 전염병이면서 동시에 다른 전염병을 발생시키는 동작주체가 된다고 간주되었다.

의학에서 공황장애는 모방이나 자기암시를 통해 이루어지는 신경증 또는 정신병의 생산을 의미한다. 집단 히스테리(mass hysteria)가 그 예다. 어쨌거나 생물학과 의학 분야를 벗어나, 인문학과 사회과학의 학술 분야에서는 은유적으로 독특한 전염개념을 구축했다. 이를테면 사회학의 일부 학자들은 하나의 사물이나 상황이 간단한 관계를 통해 어떻게 전달되는지 설명하기 위해 모방이론, 영향이론, 복제이론 등을 구상했다.

특히 질병을 개인의 도덕성과 결부시키는 관념들은 유럽과 미국 사상에서 중요한 경향이었다. 즉, 유대교와 기독교 전통에서 질병은 빈번하게 죄악에 대한 신의 응징으로서 간주되었다. 그런 이유에서 성적으로 전달되는 질병, 이를테면 매독에 대한 치료는 비판받았다. 치료가 비도덕적 행동양식을 조장시킬 것이라는 믿음이 작용했기 때문이다. 성, 음식, 음료, 노동, 감정 등과 연관된 도덕적 윤리적 쟁점들은 아울러 질병을 제약하거나 확산시킬 수 있는 가능성과 연계되어왔음은 주지의 사실이다.

(2) 전염개념의 계보

고대 의사들은 오랫동안 전염이라는 용어의 도덕적 함축 의미를 순전히 과학적인 의미에 비해 우선시했다. 그들은 두 명의 동떨어진 개인이 대기 공기의 접촉에 의해 동일한 질병에 걸릴 수 있다는 생각을 수용했으나, 전염을 발생시키는 미시적 유기체가 개인들의 공동체에서 확산될 수 있다는 생각에까지는 이르지 못했다(Conrad & Wujastyk, 2000). 따라서 고대 의학에서 전염이라는 관념은 고유한 개념적 생산물이었다기보다 의사들이 단순히 단어를 차용한 것에 불과했다.

초기 기독교 역사를 연구한 학자들에 따르면, 최초의 교회 지도자들부터 시작해 교부철학자들에 이르기까지 전염모델은 질병보다는 악의 가능한 확산을 기술하기 위해 종교교리의 맥락에서 주로 사용되었음을 알 수 있다. [6]

---

6 서양 문화사에서 온축된 전염개념의 계보에 대한 보다 상세한 연구는 다음의 문헌을 참조할 것. Pernick, M. S. (2002). Contagion and culture. *American Literary History*, 14(4), 858-865.

자연주의적 이성은 전염의 과학적 이론을 점차적으로 구성했고, 전염에 대한 일체의 은유적 의미를 순화시켰으며, 나중에 다시 그 이론적 타당성에 대한 논의 대상이 되었다. 전염에 대한 의학이론의 성립은 파스퇴르를 중심으로 19세기 동안 역설적이게도 군중, 범죄, 감옥 또는 문학에 적용된 전염이론들을 위한 합법화 공간을 열어 놓았다. 19세기 정신현상을 연구한 과학은 도덕적 전염이라는 개념을 중심으로 제도적으로 성립되었으며 여러 정신발작의 사례들을 선취했다(Maire, 1985; Carroy-Thirard, 1981).

아울러 범죄 전염이론의 성공에 힘입어 몇몇 법의학자들은 범죄학을 특수한 학술분야로 성립시킬 수 있었다(Renneville, 1994). 징벌과 행형 시스템을 탐구한 최근의 연구성과는 감옥 시스템의 위생적 사명과 범죄의 확산을 박멸시키려는 의지를 연결시키는 심층적 연속성을 강조한다. 하지만, 이 같은 감금장치는 어떤 의미에서는 그 자체에 대한 반격으로 작용했다. 감옥이 일종의 집중화 효과를 통해 일종의 범죄 학교와 전염병의 새로운 처소가 되었기 때문이다.

'도덕적 전염'의 위협은 아울러 프랑스에서는 왕정복고 시대부터 도덕적 질서의 옹호자들에 의해 맹위를 떨쳤다. 이들은 사회적 조직체를 약화시킬 수 있는 관념으로부터 문학을 순화시키고, 독소적인 것으로 간주되는 텍스트의 독서를 관리하고 통제하려고 시도했다. 문학을 도덕의 발아래 놓으려는 의지는 작가의 책임의식과 문학 장의 자율화에 그만큼 기여했다(Sapiro, 2011).

이 같은 사례들은 일러 주는 바가 크다. 왜냐하면 문학, 범죄인류학, 정신현상의 과학은 오직 교회제도에 고유한 사유도식을 수입하면서만 비로소 자율화되었기 때문이다. 주지하다시피, 교회제도는 수천 년 동안 정신들의 통치에 대한 자신들의 특권을 방어했다. 문학, 또는 정신과학 등과 같은 상이한 장들에 의해 전염 문제를 전유한 것은 단절을 표시하기보다는 오히려 '통치기술' 속에서 심층적 연속성을 확인시켜 준다.

3. 문화의 전염성과 모방성: 타르드 다시 읽기

1) 전염의 사상사에서 타르드의 위상

20세기 말에 진행된 리좀과 네트워크 이론의 창발과 더불어 망각의 늪에 빠졌던 타르드(Gabriel Tarde) 사상의 다양한 복원작업과 재해석의 시도들이 그의 모국 프랑스를 비롯해 유럽과 북미의 학계에서 활발히 진행 중이다. 《모나돌로지와 사회학》의 독일어판 서문에서 라투르(Bruno Latour)는 이렇게 예언했다.

> 20세기에는 완전한 패배를 당할 수밖에 없었고 어떤 의의도 없었지만, 21세기에는 어떠한 것도 그가 그 모든 영향력을 펼치는 것을 막지 못할 것이다(타르드, 2015: 6).

라투르의 예견은 적중했다. 유럽과 미국의 사회과학계를 중심으로 최근 20년 동안 타르드의 현대적 재해석, 더 나아가 그의 사상적 부활 작업은 다방면에서 이루어졌다. 그것은 타르드가 그의 주저인 《사회

법칙》(*Les Lois sociales*), 《모방의 법칙》(*Les Lois de l'imitation*), 《모나돌로지와 사회학》(*Monadologie et sociologie*), 《심리 경제》(*Psychologie économique*)에서 피력한 근본적인 사회학적 사상들의 해석과 더불어 시작한다. 타르드는 이 4권의 저서에서 정교하게 짜여 있는 미시관계들의 복잡한 시리즈를 도입했다. 그것의 다이어그램은, 사회적 문화적 경제적인 관계성에 대해 너무나 빈번하게 부여된 당시의 지배적인 미시환원주의와 아울러 거시환원주의에 대한 대안을 마련해 준다 (Sampson, 2011).

예컨대, 디지털 혁명과 더불어 커뮤니케이션 시대에 진입하면서, 그의 저서 《여론과 군중》(*L'Opinion et la Foule*)을 통해 타르드는 여론 사회학과 미디어 사회학의 창시자로서 새로운 자리매김이 이루어졌다. 특히 들뢰즈(Gilles Deleuze)와 가타리(Félix Guattari)에 의해서 타르드는 최초로 '약한 연대의 관계들'을 파악한 독창적 인물로 자리잡게 되었으며 뒤르켐과 데카르트의 합리성에 맞선 순발력과 직관성을 강조한 사상가로서 새롭게 해석되었다.

이 밖에도 과학사회학자 라투르의 저서에서 타르드는 결합사회학의 창립자로서 새롭게 인식되었다. 이주심리학의 이론적 수립자인 지리학자 해저스트랜드(Torsten Hägerstrand) 역시 타르드를 일러 이주 네트워크의 중요성을 형식화한 최초의 인물로서, 혁신의 물결 개념을 수립하는 데 결정적 공헌을 한 사상가의 반열에 올려놓았다.

일부 연구자들은 타르드를 들뢰즈의 배치이론(*assemblage*)과 접맥시키고, 그를 과거와 현재의 전염이론들의 계보에 각인시키는 작업을 시도하였다. 이것은 모방과 순응성, 군중 마니아 등에 대한 접근을 포함하여, 인지 신경과학과 정동이론에서 추출된 현대의 여러 시각을 아우른다. 최근의 타르드 연구들은 이 같은 미시관계에 대해서 새로운 생명력을 불어넣으면서, 타르드를 현재의 네트워크 존재론과 연계시키며, 사회적 상호작용과 행동주체성에 대한 신선한 관심을 불러일으켰다.[7]

2) 타르드의 전염학

(1) 전염의 표상학

100년 전, 타르드는 전염학(contagiontology)에 기초한 새로운 사회 표상의 구상화를 기획하면서 파격적 논지를 펼쳤다. 특히 20세기 인문사회과학에서 거의 망각되거나 외면당했음에도 불구하고 타르드는 전염주의의 탁월한 인물을 체현한다. 그는 확산이라는 보편적 역동성이 표상하는 문제를 정면에서 파악하려는 노력을 기울였다. 그가 말하는 확산은 상호관계들의 제고되어가는 집합의 산물을 지시한다. 즉, 확산의 확장, 지연, 정지를 동시에 포착하려는 집요한 시도였다. 라투르는 타르드의 사회학 사상에서 전염이 가장 핵심적인 문제라는 점을 다음과 같이 간파했다.

실제로 그에게는 개인도 사회도 없다. 사회학자는 오히려 전혀 다른 현상에 주의를 기울여야 한다. 그런데 이 현상은 결코 '사회적인 것' 또는 '심

---

7 타르드의 전염이론이 현대 네트워크 이론의 형성에 미친 상세한 연구는 다음 문헌 참조.
Sampson, T. D. (2012). *Virality: Contagion theory in the age of networks*, Minnesota University Press.

02 전염의 문화의미론적 이해 **47**

리적인 것', '거시' 또는 '미시', '구조' 또는 '요소'라는 반드시 거쳐야 할 범주들을 지나가지 않는다. 이 현상(그는 이것을 '모방'이라 부른다)은 전염으로, 즉 영향, 파동, 반복, 확대로 정의된다(타르드, 2015: 7).

타르드는 과학들 사이의 분할선을 그을 의도를 전혀 갖고 있지 않았으며 이 점에서 보면 오늘날 사용하는 초학제성 방법론의 선구자라 해도 과언이 아니다. 실제로 그의 저술은 인문학, 경제학, 심리학, 언어학, 천문학, 물리학, 화학, 생물학 등의 경계를 자유자재로 넘나들면서 광활한 지식의 공간을 주파하는 백과사전적 지식인의 모습을 생생히 느낄 수 있다. 그는 반복이라는 지극히 보편적인 현상을 탐구하는 데 있어, 기본적 유사성들을 공유한다는 점에 착근한다. 그는 이것을 일러 '보편적 반복'이라고 불렀다. 그의 저서에서 한 구절을 인용해 본다.

이 일반적인 법칙은 생물학에서는 습성과 유전의 법칙이, 천문학에서는 인력의 법칙이, 물리학에서는 파동의 법칙이 차지하는 것과 똑같은 위치를 사회학에서 차지하고 있다(타르드, 2013: 46~47).

반복들은 미생물의 번식 패턴에서 발견되며, 아울러 개미집의 사회적 조직화에서, 인간의 정서적 행동양식 차원의 표현들에서 발견된다. 그렇지만 제 반복들은 오직 잠재적 변이들로서 존재한다. 어떤 반복도 본래의 반복과 완전하게 동일하지 않다. 늘 그것은 이동이며 변이이다. 바로 이 점에서 타르드의 이론은 들뢰즈의 사상과 공명한다. 들뢰즈는 타르드를 명시적으로 참조했다. 즉, 반복은 증가임과 동시에 확산에 의한 전염이다. 타르드의 묘사는 전염현상의 보편성을 쉽게 설명해 준다.

돌 하나를 물에 떨어뜨리면 그때 생기는 첫 번째 물결은 반복되어 대양의 가장자리까지 확대된다. … 마찬가지로 몇몇 가족이 쓰는 지역방언이 모방에 의해 점점 국민의 고유언어가 된다. 사회의 초기에는 부싯돌을 깎아 만들고 개를 길들이며 활을 만들어내는 기술이, 나중에는 빵을 부풀어 오르게 하고 청동을 가공하며 철을 뽑아내는 기술이 전염처럼 퍼져나갔음에 틀림없다(타르드, 2012: 46).

더구나 타르드는 전보, 철도, 책 등의 커뮤니케이션 미디어의 상태에 대한 첨예한 관심을 갖고 있었다. 그렇지만 그는 곧 딜레마에 봉착한다. 그의 이론을 수량화시킬 수 있는 어떤 경험적 연구 프로그램도 갖고 있지 못했기 때문이다. 100년이 지나 라투르는 이 같은 문제를 선취할 수 있었는데, 그것은 대규모 자료들과 다양한 자료 유형들의 디지털화에 힘입어 타르드의 방법을 활용할 수 있는 새로운 가능성이 제공되었기 때문이다. 아쉽게도 19세기 말의 빈곤한 통계학은 특정 사물이 하나의 점에서 다른 한 점으로 확산되는 다양한 전염현상에 대한 그의 직관적 통찰을 입증할 수 없었다.

반면, 오늘날 우리는 유행, 소문, 여론, 혁신의 전파 등을 추적할 수 있는 정량적 도구들을 갖게 되었다. 현재 우리의 일상생활을 지배하는 디지털 기기들은 타르드의 전염학을 통해 보다 명쾌하고도 심층적으로 이해할 수 있다. 타르드의 전염이론을 활용하여 컴퓨터, 이동통신기, 신용카드, 어떤 상황과 국면에서 이 같은 통제 형식들이 발생하는지 비판적으로 성찰할 수 있을 것이다.

(2) 모방이론: 모방의 광선(*the imitative ray*)

타르드는 자신의 모방개념에 대해 늘 명확성과 독특한 의미를 부여했음을 그의 주저 《모방의 법칙》 제2판 서문에서 강조했다. 그의 정의는 탁월한 은유에 기대고 있다.

> 한 정신에서 다른 정신으로의 원거리 작용, 즉 어떤 뇌 속에 있는 음화를 다른 뇌의 감광판에 거의 사진처럼 복제하는 것으로 이루어지는 작용이라는 의미다. 어떤 순간에 사진기의 감광판이 그 안에서 일어나는 것을 의식하게 되었다면, 그 현상은 본질적으로 성질이 바뀌는가? 내가 말하는 모방이란 말하자면 의도된 것이든 아니든, 수동적인 것이든 능동적인 것이든 정신 간에 이루어진 사진촬영의 모든 흔적을 뜻한다(타르드, 2012: 8).

타르드의 모방개념은 상호작용이라는 넓은 의미에서 파악될 수 있으며, 이와 동시에 보다 정확한 의미들에서 파악될 수 있는데, 이 같은 정확한 의미 가운데 하나는 전염, 즉 한 개인이 다른 개인에게 미치는 직접적 영향, 특히 한 명의 선구자 또는 발명자가 다른 사람에게 미치는 영향을 일컬을 때 사용된다. 타르드는 이 같은 모방의 의미론적 레지스터에서 중의성과 애매모호함을 계속 지속시켰으며, 이것은 곧 그의 전체 저술의 사용에서 격렬한 논쟁을 촉발시키는 원인이었다.

종합적 심리학에 대한 서론에서 타르드는 인간심리의 가장 흥미진진한 문제인 인간의 모방경향을 심층적으로 다루었다. 모방문제는 플라톤의 미메시스 이론 이래 너무나 많이 알려진 친숙한 문제이나, 근대 사상에서는 자신의 욕망, 선택, 행위에 있어 자유롭고 독립적인 인간존재라는 낭만주의적 비전을 믿으려는 뿌리 깊은 타성에서 벗어나지 못했다. 타르드에 따르면, 인간의 모든 상호작용들은 어떤 방식으로건 모방적이다. 달리 말해, 모방은 도처에 편재해 있으며, '기초적인 사회적 사실'을 성립한다. 타르드는 점에서 점으로 확산되어가는 세밀하게 작은 관계들에 의존함으로써 정해질 수 있는 사회적 배치와 조합의 조화에 관심을 보였다.

한편 모방적 광선들이 어떻게 계속되는 사회적 발명에서 기능 작동되는지 설명하기 위해서 타르드는 정초가 되는 3개의 사회적 법칙을 착발시킨다. 모방적 반복, 적응, 대립이 그것이다. 타르드의 목적은 각각의 법칙들이 모방적 광선들의 분산에서 맡는 역할을 탐구하는 것이다. 예컨대, 교육, 언어, 법률, 범죄, 패션, 정부체제, 경제체제 등이 그것이다. 이 같은 모든 전염들은 개인적 이니셔티브와 더불어 시작하는 것으로 나타나지만, 하나의 광선과 더불어 접촉을 통해 서로가 서로에게 영향을 미치는 상호작용을 만들어낸다.

3) 타르드의 욕망의 삼각형: 욕망·발명·모방

발명과 모방을 기초적인 사회적 행위로서 파악한 타르드는 이 같은 행위를 만들어내는 사회적 실체 또는 힘의 본질을 파고든다. 그가 제시하는 가장 보편적인 인간 정신활동은 믿음과 욕망이다. 믿음과 욕망은 두 개의 심리적 양이며 동시에 진정한 사회적 양이 될 수 있다. 이를테면 "사회가 움직이는 것은 욕망이나 욕구의 협력 또는 경쟁에 의해서 발휘된다."(타르드, 2012: 201)

모방개념에 못지않게 발명은 타르드의 핵심 개념인데, 그 이유는 그것이 인간적 행동 주체성의 힘을 말해 주고, 그 결과 역사의 예측 불가능성을 설명해 주기 때문이다. 따라서 그의 연구는 새로운 생각들과 상이한 생각들이 갈라지는 새로운 사회 문화적 현상의 도래를 설명하는 진정한 사회학을 수립하려는 시도라 할 수 있다. 네트워크 시대의 수많은 전염이론들에서 채택된 의학적 은유들과 생물학적 유추들과는 달리, 이것들은 전염을 비정상적인 질병으로서 파악하려는 경향을 보여준다.

욕망·발명·모방의 3개 변수가 전염학의 다이어그램에서 어떻게 상호 교차하는지 의미를 파악하기 위해서, 우리는 일차적으로 일상의 생물학적 욕망들의 반복을 파악해야 할 것이다. 욕망을 현동화함과 아울러 그것을 사회적 발명으로서 변형시키는 것은 모방적 만남의 사회적 과정이다. 달리 말해, 인간의 욕망을 다름 아닌 그 무엇인가를 발명하려는 욕망으로서 전유하는 것은 모방적 접촉과 만남이다.

욕망의 뿌리들로부터 나타나는 다양한 발명들은 한 점에서 다른 점으로 전염된다. 이것은 음식, 성, 오락 등을 위한 생물학적 욕망이 어떻게 전유되고, 표현되어 소비자의 음식 제품, 종교적 의례들, 게임, 소설, 연극 등 사회적 배치에 어떤 영향을 미치는지 보여준다. 이것은 어떻게 작은 혁신이 대규모 혁신이 되고, 전염적 모방이 발명의 축적에 따라 사회적 발명을 채택하는지 설명해 준다.

4. 미메시스와 거식증: 지라르의 미메시스 욕망이론

문화의 전염성을 파악하는 이 글에서, 타르드의 전염이론에서 제시된 욕망의 모방은 또 다른 프랑스의 사상가 르네 지라르(René Girard)의 욕망이론과 매우 닮았다. 지라르와 타르드는 욕망의 전염이라는 공통적 문제의식을 공유하고 있었다. 전 세계에 광풍처럼 나타나는 다이어트 현상과 그것의 극단적 형식인 거식증의 문제를 지라르의 통찰을 빌려 서술해 본다(Girard, 2009; Oughourlian, 2009; Ansparch, 2009; Chassing, 2009).[8] 전 세계적인 다이어트 열풍은 문화의 전염력을 입증해 주는 생생한 사례라는 점에서 지라르의 미메시스 이론은 문화전염학의 중요한 이론적 토대가 될 수 있다.

식욕은 먹으면서 오는 것이고, 식욕의 결핍, 즉 거식증은 먹지 않으면서 도래한다. 따라서 먹으려는 자연적 욕구, 음식물을 섭취하려는 자연적 욕구는 미메시스 차원에서 과잉되어, 욕망으로 변형되고, 이어서 정념으로 변형될 수 있다. 이는 말라깽이가 되려는 정념적 욕망 또는 이와는 정반대로 걸신들린 것처럼 폭식하려는 정념적 욕망을 말한다. 거식증은 폭식과 마찬가지로 욕망의 질병들이며, 여기에서의 욕망은 미메시스적이며 따라서 경쟁적이다. 돌려 말해, 모든 욕망은 경쟁적이며 모든 경쟁의 성격은 욕망이다. 이 같은 미메시스 이론은 문화의 전염성과 그 이유를 설명해 줄 수 있는 탁월한 전범이라 할 수 있다.

인간의 욕망은 그것이 일정 한계선을 넘어서면 건강을 비웃고, 이성

---

8 *Anorexie et désir mimétique*에 있는 서문(Oughourlian, 2009)과 서론(Anspach, 2009) 부분 그리고 샤싱의 서평(Chassing, 2009)을 함께 참조했음을 밝혀 둔다.

을 정지시킨 정념이 정신적이고 심리적인 차원을 압도할 때, 더 이상 건강 따위는 신경 쓰지 않는다. 두 개의 대립된 욕망들이 인간존재를 압도할 수 있으며 음식물을 섭취하려는 정상적 욕구를 타락시킬 수 있다. 단식하려는 욕망과 폭식하려는 욕망, 거식증과 병적 허기증은 모두 극도의 마른 상태 또는 비만을 유발한다.

이 두 가지 상반된 욕망들은 20세기 말 두 명의 위대한 예술가들에 의해 조각과 회화로 실감 나게 표현되었다. 스위스의 조각가 지아코메티(Alberto Giacometti)와 콜롬비아 출신의 예술가 보테로(Fernando Botero)의 작품들이 그것이다. 지아코메티의 앙상한 실루엣은 분명히 먹지 않으려는 맹렬한 욕망의 결과이며, 보테로의 조각과 회화는 비만인의 세계를 재현한 것이다. 그의 작품에 등장하는 남자와 여자 모두 비만이며 심지어 고양이와 새조차 뚱뚱하다.

미메시스의 관점에서 또는 문화의 전염성이라는 시각에서 오늘날 아름다움의 이상형은 마른 것이다. 패션모델들은 갈수록 뼈만 앙상하고, 지아코메티의 조각상을 닮아간다. 그 어떤 연예계 스타도, 패션모델도, 톱모델도 보테로의 인물과 닮지 않았다. 그런데 지라르의 이론에서 중요한 사실은 미메시스의 욕망은 또한 경쟁적이라는 점이다. 미국인 정신 치료사 브루크(H. Bruch)는 탁월한 직관에 힘입어서 이 문제를 파악한 바 있다. 거식증은 무엇보다 그의 판단에는 제어하려는 시도이고, 이 같은 제어에서 벗어나는 일체의 관계의 거부이다. 특히, 그 거부의 대상은 사랑의 관계와 섹슈얼리티이다.

이 같은 해석이 흥미로운 이유는 그가 거식증을 경쟁의 질병과 욕망의 질병으로 파악했기 때문이다. 그렇다면 누구와 더불어 경쟁한다는 말인가? 그리고 무엇과 더불어 경쟁한다는 말인가? 먼저 자아의 지배와 제어의 노력 속에서 자신과 경쟁하며 그의 몸과 더불어, 그의 욕구들과 더불어 경쟁한다. 그것은 엄청난 도전이며 동시에 금욕의 형식이다.

이렇게 보았을 때, 문화의 전염은 결국 자신과의 경쟁에서 시작됨을 알 수 있다. 하지만, 그것은 다른 사람들과의 경쟁이며, 권력에 맞선 투쟁이다. 거식증은 가족의 관심의 중심이 되고, 식사를 거부하는 사람들 주변에서 그가 음식물을 섭취하도록 하는 사람들 사이의 경쟁적 욕망들이 대결한다. 그리고 결국 의료의 힘에 의탁하고, 그의 부모들이 패배와 사의를 발현한다. 거식증은 따라서, 하나의 권력을 부여하고 음식물을 섭취하는 것을 거부하는 사람의 승리를 확보하게 한다.

예를 들어, 과거에는 다이어트를 하는 피지 원주민들을 찾아보기가 어려웠다. 왜냐하면 전통적 피지문화는 왕성한 식욕에 가치를 부여했고, 건장한 몸에 가치를 두었기 때문이다. 그런데 텔레비전, 스크린이 도입된 지 불과 3년 만에, 그곳에서 인터뷰에 응한 여고생들 가운데 74%는 자신들이 너무 살이 쪘다고 느낀다고 답했고, 69%의 여학생은 이미 체중감량을 위해 다이어트를 실천한다고 답했다. 가장 놀라운 사실은 11%가 스스로 음식물을 토하게 만드는 수법에 의존한다는 것이었다. 이 같은 사례는 1995년에는 0%였다. 피지 여고생들이 닮고 싶어 한 여성의 모습은 미국 톱모델 신디 크로포드(Cindy Crawford) 또는 미국 드라마 〈비버리힐즈의 아이들〉(Beverly Hills 90210) 시리즈물에 나오는 캘리포니아의 부유층 학생들의 모습이었다.

이렇듯 미메시스 경쟁의 심각한 문제점은 고삐 풀린 제어 불가능한 상태로 치닫는 경쟁의 심화를 보여준다는 점이다. 이 같은 경향은 전쟁론의 사상가 클라우제비츠(Karl von Clausewitz)에 대한 지라르의 재독법 속에서 그가 '극단으로의 부상'(*montée aux extrêmes*)이라고 명명한 것에 의해 특징지어지는 것과 더불어 설명된다(Girard, 2007).

5. 표상의 전염학

1) 문화전염학: 문화는 전염되는가

프랑스의 인류학자 댄 스퍼버(Dan Sperber)는 '표상의 전염학'(역학, *epidemiology*)이라는 연구 프로그램에서 자신이 희망하는 인식론적 전제, 기본가설, 결과들을 체계적으로 제시한 바 있다. 그것은 문화인류학의 공동체에서 약 20년 전에 발표된 다소 오래된 생각이다. 그렇지만 문화의 전염성과 관련해 이 같은 연구 프로그램은 단지 인류학적 이단으로 치부될 수 없으며 논의될 가치가 충분히 있다(Sperber, 1996: 244).

　댄 스퍼버는 자신이 구상한 관념의 전염학 모델에서 두 개의 표상 범주를 내놓았다. 첫 번째 범주는 그 수가 무한하며 사적인 정신적 표상들로서, 개인의 두뇌 속에서 형성되고 자리잡는다. 그 같은 표상들은 개별적 사유들로서 이루어지며 더 좁게는 정신의 반성적 활동의 생산물들이다. 두 번째 표상의 범주는 그 수가 매우 한정된 공적 표상들로서, 수많은 기호, 이미지, 언어 발화체, 텍스트들로 상감되어 있다.

　각 개인은 수백만 개의 정신적 표상들을 지닌다. 인간 군집은 다시 수백억 개의 정신적 표상을 지닌다. 몇몇 정신적 표상은 소통된다. 즉, 새로운 정신적 표상들로서 변형되기 이전에 공적 표상들로서 변형된다. 이 같은 표상들의 몇몇은 다른 것들에 비해 더 많이 소통되고 확산된다. 군집에서 가장 널리 분포된 표상들은 신념, 규범, 기술, 신화 등의 범주로 이들은 문화적이라고 일컬어진다. 공적 표상들은 수많은 개인들의 정신적 표상들 중에서 엄선된 소수이다. 이때 정신적 표상들은 재현되고, 소통되고, 소통주체를 통해 일정한 매체를 거쳐 물질성을 획득하면서 공적 표상들로 변형된다.

스퍼버에 따르면, 문화는 일차적으로 이 같은 표상들로 이루어지며, 이들은 전염성을 통해 인간의 무리 속에서 순환한다. 여기서 강조할 점은 스퍼버가 제안한 표상 전염학의 연구 프로그램은 이 같은 문화적 표상들의 내용 그 자체의 해석을 포함하지 않는다는 사실이다. 그 같은 해석은 고전적 민족학의 연구기획에 속한다. 특히 그것의 핵심관건은 표상들의 분포와 분배를 연구하고, 그 같은 분포에 대해 하나의 설명을 제시하는 것이다. 문화적 표상들의 분포와 분배를 설명하는 것은 곧 자연주의적 의미에서 그 원인들을 파악하고, 몇몇 표상들은 문화적 반열에 오를 정도로 확산되게 하는 힘을 규명하는 것이다. 즉, 그 같은 문화적 표상들의 전염성 요인들을 파악하는 작업이라 할 수 있다.

비록 스퍼버가 특별한 언급을 하지 않았으나, 그의 이론에서 표상의 전염성과 그것의 전달의 사회적 맥락 사이에는 직접적 관계가 존재한다. 그렇다면 전염이란 무엇인가? 복제가 규칙이고 돌연변이가 예외가 되는 유전자 또는 바이러스와 달리, 정신적 표상들은 하나의 안정적 구조를 갖고 있으나 결코 개인들 사이에서 기계적으로 복제되지 않는다.

2) 문화 표상학의 인식론적 전제

스퍼버는 문화를 설명하기 위한 자연주의적 프로그램을 제안하는데, 이 같은 방법론적 인식론적 결단은 전통적으로 사회학자들과 인류학자들에 의해 맹렬히 비판받았다. 이 같은 연구 프로그램에 도달하기 위해서, 그는 사회적 사실들의 자율성이라는 뒤르켐의 원칙과 단절하면서 심리학에 문호를 개방한다. 사회적 사실들의 자율성은 사실상 사회과학의 방법론적 토대로서 제시되었다. 더 나아가, 이 같은 심리학은 인지과학에서 주창된 심리학이며, 그의 저서에서 참고문헌을 검토하면, 뇌, 뉴런, 진화, 자연선택, 그리고 다윈을 참조하고 있음을 알 수 있다.

이를테면 자연주의적 관점에서, 문화적 표상들은 이 같은 유형의 표상들의 연쇄로 이루어진다. 그 같은 표상들은 널리 퍼져나가고 특정 인구집단에서 일정 시간 동안 안정적이다. 결국, 하나의 문화적 현상을 설명한다는 것은 문화의 인과율적 연쇄(*chaînes causales de la culture*)를 재구성하는 것이다. 댄 스퍼버의 저서는 상당한 성공을 거두었으며, 그 이론 자체가 관념의 전염성을 입증했다. 특히 인지인류학에서 큰 반향을 불러일으켰다. 사회과학이 자연주의에 입각해, 인지과학과 접목된 것이다.

생각의 전염은 문화연구에서 새로운 탐구 공간을 지향한다. 즉, 자연과학과 사회과학이 추구하는 각자의 방법 사이의 차이와 공통점을 창조적으로 분절시킬 수 있는 가능성을 시사한다. 자연과 문화의 이분법을 다루는 대부분의 연구물들이 단번에 선험적 논거를 내세우면서, 양자가 건널 수 없는 것이라고 가정한다. 예컨대 인지과학, 생물학 또는 물리학은 모든 현상을 자연과학의 모델 속에 흡수할 수 있다는 물리적 환원주의를 천명한다. 하지만 사회생물학과 진화심리학의 이 같은 극단적 환원주의적 시각을 경계해야 할 것이다. 다른 한편으로는 문화적 전달을 단지 모방을 통한 생각들의 복제과정으로서 파악하는 문화적 전달 개념에 토대를 둔 시각에 대해서도 비판을 수행해야 할 것이다.

생각의 전염을 언급할 때, 염두에 두어야 할 이론은 당연히 도킨스(Richard Dawkins)의 밈학(memetics)이다. 양자는 모두 문화에 대한 새로운 개념을 제시하는데, 어느 정도 관념들을, 인간 정신들 한복판에서 전달되고 상호 복제되는 작은 기생물 또는 바이러스로 간주하는 은유를 차용한다.

댄 스퍼버의 표상 전염학에서는 도킨스와 부분적으로 공유하는 다윈의 영향을 감지할 수 있다. 도킨스의 모델과 마찬가지로, 스퍼버의 모델은 다윈이론의 영향을 받았다. 특히 그가 서로 경쟁 중에 있는 관념들을 고려하는 것과 관련해 그 점은 확연히 나타난다. 종이나 유전자와 마찬가지로, 생각의 경우도 예외가 아니다(Dawkins, 1989). 반면, 근본적 차이점은 생각들의 복제과정과 관련하여 확인된다. 스퍼버는 도킨스와 중요한 사안에서 불일치한다. 즉, 복제개념을 문화에 적용할 수 있다는 가능성에 관해 상이한 견해를 내놓는다.

스퍼버는 복제와 변형의 관계를 도치시킨다. 변형은 문화생산의 정상적 과정이며 복제는 극단적 경우에 불과하며, 즉 변형의 0도이며, 그것의 발생 확률은 미미하다. 댄 스퍼버의 문화전염학은 따라서 무엇보다 관념들의 변형들에 대한 연구이다. 그런데 만약 관념들이 복제되지 않는다면, 몇몇 관념들은 거의 변형 없이 매우 흡사한 형식들 속에서 매우 광범위하게 확산되는 것을 어떻게 설명할 수 있는가? 스퍼버는 이른바 관념들의 만유인력 모델을 개발한다. 모든 것은 마치 관념들의 변형들이 통계적으로 만유인력의 극점들로 향하는 것처럼 진행된다. 달리 말해서, 변형의 과정들은 무정부적인 것이 아니라, 몇몇 변형들은 다른 변형들보다 더 개연적이다. 특히 인간 인지의 법칙이나 원칙에 공명하는 변형들이 그러하다.

그렇다면 이 같은 인력의 극단점들을 결정짓는 요인은 무엇인가? 첫째, 정신의 조합성을 지적할 수 있다. 현대 인지심리학에서는 정신을 조합적인 것으로 파악한다. 이미지를 빌려 말하자면, 매우 큰 기계가 아니라 전문화된 작은 기계들의 집합이다. 상이한 과제들을 수행하고, 그 같은 모듈들은 긴 시간에 걸쳐 자연선택을 통해 생산된 것이다. 아울러 문화적 요인들에 의해 변형된 사용관계이다. 따라서 표상들의 전체 집합에 적용될 수 있는 획일적 설명모델을 추구하는 것은 공허하다.

둘째, 생태학적 요인들을 지적해야 할 것이다. 관념들은, 만약 그것들이 특정 순간에 개인의 환경과 양립 가능하다면, 동일하게 확산될 수 있는 확률을 갖는다는 말이다. 아울러, 이 같은 환경은 주로 인간이라는 사회적 본질을 갖는 정치적 동물에게, 이미 인간 무리들 속에 안착된 표상들을 편안하게 해주는 관념들이다. 또는 그것들을 증진시켜 주는 소명을 갖는 제도들에서 수혜를 입는 관념들이다. 그것들은 경쟁적 관념들에 비해 엄청난 장점을 지닌다.

바로 이 같은 과정을 캐퍼러(Jean-Noël Kapferer) 교수는 소문을 다룬 그의 책에서 자명하게 밝혀 놓았다. 무리들은 더 자발적으로 소문들을 변형시킨다. 그들의 신념과 편견에 일치하는 소문들을 기꺼이 전달한다. 개인들은 심지어 그들 자신의 고유한 지각을 부정하는 데 까지 이르며, 무리의 믿음에 일치하게 된다(Kapferer, 1990). 달리 말해, 관념들은 매체의 영향을 받는다. 맥루한이나 드브레가 말한 것처럼, 한 사회의 표상과 구조들은 대부분 매체 장치에 의해 결정된다.

6. 문화의 자연주의화

진화론의 탐구에서 인문학과 사회과학에서 제기된 첫 번째 물음은 인간 문화 기원의 문제이다. 언제 그리고 어떤 상황 속에서 문화라는 이 같은 능력이 출현했는가? 인간 문화의 자연적 기초는 무엇인가? 즉, 문화의 유전적 생리적 기초는 무엇인가?

이 난해한 물음들에 대한 답을 찾기 위해서, 진화유전학자들은 인간 종의 구성원들은 공통적인 유전자 풀(genetic pool, 유전자 가방)을 가졌다고 전제한다. 그것은 문화적 행동양식이라고 부르는 것의 총체성을 동화시키고, 변형시키고, 전달시킬 수 있는 유전자 풀을 말한다. 그 같은 연구 프로그램은 바로 인간의 문화적 능력이 뿌리를 둔 생득적 성향의 한계와 신뢰성에 대해 많은 것을 일러 줄 수 있다는 것이 그들의 주장이다. 이 같은 연구 프로그램은 문화적 동물로서의 인간 존재를 가능케 하는 생물학적 보편요소들에 관심을 갖는다.

문화의 진화는 결국 생명체의 진화를 말한다. 그렇다면 문화적 진화는 무엇인가? 문화는 개인이 태어날 때부터, 특정 사회에서 획득하는 문화적 패턴들과 암묵지 지식, 그리고 다양한 능력들의 집합이다. 이 같은 문화적 능력 획득과 수행을 위해서는 뇌가 필요하다. 인간 문화의 특징은 고차원의 커뮤니케이션 시스템에 있다. 어휘, 의미, 동사의 속성을 구비한 자연언어의 커뮤니케이션 능력은 타종의 추종을 불허한다.

현생 인간들이 수백만 년의 조상들로부터 물려받은 유전자 풀에는 다양한 생각들이 존재하며, 그 같은 생각은 마치 바이러스처럼 한 사람에게서 다른 사람으로 전이될 수 있다. 그런데 유전자와 달리 인간의 문화는 전달과정에서 변형과 변화가 존재한다. 즉, 단순복제와 반복을 넘어 새로운 생각과 지식이 탄생한다. 생물학에서도 이와 비슷하게 돌연변이라는 현상이 존재한다. 그렇다면 생물학적 진화와 문화적 진화의 두 영역은 접목될 수 있을까?

문화적 진화는 생물학적 진화와 거의 동일한 과정으로 나타난다. 문화영역에서 변이현상이 발생하는데, 이 변화는 바로 혁신에 해당된다. 혁신의 선택은 두 가지 상이한 차원에서 발생한다. 즉, 새로운 아이디어를 수용하는 정도에 따라서, 설득의 정도에 따라서 결정된다. 따라서 문화적 선택 방식에서도 자연선택 방식이 존재함을 알 수 있다.

이 같은 문화의 변형은 생명체의 영역에서, 유전자들을 수반하는 생명체들의 복제와 연대를 이룬다. 하지만 생물학적 세대에 견주어 문화적 변화의 영역에서 세대들의 기간은 훨씬 더 짧다. 바로 이 같은 의미에서, 문화적 진화의 유추적 양태성은 인문과학의 자연화 운동, 자연주의에서 일정한 역할을 맡을 수 있다. 그럼에도 불구하고 문화의 속성과 본질에 대한 과도한 자연주의의 적용은 적지 않은 인식론적 문제점을 야기할 것이다.

사실상 문화는 생명과학과 문화과학 사이에 밀접한 가교를 맡을 것이며 인식론적 방법론적 접점을 형성한다. 그것은 특히 인간집단들의 유전적 진화와 그것들의 문화적 진화가 놀라운 평행성을 발현하는 몇 가지 경우들을 연구한다(Cavalli-Sforza & Menozzi, 1994). 그 결과, 역사언어학의 새로운 갱신과 근대 인간의 지리적 산포에 대한 그것의 고유한 연구에 기초해 유전학자 카발리-스포르차(Luca Cavali-Sforza)는 다음과 같은 사실을 주장한다. 바로, 인간 언어들의 어족의 다양화와, 인간 집단들의 계통발생적 수형도 사이에는 놀라운 대응관계가 존재한다는 것이다.

문화의 다양성과 함께 시간과 세대를 넘어선 그 안정성을 어떻게 설명할 것인가? 이 물음에 답하기 위해, 조합성 가설(modularity)에 호소할 수 있다. 조합성 가설에 의하면 인간 정신은 대부분 특화된 인지적 성향의 집합들로 구성되어 있다. 인간 무리의 구성원들은 정보의 다양한 플럭스(flux)들에 의해 다른 구성원들과 결합되어 있다. 이 플럭스들은 단지 지식의 내용을 포함할 뿐만 아니라, 신념, 가설, 허구, 규칙, 규범, 노하우, 기술, 계획, 이미지 등을 포함한다.

이 같은 정보는 개인들의 정신적 표상들 속에서 물질화되고, 동시에, 그들의 실천 속에서 표상화된다. 한 개인에게서 정신적으로 표상된 정보는 타자에게 전달될 수 있으며 또한 그의 행동들을 매개로 하여 보다 강력하고 효과적으로 전파될 수 있다. 이 같은 행동들 가운데, 공적 표상들의 생산은, 그것이 음성언어이건, 문자언어이건, 정보전달과 관념의 표상 및 확산에 있어 중추적 역할을 맡는다. 그렇지만 정보와 지식은 암묵적으로 소통될 수도 있다. 또는 심지어, 소통되지 않고, 단지 암묵적으로 전달될 수 있다. 초심자가 관찰과 모방을 통해 요령을 획득하는 것이다. 또는 종교적 수도 과정에서 지도자로부터 언어의 중개 없이 영성적 세례와 영감을 받을 수도 있다.

식당에서 어깨 넘어 셰프를 관찰하고 모방하는 것은 요리학원에서 정식 소통을 통한 교육이 아니다. 문화들의 다양성뿐만 아니라, 그것들의 상대적 안정성은 하나의 설명을 필요로 한다. 문화적 표상들과 실천의 내용들은 하나의 공동체를 통해 충분히 안정적인 채로 남아야 한다. 그래야 그 구성원들은 동일한 의례와 신념을 공유할 수 있고, 동일한 음식문화를 전승할 수 있고, 동일한 속담과 매너를 유지할 수 있다.

그 같은 의미론적 안정성 없이 문화는 존재할 수 없다. 안정성은 미시적 수준에서 진행되는 전달 메커니즘을 유지하는 복제과정들에 의해서 확보된다. 그런데 인류학자들은 모방능력, 소통능력, 그리고 기억능력이 전승되어야 할 문화적 내용들의 충실한 복제를 보장하기에는 한계가 있다는 점을 지적한다. 이 점에서 문화연구에서 전염성이라는 패러다임은 새로운 원근법을 제시할 수 있을 것이다.

참고문헌

타르드, 가브리엘 (2012).《모방의 법칙: 사회는 모방이며 모방은 일종의 몽유상태다》. 이상률 (역). 문예출판사.

_____ (2013).《사회법칙: 모방과 발명의 사회학》. 이상률 (역). 아카넷.

_____ (2015).《모나돌로지와 사회학: 모나돌로지에서 신모나돌로지로》. 이상률 (역). 이책.

Anspach, M. R. (2009). Introduction: L'anoréxie et l'esprit du temps. In Voir René Girard. *Anorexie et désir mimétique*. L'Herne Carnets.

Bashford, A. & Hooker, C. (Eds.). (2001). *Contagion: Historical and cultural studies*. Routledge.

Carroy-Thirard, J. (1981). *Le mal de Morzine: De la possession à l'hystérie (1857-1877)*. Solin.

Cavalli-Sforza, L. L. (2000). *Genes, peoples, and languages*. M. Seielstad (Trans.). North Point Press.

Cavalli-Sforza, L. L., Menozzi, P., & Piazza, A. (1994). *The history and geography of human genes*. Princeton University Press.

Chassaing, J. L. (2009). Anorexie et question du désir chez René Girard. *Journal Français de Psychiatrie*. 2009/1(32), 27-29.

Conrad, L. & Wujastyk, D. (Eds.). (2000). *Contagion: Perspectives from pre-modern societies*. Ashgate.

Dahl, M. (2015. 10. 11). Is there an antidote for emotional contagion? *New Yorker*.

Dawkins, R. (1989). Memes: The new replicators. In R. Dawkins. *The selfish gene*, 2nd ed. (pp. 189-201). Oxford University Press.

Esposito, R. (2011). *Immunitas: The protection and negation of life*. Z. Hanafi (Trans.). Polity Press.

Fossier, A. (2011). La contagion des péchés(XIe-XIIIe siècle). Aux origines canoniques du biopouvoir. *Tracés*, 21, 23-39.

Girard, V. R. (2007). *Avhever clausewitz*. Carnets Nord.

_____ (2008). *Anorexie et désir mimétique*. L'Herne Carnets.

Kapferer, J. N. (1990). *Rumors: Uses, interpretations, and images.* Transaction Publishers.

Maire, C. L. (1985). *Les convulsionnaires de Saint-Médard: Miracles, convulsions et prophéties à Paris au xviiie siècle.* Gallimard-Julliard.

Mitchell, P. (2014). *Contagious metaphor.* Bloombury.

Oughourlian, J. M. (2009). Préface. In Voir René Girard. *Anorexie et désir mimétique.* L'Herne Carnets.

Parikka, J. (2007). Contagion and repetition: On the viral logic of network culture. *Epherma: Theory and politics in organisation,* 7(2), 287-308.

Pelling, M. (2011). The meaning of contagion. In A. Bashford & C. Hooker (Eds.). *Contagion: Historical and cultural studies.* Routledge.

Pernick, M. S. (2002). Contagion and culture. *American Literary History,* 14(4), 858-865.

Renneville, M. (1994). L'anthropologie du criminel en France. *Criminologie,* 27(2), 185-209.

Rose, N. (2007). *Politics of life itself: Biomedicine, power, and subjectivity in the twenty-first century.* Princeton University Press.

Sampson, T. D. (2011. 11. 1). Contagion theory beyond the microbe. *CTHEORY Journal of Theory,* Available: http://www.ctheory.net/articles.aspx?id=675

Sapiro, G. (2011). *La responsabilité de l'écrivain: Littérature, droit et morale en France,* Éditions du Seuil.

Servitje, L. & Nixon, K. (Eds.). (2016). *Endemic: Essays in contagion theory.* Palgrave Macmillan.

Sperber, D. (1996). *La contagion des idées: Théories naturalistes de la culture.* Éditions Odile Jacob.

Wald, P. (2008). *Contagious: Cultures, carriers, and the outbreak narrative.* Duke University Press.

03
전염의 사회학적 이해
멜랑콜리아를 중심으로

오인규

1. 멜랑콜리아: 전염연구의 소재

집단적인 마음의 복사현상이 외부로부터의 물리적 영향이 완전히 제거된 채 순수한 유전적 혹은 진화적 파급의 형태만으로 진행될 수 있다고 주장하는 것은 억설에 가깝다. 한류현상 자체도 정부의 정책적 영향이나 정보왜곡을 통한 마케팅의 영향이 완전히 제거되었다고 단정하기 힘들다.

그러나 도킨스(Dawkins) 류의 밈학(*memetics*)이나, 마수미(Massumi) 류의 정동이론(*affect theory*)이나, 최근 유행하는 마스덴(Marsden) 류의 사회전염학(*social contagion*) 등은 마음의 복사현상에서 외부의 물리적 영향, 즉 세뇌(*lobotomy*)나 사회·정치·경제·문화적 강압의 개입 가능성을 배제한다(Dawkins, 1976; Massumi, 1995; Marsden, 1998).

강압이 있을 수 있지 않느냐는 필자의 의혹은 밈이나 정서 프로그램의 감염적 복사과정에서 그러한 프로그램에 대한 인간의 의식적 혹은 무의식적 거부가 충분히 있을 수 있다는 가능성에 그 전제를 둔다. 우리가 잘 아는 십자군 전쟁이나 무슬림의 침략전쟁은 성서와 코란을 손에 쥐고 시작되었다. 기독교와 이슬람이라는 종교는 침략당한 지역의 주민들로부터 거센 거부현상에 직면했기 때문에 당연히 폭력적으로 그리고 외압적으로 전파될 수밖에 없었다(Csikszentmihalyi, 1993: 132).

병리학이나 전염학에서는 이러한 밈에 대한 거부능력이나 거부의 도를 면역체계 혹은 항체라는 용어로 설명하지만, 밈학에서는 면역체계나 항체를 부정한다. 그 이유는 간단하다. 마음의 복사현상이 대규모로 혹은 전 지구적으로 나타나기 위해서는 우리 뇌에 컴퓨터 같은 역할을 수행하는 좌뇌가 있어야 하고, 이 좌뇌는 진화의 결과로 아이디어라는 바이러스를 무조건적으로 받아들이며, 복제해서 다른 사람의 좌뇌에 번식시킨다는 것이다(Denett, 1991: 218).

아무리 세뇌수단이 뛰어나도, 세뇌된 아이디어의 복제력이 다른 아이디어보다 형편없이 떨어진다면(예: 북한의 세뇌용 영화 대 할리우드 영화), 외압으로 세뇌된 밈은 궁극적으로 사라지고 만다. 다시 말해, 특정 밈의 대규모 복사현상은 외부의 강압이나 특정 밈에 대한 항체의 존재여부와는 무관하다고 설명한다. 예를 들어, 종교의 경우 '신'의 개념도 외부에서 강압적으로 주입된 것이 아니라, 우리의 존재의미나 사후세계를 설명하는 가장 간단하고 매력적인 개념이었기 때문에 전 인류에 보편적으로 장기간에 걸쳐 살아남았다(Dawkins, 1976, 2016: 250).

감정의 대규모 복사현상이 전염병과는 달리 초기적 거부반응이나 면역체계에 대한 진지하고 심도 깊은 설명이 없고, 더욱이 외부의 강압적 세뇌 메커니즘을 전면 부정한다면, 기존의 밈이론이 주장하는 것과는 달리, 밈은 바이러스와 상당히 다른 병리학적, 역학적 구조를 가지고 있을 수밖에 없다.

예를 들어, 밈학에서의 외부 영향이란 고작 어린 시절의 종교적(혹은 무신론적) 교육, 부모님으로부터의 교육 및 친족관계 프로그래밍, 대중매체를 통한 프로그래밍, 그리고 동료의 압력(*peer pressure*) 뿐이며, 이들은 우리의 기본의식과 마찰하면서 거부반응을 일으키지 않는다는 것이다(Brodie, 1996).

밈학에서는 그러므로 국가와 정부, 학교, 법원, 격동적 사회변화와 혁명, 전쟁, 경찰과 군대와 같은 제도적 혹은 제도를 전면 부정하고 전복하려는 무력적 힘은 존재하지 않는다. 왜냐하면 인간은 자신들의 좌뇌가 가장 좋아하는 심리적 매력이 있는 밈만 추려서 받아들이기 때문이다(Dawkins, 2016: 250). 밈들 간의 진화경쟁은 우리 유전자의 진화경쟁과 같이 인간 의지와는 동떨어진 무의식적 밈의 진화에 의해 결정된다는 주장이다. 밈의 진화에서 가장 중요한 것은 밈을 가장 잘, 가장 빠르게 전파할 수 있는 기능을 가진 인간언어와 같은 밈의 전달체이다(Blackmore, 2000: 107).

그러나 도킨스류의 밈학이나 마수미류의 정동이론의 공통된 인지론적 문제는 생물학에서 사용되는 기능주의(*functionalism*) 인식론을 문화라는 사회현상에 그대로 접목시키는 데 있다. 문화는 생물학과 달리 주체와 객체가 엄연히 존재한다. 문화를 창조하는 창조자들, 문화를 전달하는 문화상인들(언론과 미디어 포함), 그리고 문화를 소비하는 문화소비자들이 있다. 또한 이들 위에는 국가, 종교, 그리고 인간의 개별적, 지역적, 보편적, 윤리적 가치체계가 지배한다. 주체와 객체가 엄연히 존재하고 제도가 별개의 생명력을 갖고 존재하는 인간의 문화세계를 생물학적 기능주의로 설명하는 것은 너무나 간단하고 결과론적(즉, 검증불가)이다(Elster, 1985).

심지어 밈학에 동조적인 법학자 볼킨(Jack Balkin)도 "문화적 진화와 유전자 진화에 있어 가장 큰 차이점은 변화의 빈번도"라고 지적했다. 유전자는 복제를 할 때 거의 완벽에 가까운 복제를 하지만, 문화의 파급에 있어서는 소통, 모방, 그리고 어느 정도의 학습이 필요하기 때문에, 원래 생산된 밈과 새로 복제된 밈 간에는 엄청난 차이가 있다는 혜안을 쏟아낸다(Balkin, 2002: 51).

우선 특정한 밈에 대한 거부현상은 실제로 존재하며 이것을 여과(*filtering*)라고 부르고, 특정집단이 갖고 있는 밈과 괴리가 심할 때는 심지어 자기들의 전통적 밈에 맞게 상당부분 수정하기도 한다. 그리고 마지막으로 교육과 혁신을 통해 새로운 밈을 만들어낸다. 그러므로 특정 밈이 성공적으로 복제되어지고 생존할 수 있는 이유는 '밈의 매력' 때문이 아니라, 원조 밈의 변형과정 중 나타난 특정 변형(*transformation*)이 여러 사람들에게 매력적이었다는 것이다(Balkin, 2002: 53).

예를 들면, 한국인에게 원조 미국형 기독교가 매력적이어서 널리 전파된 것이 아니라, 과거 신령께 빌던 치성과 같은 새벽기도, 교회 내 계급제도, 계와 같이 동네주민 간의 친목을 도모하는 구역예배, 경조사 때마다 서로 도와주는 전통 상조의식, 그리고 제사와 명절의식에 대한 묵인 등 한국형으로 변형된 기독교가 매력적이었기 때문이다.

병리학이나 역학에서 말하는 바이러스는 개인의 의지와 상관없이 외부적 강압이나 폭력에 의해 전염될 수 있음을 주시한다(Bassett & Mhloyi, 1991 ; Arnold, 1993). 예를 들어, 생물역사학은 스페인과 포르투갈의 신대륙 침략과정에서 실질적 무력에 의한 원주민 살상보다 전염병의 대규모 확산을 통한 멸종에 가까운 학살이 잔인하게 진행되었던 것을 잘 설명해 준다(Crosby, 1976 ; Diamond, 1999 ; Riedel, 2004). 또한, 중일전쟁 당시나 제2차 세계대전 때, 일본군과 나치군은 페스트나 치명적 성병을 의도적으로 창궐시켜 적군을 대량 살상시키려는 계획을 세웠다(松村, 1998 ; Harris & Paxman, 2007).

문학에서 밈학에 근접한 이론을 처음 제시한 학자는 시대별로 유행했던 특정 문체(*style*)가 무의식적으로 진화되고 작가들 사이에 전파되었다고 주장한 아우어바흐(Erich Auerbach)다. 그러나 그 또한 그런 전파과정이 "충돌과 알력〔을 통해서〕, 경제적 문화적인 평준화의 작업이 꾸준히 진행되고 있는 것이다"(아우어바흐, 2012: 726)라고 엄중하게 선을 그었다. 그러므로 의학계에서 주목하는 것은 바이러스에 대한 인간의 면역체계이다(McNeil et al., 1991 ; 宮坂, 2008).

실질적으로 신종 바이러스의 발견과 그 구조변이에 대한 연구도 중요하지만, 인간이 어떻게 바이러스와 싸우는가, 그리고 면역체계가 어떻게 진화해왔고, 더 강력한 면역체계를 어떻게 만드는가, 또는 어떻게 하면 바이러스를 박멸할 수 있는가에 대한 연구가 더 중요한 것이 그 이유다. 또한, 바이러스가 외부로부터 강압적으로 침략하는 것을 막기 위한 방어벽, 격리시설, 국가차원의 방역정책의 유효성이 아주 중요한 연구과제로 떠오르게 된다(Taylor, 1996). 상황이 이렇다면, 역학적 바이러스와 컴퓨터공학적 바이러스의 유사성은 납득이 가도, 밈학이 주장하는 바이러스와 밈의 유사성이나 상징적 연계성을 무조건 받아들이기가 어려워지는 부분이다(Pinker, 1997: 209).

또한, 밈학이나 정동이론에서 이야기하는 이성과 감정의 철저한 이분법은 현대 심리학에서는 오류로 지적한다. 종교나 자선정신(*altruism*)을 예로 들면서, 이 둘이 비이성적인 감정적 행동이라고 전제하고 이성적 선택론(*rational choice*)을 거부하면서, 밈이론으로 해석하고 설명하는 경우(Blackmore, 2000)가 대표적 사례이다. 그러나 현대 심리학에서는 감정 자체도 정보처리의 결과이며 따라서 직관(*intuition*)이나 직감 같이 상당히 이성적으로 타당성 있는 인지적 현상이라는 것이다. 그러므로 뇌에 의한 정보처리는 감각, 사고, 유추뿐만 아니라 감정과 사회적 사유도 포함한다는 것이다(Critchley, 2005 ; Kandel, 2012: 352).

이러한 감정의 정보처리를 담당하는 것이 섬엽(*insula*)과 편도체(*amygdala*)라는 뇌의 특수부위라는 것이 밝혀졌고, 이 섬엽이 담배 피고 싶은 충동, 목마름과 허기짐, 모성애, 성적 감촉, 낭만적 사랑, 그리고 성적 오르가즘까지 담당하는 광범위한 역할을 수행하고 있으며, 무의식적 외부자극에 대한 신체의 반응과 이에 대응하는 의식적 감정의 생산은 편도체가 담당하고 있음이 알려졌다(LeDoux, 2000 ; Kendal, 2012: 355~356). 섬엽이 바로 신체의 외적 자극 정보와 우리 뇌의 동기부여 체계 간의 조정기관이 되며, 그러한 조정을 위해 외부자극 정보에 대한 판단(*appraisal*) 신호를 편도체와 전두엽 피질(*prefrontal cortex*)에 보내는 것이다(Craig, 2003 ; Kandel, 2012: 354).

크레이그(Craig, 2003)는 특히 이러한 신체의 상태를 의식적으로 분석하는 것이 우리 자신의 감정상태를 인식하는 척도가 되며, 내가 존재한다는 느낌을 갖게 하는 것이라고 주장했다. 언어학에서도 이미 즉물적 의미는 모방으로 전수될 수 있다고 해도, 감정적 의미는 모방보다는 인간 두뇌에 선천적으로 존재하는 의미기제(*semantic device*)가 없으면 불가능하다고 주장한다(Chomskey, 1972; Sperber, 2000: 172).

밈학의 가장 위험한 이론적 오류는 문화나 기술의 급진적 혁신에 대한 설명이다. 간단히 말하자면, 밈학은 복잡계 조직이나 사회네트워크의 관리, 그리고 고난도 지식체계의 전파현상을 설명하지 못한다. 종교나 건축, 과학과 같은 어려운 밈은 외부의 집요한 그리고 체계적 개입과 주입 없이 어떻게 개인의 좌뇌의 선택에 의해서만 전파될 수 있다는 말인가? 도킨스나 데넷의 이론은 마치 밈이 유전자와 같이 자연적으로 선택되고 우리 몸과 문화체계에 축적된다고 본다(Dawkins, 1976: 206; Denett, 1991: 202).

그러나 가스통 바슐라르(Balibar, 1978에서 재인용)나 토마스 쿤(Kuhn, 2012)이 지적한 것처럼, 우리의 과학적·예술적·미적 지식의 진화는 축적이 아니라 인식론적 파열(*coupure/rupture épistémologique*)에 그 근간을 둔다. 또한 기술적 혁신(*innovation*)도 이러한 급진적 파괴나 새로운 융합(*novel combination*)에 바탕을 두는 것도 이미 잘 알려진 사실이다(Nooteboom, 2000).

문화나 과학기술의 파열이나 혁신에는 두 가지 다른 밈이 존재하는데, 밈학은 이것을 구별하지 않는 오류를 범했다. 하나는 모두의 마음에 쉽게 복제되는 표준작업절차(*standard operation procedure*, SOP)이고, 또 하나는 소수정예의 마음에 의해서만 강도 높고 지속적 훈련을 통해 습득할 수 있는 암묵적 문화(*tacit culture*)나 상징적 문화(*symbolic culture*) 이다(Geertz, 1973; Schneider, 1976; 野中·紺野, 2003).

SOP는 인간의 의식과 같고 그래서 밈과 같이 쉽게 복제될 수 있으나, 암묵적 문화는 인간의 무의식의 세계와 같이 광범위하고 깊으며, 전 세계 어떤 문화체계에서도 널리 그리고 깊이 숨어 있다. 이 무의식의 문화는 절대 쉽게 복제될 수도 없고 복제 자체를 금지할 수도 있다. 일본의 스시 장인, 고려의 청자 장인, 스위스의 시계장인, 초복잡계 신경수술을 하는 뇌의학 명의, 초고성능 반도체를 설계할 수 있는 능력 등이 그 예에 속한다.

그러므로 무의식 세계의 문화가 인간문화의 대부분을 이루고 있다면, SOP만을 문화의 속성으로 주장하는 밈이론에 동조적인 키싱류의 아이디어적 문화론(*ideational theories of culture*) 은 거부할 수밖에 없다 (Keesing, 1974; Goodenough, 1981).

이와 같은 SOP와 암묵적 문화의 문제를 해결하려고 했던 더햄 (Durham) 은 생물학적 인류학(*bioanthropology*) 의 입장에서 이중진화 (*dual evolution*)라는 개념하에 SOP는 다른 동식물과 같이 유전자로 진화되며, 암묵적 문화는 문화유전자로 진화된다고 주장했다. 개미 떼가 정확하게 줄을 서서 음식물을 채취하거나, 정어리 떼가 상어나 고래의 공격을 피하기 위해 정교하게 집단 춤을 추는 것이 유전자의 진화로 인해 발전하는 문화이고, 인간의 사유적 문화행위는 문화적 유전자에 의한 진화라는 것이다.

그리고 이 진화의 선택은 자연환경이 특정 유전자의 변화를 선택하는 것이 아니라, 인간이 밈의 변화를 선택하는 것이라고 설명한다 (Durham, 1991: 198). 만약 인간이 환경의 제약과 절충하면서 밈의 변화를 선택한다면, 이것은 이성적 선택론(*rational choice theory*)에서 이야기하는 제도론과 별반 차이가 없다(Elster, 1992). 또한, 더햄의 설명에도 암묵적 문화의 유전적 습득과정은 여전히 검은 상자(*black box*)로 숨겨져 있다.

암묵적 문화의 전수는 SOP의 전수에서와 같이 강제성이 늘 존재한다. 종교나 건축·과학의 제도권에 들어가면 밈은 강제되고 말며(Zerubavel, 1997: 17), 이를 제루바벨은 '사회적 정신규제'(*sociomental control*)라고 이름지었다. 이러한 정신규제를 하는 제도적 단체가 몇 개가 있는가, 그리고 개인당 몇 개의 단체에 가입하는가에 따라, 한 사회가 유일이데올로기 사회인가, 다수이데올로기 사회인가로 나뉜다.

복잡계 밈의 전수에 있어 강제성의 문제는 종교에서 더욱더 명료해진다. 사회학자 벨라(Bellah)는 이른바 구축시대(BC 800~200)를 대표하는 고대 이스라엘, 고대 그리스, 제자백가 시대의 중국, 불교시대의 인도 종교들에 대한 사례연구(*case study*)를 했다. 그러면서 종교의 보편적인 사회적·역사적 기능은 신(*god*)이라는 개념의 매혹성에 바탕을 둔 종교 밈의 대규모 복제에 의한 전파가 아니라, 특정부류의 인간들이 상징적 종교적 세계를 상상하고 이 새로운 세계에 대한 이야기(*story*)를 지어낼 수 있는 능력의 획득이 더 중요한 이유가 된다고 했다.

그는 종교적 혹은 정치적 의식에 필요한 자원을 점점 더 광범위하게 무력적으로 획득하면서, 권력(*domination*)을 확보한 층과 남성들 간의 평등성(일부일처제 등)을 지키고자 한 세력 간의 알력이 커지면서, 정치적 정당성(*political legitimacy*)의 문제가 비약적으로 커지기 시작했다고 주장한다. 이와 동시에 비판자(*renouncers*)로 일컬어지는 몇몇 그룹의 사람들이 지적 · 영적 능력을 획득하면서 종교적으로 권력자들과 대항했지만, 결국 군주들(일부다처제를 선호하는 남성들)의 정치적 정당성(*political legitimacy*)의 문제를 해결하는 데 악용되었다는 것이다 (Bellah, 2011).

즉, 종교의 사회적, 역사적 기능은 불평등사회(계급차별, 인종차별, 성차별 등이 존재하는 사회)에서 정치적 정당성을 확보하는 것이다. 그러므로 고대 이스라엘의 신은 사후세계에 대해 약속한 것이 아니라, "계율을 확실히 지킬 경우, 비를 내리게 해 곡식, 포도주, 그리고 기름을 수확하도록 해주겠다"고 약속하는 것이다(Harari, 2015: 48). 이러한 제도적 규제가 필요한 것은 경제학에서 말하는 '집단행동의 문제'(*collective action problems*) 때문이다. 자동차를 오른쪽 차선에서 운전하는 것을 제도적으로 규제한다면, 영국이나 일본처럼 왼쪽 차선에서 운전하는 사람들이 사라지는 현상이 그 예이다.

그러나 문제는 우리 사회에서 제도적 규제가 점점 그것이 필요 없는 영역까지 확대된다는 것이다. 먹는 음식의 메뉴, 시청하는 TV 프로그램, 사서 읽는 책의 종류, 연인과 같이 보러 가는 영화, 입고 다니는 옷의 패션, 휴가를 보내는 휴양지의 선택 등이 점점 대기업이나 심지어 국가의 제도적 개입으로 인해 세뇌적으로 규제된다는 사실이다(Adorno, 1973; Adorno & Horkheimer, 2002).

영화 〈스타워즈〉가 〈오만과 편견〉보다 전 세계적으로 관람객이 많았던 이유는 전자가 후자보다 더 매력적인 밈을 제시했기 때문이 아니라 영화산업(제작사, 배급사, 극장업자 등)이란 제도에 전자가 더 적합하기 때문이라는 것이다(Balkin, 2002: 86).

특히, 국가의 정보독점이나 개인정보의 불법적 수집은 조지 오웰의 소설 〈1984년〉에 나타나는 감시국가(*surveillance state*) 체제로 발전시키고, 비민주적 감시국가에서 어떻게 자유스런 밈의 진화가 일어날 수 있을지 의아하게 한다. 심지어 미국과 같은 자유민주주의 국가에서도 국가에 의한 정보독점이나 불법적 은폐, 기한 이상의 문서보존 등이 문제가 되는 상황에서 다른 국가들은 말할 필요도 없다(Balkin, 2008).

또한 사회학에서 이야기하는 제도의 경로의존성(*path dependency*)이나, 생물학에서 이야기하는 건축학적 제약(*architectural constraints*)에서 지적되었듯이, 제도 자체가 밈처럼 자유롭게 복제되거나 개선되는 것이 아니라, 항상 기존에 존재하는 제도의 제약을 충분히 고려한 상태에서 개선될 수밖에 없다(Gould & Lewontin, 1979; DiMaggio, 1988; Balkin, 2002: 72~73). 이는 역사를 배우는 이유가 미래를 예측하기 위해서라기보다, 과거로부터 자신을 해방시키고, 색다른 운명을 상상하기 위한 것이라는 말과 일치한다. 과거로부터 완전히 자유로울 수는 없겠지만, 자유를 상상하는 것이 훨씬 행복하다는 것이다(Harari, 2015: 64).

데닛은 인간 사유의 진화가 생물학적 유전자의 진화에 그 근간을 두면서도, 결국 문화적 진화가 없으면 불가능하다는 사실 때문에 밈 이론을 믿게 되었다고 한다(Denett, 1991: 203). 만약 그렇다면, 인류의 생물학적 진화와 같이 문화적 진화도 모든 인류 사이에 비슷한 문화 혹은 보편적 문화를 만들어내야 한다.

그러나 다수의 현대 인류학자들이 주장하듯이 문화의 보편화(특히 영미문화에로의 점진적 동화)는 일어나지 않고 있다. 오히려 우리의 유전자 중의 99%가 개인적 차이를 설명하듯이(Gould, 1996), 우리의 문화 유전자(밈) 중 99%가 개인적 습관이나 개인적 문화가 심지어 가족 간에도 상당한 차이가 난다고 설명한다.

특히 밈의 유전능력이나 전염능력에 대해 언급하면서, 도킨스나 데넷은 '밈의 복제능력'만이 가장 중요한 특징이지, 밈의 목적이나 복제 방법에 대해서는 정성 들여 설명하지 않는다(Dawkins, 1982: 110~111; Denett, 1991: 203). 이렇게 되면, 교육사회학이나 계층사회학에서 이야기하는 지식이나 아이디어의 계층 간 불균형이나 특정 계급의 독점을 부정하는 오류를 범한다.

아무리 복제력이 뛰어난 아이디어라도 이 아이디어가 특정 계급의 독점적 향유물로 비공식적으로 규정되었다면, 이것이 널리 전염될 수 없다. 예를 들어 밈학에 동조적인 칙센트미하이마저도 비행기 산업과 자동차 산업을 열거하면서, 비행기와 자동차의 발명으로 인간이 더 풍요롭거나 자유스러워진 것이 아니라, 오히려 이들 산업의 국제적 선도위치나 독점적 위치를 지키기 위해서 막대한 자원을 낭비할 뿐만 아니라, 석유를 확보하기 위해서 심지어 전쟁도 불사한다고 말한다(Csikszentmihalyi, 1993: 129~130). 이러한 주장은 이들 기간산업에서는 중요한 아이디어나 정보는 몇몇 소수자들에 의해 철저히 보안에 붙여지고, 외부로 유출되거나 전파되는 것을 금지한다는 사실을 잘 규명한다.

데넷은 문화 때문에 우리 뇌의 디자인이나 기획력이 훨씬 향상된다고 주장하지만, 이것 또한 어떤 문화권에 우리가 있느냐에 따라 상당히 그 결과는 달라진다. 엘스터가 이야기했지만, 가령 구소련이나 북한에 사는 주민들이 스스로 행복하다고 느끼는 것이 과연 그들의 문화적 밈에 의한 판단일까 아니면 세뇌일까? 엘스터는 단연코 세뇌의 결과라고 단정했다(Elster, 2016). 필자 또한 엘스터에 동의한다.

그러므로 밈학은 밈이 유전자로서 작용하는 문화나 아이디어의 진화보다는 문화나 아이디어가 바이러스처럼 다른 사람의 두뇌에 전염될 수 있다는 정도의 설명밖에 할 수 없을 뿐이다. 그리고 이 경우에도 전염된 남의 아이디어는 철저한 개인적 혹은 조직적 검증을 거쳐 제도화된 아이디어로 수정되거나, 아니면 가차 없이 폐기된다는 것이다(Pinker, 1997: 210).

예를 들어, 20세기 최대의 중독성을 갖는 TV나 인터넷에 빠지는 것이나 남을 속이는 사기의 밈의 경우에도 개인적 차이가 분명히 나타난다. 개인적 자부심(self-esteem)이 높은 사람들은 그렇지 못한 사람들보다 훨씬 더 TV나 인터넷으로부터 자유롭고 덜 중독되며, 남을 쉽게 속이지도 않는다(Csikszentmihalyi, 1993: 136; Aronson, 1995: 226~227).

한류현상은 밈이라고 보기 힘들며, 이것을 설명하려는 것이 이 글의 목적이다. 한류의 원동력은 여성 창작가들과 여성 소비자들이 합동하여 창조해낸 21세기형 글로벌 하위문화(subculture)다. 여성 하위문화의 중심에는 '멜랑콜리아'(melancholia: 흔히 우울증, 화병, 한(恨) 등으로 이해됨)가 자리잡고 있고, 멜랑콜리아 또한 밈이라고 해석될 수 없다. 우선, 이 글에서 자세히 설명하겠지만, 멜랑콜리아는 사회적 외부적 물리현상의 결과이다.

우선 심리학적으로 멜랑콜리아와 같이 심각한 도덕적 자아비판이나 우울증의 동반은 '쾌락'과 같은 밈과 '죄의식'과 같은 상반되는 밈의 갈등(예를 들어, 극도의 쾌락을 추구한 후, 나타나는 우울증이나 허탈감)의 예로 밈학적으로 설명해 볼 수 있다. 그러나 밈학이나 정동이론에서 무시하는 원초적 도덕의식이 다른 밈들과 별개로 독립적으로 존재한다는 점에서 프로이트(Sigmund Freud)나 라도(Richard Rado)의 이론에서 나타나는 슈퍼에고(superego: 무의식적 도덕적 판단체)나 나르시스적 불관용이 확인되는 부분이다.

아무리 '쾌락'(혹은 성교와 같은 매력적 밈)이 존재한다고 해도, 그 이전에 우리의 뇌 안에는 '도덕'이 딱 자리잡고 있어서, 항상 과다한 쾌락에 대한 처벌을 우울증으로 내린다는 것이다. 즉, 밈의 추구가 항상 원만하거나 즐겁다고 보기 힘들다. 슈퍼에고가 뇌 속에 진짜로 존재한다면 에고와 반대되는 슈퍼에고의 존재가 바로 인간이 사회생활을 하면서 원만한 대인관계를 유지하고 정의롭고 평안한 사회를 건설할 수 있도록 진화적으로 우리 뇌에 쾌락에 대한 처벌장치를 마련했다는 증거이다.

그러므로 밈이 침입하고 선택되었다고 보는 것보다, 매혹적인 밈을 스스로 규제하여 긍정적 감정을 생산하도록 하는 슈퍼에고가 뇌에 장착된 것이라고 보는 것이 더 설득력이 있다. 그러나 이 슈퍼에고의 존재가 쾌락을 생산하는 우리의 창작력과 독립적 사고력을 방해하지 않는다. 오히려 무의식의 이드(id)와 에고(특히 준무의식적 에고)와 함께 창작력을 북돋아 준다는 것이다(Kandel, 2012).

여기서 말하는 창작력이 바로 밈을 선택하고, 개선하며, 어떤 때는 완전히 새로운 프로그램을 개발할 수 있는 능력이다. 밈은 그러므로 창작의 산물이지, 우리의 슈퍼에고, 이드, 그리고 에고를 통틀어 좌지우지하는 프로그램은 아니다. 그렇다면 밈의 무절제한 추구를 방지하고 역으로 밈을 개선시키고, 한류와 같은 새로운 콘텐츠를 창조하도록 도와주는 멜랑콜리아란 무엇일까?

2. 멜랑콜리아 : 존재론적 이해

멜랑콜리아의 의학적 정의는 "지속적으로 넓은 부위로 퍼지면서 심신을 쇠약하게 하는 뇌의 병으로, 감성, 운동신경, 사고, 인지, 감수성, 그리고 수많은 기초 생리과정을 변화시키는 주범"이다. 그리고 이 정신병은 다음과 같이 주로 네 가지 증상으로 발전한다(Taylor & Fink, 2006: 15~16).

① 병적 우울증 (*Pathological Mood*)
흥미상실, 집중력 상실, 기억력 상실, 사고력 둔화, 자괴감, 자존감 상실, 자살충동 등의 증상으로 나타난다. 지속적이고 완화되지 않는 우울증이 진단의 단초가 된다.

② 정신운동장애 (*Psychomotor Disturbance*)
지체 혹은 흥분의 증상으로, 지체는 일상생활에 참여하는 것에 완전히 흥미를 잃고, 참여를 거부하는 것부터 악화될 경우 지속적으로 일상생활을 거부하여 무감각형 유사죽음(*stupor simulating death*)으로까지 발전한다. 흥분은 안절부절 못하는 상태, 두 손을 꼭 쥐고 안절부절 못하는 상태, 침착해지지 못하는 상태 등으로 나타나며, 빠른 속도로 왔다갔다하고 계속 움직이는 동작을 취하지만 전혀 그 의미를 알 수 없는 동작으로 발전한다. 격분이나 격렬한 감정상태로 이해할 수 있다.

③ 생명기능장애(*Vegetative Function Disturbance*)
수면장애, 식욕감소, 체중감소, 성불감증, 스트레스 조절기능과 신체 바이오리듬 조절기능 마비 등의 증상으로 나타난다. 환자들은 이런 증상에 대해 무의식적 현상이라고 호소한다. 체중감소, 혐오감을 주는 외모, 몸

의 악취, 사악한 모습 등으로 진단할 수 있다. 실험실 연구에서 신경내분비 장애가 발생한 것이 목격되었다.

④ 정신착란(*Psychosis*)

전체 멜랑콜리 환자의 30%에서 나타나는 이 심각한 증상은 정신운동장애와 같이 멜랑콜리아의 중요한 부분이다. 멜랑콜리아 환자들은 죄의식, 자괴감, 무기력 등의 사고에 사로잡혀 있고, 심지어는 일상생활을 할 수 없도록 세상과 단절된 착란현상으로 발전한다.

위의 의학적 정의가 옳다고 해도, 우리는 이 정의를 가지고 멜랑콜리아에 대한 존재론적(*ontological*) 정의에 대해 논의할 수 없음을 안다. 존재론적 정의를 알기 위해서는 의식, 무의식, 혹은 멜랑콜리아와 같은 정신병이 우리 몸에 존재하는 이유를 알아야 한다(Searle, 1992).

멜랑콜리아가 밈이나 정동(*affect*)처럼 복사하기 위해 혹은 진화하면서 유전자로서 후세에 전달하기 위해 존재하는 것인가? 아니면 특정 부류의 사람들이 이 '험한' 세상을 살아가기 위해 취하는 전략적 선택인가(Engel & Reichsman, 1956)? 즉, 이 병이 사람의 뇌에 기생하는 것인가, 아니면 사람이 이 병을 항체로 이용해 세상의 위협으로부터 자신의 목숨을 지키려는 것인가?

만약, 자살이 멜랑콜리아의 궁극적 현상이라면, 특정 부류의 인간들이 자신의 생명을 정지시키기 위해 일부러 사용하는 뇌의 죽음 프로그램인가? 또한, 멜랑콜리아가 아리스토텔레스가 지적한 것처럼 "위대한 (남성) 철학가, 정치가, 시인, 예술가들"에게 공통적으로 나타나는 병이라면, 그것은 특정 부류의 남성들이 학습이나 창작에 몰입해서, 여성을 포함한 보통 인간들보다 더 뛰어난 업적을 쌓기 위해 사용하는 지식 증강 프로그램인가?

이 모든 질문에 답할 수 있는 멜랑콜리의 존재론적 정의가 필요하다. 특히, 필자의 입장에서는 왜 여성 멜랑콜리아 환자들이 한류에 푹 빠지는지 설명할 수 있는 멜랑콜리아의 존재론적 정의가 필요하다.

의학에서의 문제는 이런 존재론적 정의를 배제하고, 실험실이나 임상에서 호르몬과 행동의 관계를 분석한다는 것이다. 즉, 우울증적 행동이 시상하부뇌하수체부신축(hypothalamic-pituitary-adrenal axis)에서 분비되는 17-하이드옥시코르티코스테로이드(17-hydroxycorticosteroids, 17-OHCS)의 플라즈마 레벨과 관련 있다는 실험실적 분석을 바탕으로 이 호르몬을 억제하는 덱사메타손 처방(dexamethasone 1~2㎎)으로 발전하고 만다(Taylor & Fink, 2006: 64~65).

그런데 이런 처방은 대증요법에 불과하거나 임시방편에 불과해 왜 17-OHCS가 증가하는지 알 수 없다. 즉, 우울할 때 엑스타시나 LSD 같은 마약을 통해 육체적·정신적 행복을 추구하는 화학적 호르몬 변이처방과 같은 것이다(Harari, 2015: 40~41). 실제로 덱사메타손과 같은 초기 처방들이 부작용을 야기하기 시작하자, 처방이 법적으로 일시 중지되기도 했지만, 1993년 전 세계는 프로작(Prozac)이라는 새로운 항우울증 약을 개발하고 대중화시킨다. 그리고 그다음 해에 세계에서 두 번째로 많이 팔린 약으로 각광받게 된다.

그러나 프로작의 개발과 실험 그리고 FDA의 승인 등 일련의 절차가 거대 제약회사들의 입김에 의해 좌지우지되었으며, 이 약이 젊은 층에서 남용될 경우 자살을 유발시킨다고 주장하는 책과 논문이 쏟아져 나오기 시작한다(Healy, 1997, 2004; Bentall, 2009; Kirsch, 2009; Greenberg, 2010; Lawlor, 2012: 180). 이런 의미에서 정신의학(*psychiatry*)을 반대하는 운동이 토마스 사스(Thomas Szasz), 미셸 푸코(Michel Foucault), 그리고 랭(R. D. Laing) 등에 의해 발전했다. 이들은 입을 모아 "정신의학은 병든 자를 고치려는 진지한 노력이라기보다는 사회적 제어(*social control*)의 한 방법일 뿐이다"라고 주장했다(Lawlor, 2012: 165).

최근의 정신의학적 연구나 심리사회학, 여성학, 문화사회학 등에서는 멜랑콜리아가 우선 남성과 여성에게서 상당히 다른 형태로 나타나는 것뿐만 아니라, 그 원인도 현격하게 다르다는 것을 알게 되었다(Brown & Harris, 1978; Schiesary, 1992; Butler, 1995; Meyers, 2001; Oh, 2011). 아래에서 자세히 설명하겠지만, 밈이 성별로 다르게 전파되거나 거부되고, 강압된다면, 성차별을 하는 사회적 영향이나 학습과정을 중요시하지 않을 수 없다.

예를 들어 부엌에서 음식을 조리하는 문화가 여성들 사이에서 퍼지게 된 이유가 이런 음식문화의 밈을 여성들의 좌뇌가 스스로 좋아해서 선택했다는 주장(즉, 도킨스가 설명한 것처럼, 여성들이 정자보다 훨씬 큰 난자를 선호하게 된 것은 이기적 유전체의 양방향성 선택이라는 주장)은 이런 음식문화가 남성들에 의해 여성에게 강제로 주어졌다는 사회문화적 설명을 부정할 수 있는 아무런 증거도 제시하지 못한다.

만약 여성의 부엌문화가 여성들이 '부엌 밈'을 선택한 결과라면 왜 그것을 거부하려는 여성들을 우리 사회는 예외 없이 처벌했을까? 또한 상류층 여성들은 왜 부엌문화에서 일찍이 해방되었을까? 왜 중산층과 하층의 여성들만이 부엌문화를 유지하고 살아갈 수밖에 없는가?

이런 질문에 대해 밈학은 함구한다.

위의 부엌 밈의 예에서 우리는 특정 사회계층이나 부류가 태어나면서부터 경험하는 사회의 억압·조정 기제에 의해 멜랑콜리아가 자연적으로 발생하며, 이것은 쾌락 밈의 과다한 소비와 전혀 관계가 없음을 알 수 있다. 실험실적 연구에서 나이 어린 소녀들에게서 멜랑콜리아가 처음 발생했다는 사실은 널리 알려져 있다. 특히 그 우울증적 증세가 아주 심각하며, 유전적 요인에 의해 발생할 가능성이 훨씬 높아지는 것으로 알려졌다(Talyor & Fink, 2006: 301).

이것은 위에서도 잠시 언급했지만, 여성과 멜랑콜리아의 관계가 오래된 성차별에 의해 획득된 유전적 관계가 아닐까 하는 가능성을 높인다. 또한 여성은 남성보다 우울증에 걸릴 확률이 두 배나 높다. 특히 멜랑콜리아에 걸렸을 경우, 성적(性的) 착취와 주위로부터 무관심의 피해자가 되기 훨씬 쉬워진다(Taylor & Fink, 2006: 306~307). 이것은 여성이 남성보다 유전적 이유로 멜랑콜리아에 걸릴 확률이 높아졌으며, 장기간에 걸친 사회적 학습이 이루어졌음을 의미한다(Lawlor, 2016: 196~197). 그러므로 **멜랑콜리아의 존재론적 정의는 다음과 같다.**

사회적으로 가해진 외부의 물리적 정신적 충격, 특히 미소유(*lack*)나 상실 (*loss*)에 대한 감성적 의식(*affective consciousness*)에 의해 지금까지 버텨왔던 내적 정신체계의 균형이 무너지고 그것을 극복할 수 있는 또 다른 무의식적(내분비적) 혹은 의식적 메커니즘이 기존의 유전자 풀(*genetic pool*)이나 밈 풀(*meme pool*)에는 존재하지 않기 때문에 애도의 슬픔(*mourning*)을 표현하기 힘들어질 뿐 아니라, 행동의 방향성을 잃어버리고 마는 현상이다. 외부적 물리적 정신적 충격을 통해 획득된 자신의 무능력에 대한 의식이 이 과정에서 학습되고, 자신의 무능력을 극복할 수 없다고 느끼는 호르몬 반응이 멜랑콜리아를 지속시키고 심각하게 발전시킨다. 특히 이런 현상은 사회적 약자인 여성이나 소수민족 혹은 노동자나 무산계급에서 많이 나타나고, 유전적 혹은 환경의 영향도 작용하여 중상층 백인남성(*White Anglo-Saxon Protestant*, WASP)에게도 나타날 수 있다. 다만, 여성들에게서는 유전적 혹은 환경적 영향에 무관하게 균일하게 나타난다.

위의 존재론적 정의는 과거 르네상스 문학에서 연구했던 멜랑콜리아의 남성적 정의와 상당히 동떨어진 것이다. 멜랑콜리아를 "검은 담즙(膽汁)의 과다현상"(Burton, 1651)으로 인식했던 르네상스 시대에는 고대 그리스와 마찬가지로 멜랑콜리아를 남성의 병으로 생각했고, 이후 르네상스 문학연구가들도 같은 태도를 취했다. 그러므로 그들에게 "페트라르크, 피치노, 타소, 루소, 샤토브리앙, 괴테, 횔덜린, 드퀸시, 바이런, 노발, 도스토예프스키, 발터 벤야민의 멜랑콜리아"는 중요한 문학적·창작적 동기부여로 분석되는 반면, 여성의 멜랑콜리아는 우울증(*depression*) 혹은 화병·한(恨, *ressentiment*)으로 천시되어 버렸다(Schiesari, 1992: 3~4).

이런 의미에서 멜랑콜리아를 백인 엘리트 남성의 창작력의 원천으로 과대 포장시켜 버린 르네상스 시대에는, 미켈란젤로의 명언처럼, 멜랑콜리아는 "예술가의 낙"(*La mia allegrezza è la maninconia*)으로 인식된 것이다(Schiesari, 1992: 8). 그들은 《햄릿》에서의 경우와 같이 (유명하게 되기 전 그들의 상전들로부터 인정받지 못한) 자신들의 울화병을 참지 못하고, 상전들 앞에서는 온순한 척하면서, 자신들 주위의 여성들에게는 잔인한 욕설과 물리적·성적 폭력을 서슴지 않았다. 결국 남성 멜랑콜리아의 희생자는 예술가 자신들이 아니라, 그들 곁에 있던 (거트루드나 오 필리아 같은) 여성들이었다(Schiesari, 1992: 240).

또한 위에 명시된 멜랑콜리아의 존재론적 정의는 동서고금을 막론하고 여성의 종교적 체험이나 신성강림을 통해 나타는 일련의 초월적 행동을 일괄적으로 히스테리(*hysteria*)나 악령에 의한 신들림(*demonic possession*)으로 진단했던 남성 종교 권위자들(*hagiographers*)의 입장과도 근본적으로 다르다(Hollywood, 2016: 56). 남성의 초월적 행위는 성자로 인정하면서도, 유사한 여성의 행위는 마녀나 히스테리 환자로 진단하고 잔인하게 불태워 죽였던 중세의 잔 다르크의 이야기처럼 '히스테리'나 '신들림'이라는 병명 자체는 '멜랑콜리아'와 달리 여성들을 잔인하게 짓밟고 학살하는 비극적 언어일 뿐이다.

대신에 여성의 초월적 행위 혹은 예수에 대한 지독한 사랑을 멜랑콜리아의 일종으로 파악하고 그것이 바로 예수 자신의 (남성뿐만 아니라) 여성에 대한 사랑, 즉 예수의 멜랑콜리아와 일치시키는 것이 여성과 남성의 차별이 사라지는 진정한 기독교적 믿음이다(Hollywood, 2016: 73). 즉, 참종교에서 말하는 여성의 멜랑콜리아는 십자가에 못박혀 죽어간 예수의 고통을 그대로 온몸으로 느끼는 아픔의 초월적 경험을 하게 하는 능력의 확장이다(Hollywood, 2016: 76).

위에서 필자가 제시한 멜랑콜리아의 존재론적 의미는 그러므로 서양세계(혹은 오리엔탈리즘)에서 엘리트 백인남성들만의 병으로 간주된 현상(*homo melancholicus*)을 탈구조화(*deconstruction*) 시키고, 여성(혹은 소수민족)의 창작·해방 동기로 승격시킬 수 있는 철학적 토대를 제공한다. 또한, 여성의 초월적 체험을 남성의 그것과 차별화하여 히스테리나 악령에 의한 신들림으로 격하시켰던 동서고금의 진리를 타파할 수 있는 혁신적인 종교학적 토대도 제공한다. 그렇다면, 남성 멜랑콜리아와 동등한 혹은 그보다 더 초월적인 여성 멜랑콜리아(*femina melancholica*)의 과학적 인과관계는 어떻게 설명될까?

3. 멜랑콜리아: 인과론적 설명

여성 멜랑콜리아를 멜랑콜리아의 21세기적 의미로 정의한다면, 외부의 물리적 정신적 충격으로 인해 학습된 자신의 무기력감이 극복될 수 없는 상황에서, 여성 멜랑콜리아 환자들은 어떤 행동을 취할까? 다시 말해, 여성들의 무능력감은 남성의 그것과 달리 어떤 행동적 결과로 나타나는가? 만약 벨라의 말대로 유한계급(*leisure class*)은 노동계급이 향유할 수 없는 연기(*play*)를 통해 자신들의 공포를 극복하고 새로 획득한 능력 그리고 욕망을 과시한다면(Bellah, 2011), 여성 멜랑콜리아 환자들은 어떠한 연기를 할까?

멜랑콜리아라는 호르몬 조건이 숙성되어, 몸과 마음에 그 아픔이 전달되고 그 이유를 여성 스스로 천착하다 보면, 행동방식은 세 가지로 분리되어 도출된다. 하나는 여성의 사회문화적 처지를 숙명으로 받아들이고 세태에 순종하는 것이다. 두 번째는 슬픔을 표현하지 못하고 극복할 수 없는데다, 자신의 아픔을 숙명으로 여기지 못하여 결국 심각한 정신병으로 발전하는 것이다. 세 번째는 격렬하게 때로는 침착하게 자신을 아프게 만든 외부의 남성주도 권력체에 대항하는 것이다(Butler et al., 2000; Sánchez-Pardo, 2003; Oh, 2011).

이 글의 목적에 비추어 볼 때, 세 번째 행동법 혹은 연기가 초점이 될 것이다. 버틀러가 누누이 주장했듯이 멜랑콜리아를 통해 느끼는 아픔을 숙명으로 받아들이거나 자살로 치닫기보다, 정치적 역량을 충전하여 정치투쟁이라는 새로운 활동을 하자는 것이다(Butler et al., 2000; Sánchez-Pardo, 2003). 이 정치적 역량의 충전은 여성뿐만 아니라 모든 소수민족이나 사회적 약자들이 공통적으로 추구해야 하는 멜랑콜리의 인과적 결과이며, 이 역량은 오로지 무능력을 능력으로 전환시킬 수 있는 학습을 통해서만 가능하다(de Beauvoir, 1952; Seligman, 1975; Oh, 2011; McNay, 2013).

멜랑콜리아를 학습으로 발전시킬 수 있는 매개체는 한류 드라마나 K-pop과 같은 여성 하위문화(*feminine subculture*)임은 과거 연구를 통해 밝혀진 바 있다(Oh, 2009; 2011). 이 학습은 회고형(*retro learning*, RL)과 선진형(*forward learning*, FL)으로 나뉘며, 회고형이 더욱더 강렬한 동기부여를 통해 이루어지며, 장기간 지속된다는 점에서 진정한 멜랑콜리아의 인과론적 행위라고 볼 수 있다.

특히, 심리학에서도 이미 모든 감성은 몸의 이상반응 감지 후, 원초적 본능이 먼저 반응했더라도, 이 사건이 추후 뇌에서 분석의 대상으로 회고학습의 동기를 부여하고, 의식적 분석절차에 따라 특정 감성(기쁨, 즐거움, 슬픔, 증오) 등으로 확정된다고 실험을 통해 정리된 적이 있다(Schachter, 1999; Kandel, 2012: 351).

그러므로 감성의 의식적 획득을 위한 회고형 학습은 인간이 성숙해지는 자연스러운 행위라고 할 수 있다. 다시 말해, 마수미의 주장과 달리,

감성은 의미나 의도와 별개의 독립적 개념이 아니다. '행복한 감성'은 학습을 통해 얻어지는 노력의 결실이기 때문에, 의미가 있고, 의도적이다(Leys, 2011). 또한 마수미와 달리 감성은 주어진 인간만이 이해할 수 있는 특수 프로그램에 따라 만들어지고, 그 프로그램은 바로 그 특정 감성을 정당화하는 데 쓰인다(Beck, 1967: 255~256; Aronson, 1995).

위에서도 언급했지만, 이성적 인지활동은 감정적 활동과 별개가 아니라 서로 유기적 관계가 있다는 사실을 현대 뇌생물학은 밝혀냈다(Damasio, 1999; Kandel, 2012: 371). 이 사실에서 추론할 수 있는 새로운 심리학적 가설은 멜랑콜리와 그에 따른 감정적 굴곡에 따라, 뇌는 이 여성들에게 새로운 학습에 대한 동기부여를 하는 것뿐만 아니라, 도덕적 판단도 한다는 것이다. 이는 편도체에 의한 감정변화와 전두엽 피질(prefrontal cortex)에 의한 이성적 인지활동이 서로 긴밀하게 협조하며 일어난다는 증거이다(Kandel, 2012: 371).

이렇듯 멜랑콜리아가 여성들에게 창작과 학습에 대한 동기부여를 한다는 것은 뇌과학이나 인문학에서 공통적으로 확인되는 상황이다. 특히 선진형은 쾌락추구형인 반면, 회고형은 쾌락보다는 도덕적 감성적 성숙도를 추구하면서 깊은 행복감을 느끼게 하는 학습방법이다. 한류 팬들 사이에서 선진형은 중국, 동남아시아, 중동, 중남미 등의 젊은 층에서 나타나며, 회고형은 일본, 대만, 홍콩, 싱가포르, 북미, 호주, 유럽 등지에서 나타나는 것으로 확인되었다(Oh, 2009; 2011).

여성 멜랑콜리아는 선진형·회고형 학습에 따른 엄청난 고통을 추후 획득되는 기쁨과 동일화(conflate)하는 인내성과 끈기의 힘을 부여한다. 이 점에서 여성의 학습능력이 궁극적으로 남성을 앞지를 수밖에 없으며, 이것을 방지하기 위해 여성의 학습 성취도를 철저히 관리하고 억제하려 했던 남성위주의 교육제도를 다시금 반추해 볼 필요가 있다. 여성은 교육과 학습을 통해 남성우월주위에 정치적으로 도전하는 것이다.

4. 여성과 멜랑콜리아: 사회학적 이해와 설명

위에서 언급했던 셀리그만(Seligman, 1975)의 임상실험 결과는 사회현상에서도 적용된다. 소녀들은 일찍부터 자신들의 사회적 무기력감을 남성우월주위 사회로부터 학습하게 되고, 학습된 무기력감이 나중에 멜랑콜리아로 발전하게 된다(Jackson, 1986: 245). 브라운과 해리스의 사회심리학적 연구에서도 37명의 여성 멜랑콜리아 환자를 관찰하면서 98%의 환자가 외부적 혹은 사회적 요인에 의해 멜랑콜리아가 발전된 사실을 확인했다.

그러므로 이러한 사회적 스트레스 요인을 변화시키면 멜랑콜리아가 줄어든다고 주장했다. 특히 굴욕감이나 속박감을 주는 피해의식이 멜랑콜리아를 세 배 이상 심각하게 한다는 사실도 발견했다. 특히 멜랑콜리아의 증상이나 심각도는 사회와 문화에 따라 변하며, 인종이나 민족의 차이도 중요한 요인이 된다는 것을 주장한다. 이것은 멜랑콜리아에 의한 자살 또한 생물학적 요인보다 사회적 요인이 더 중요하다는 것을 의미한다(Brown & Harris, 1974; Lawlor, 2012: 194~195).

사회적 학습을 통해 환경에 적응하지 않으면 인간은 생존하기 힘들다. 환경의 사회적 의미와 감성을 파악하는 능력은 위에서 말한 편도체가 담당한다(Kandel, 2012: 360). 편도체가 망가지면 환경에 존재하는 위험신호를 감지하고 처리할 수 없게 된다. 특히 사회생활에서 신호의 의미를 모호하게 받아들여 상대의 감정을 잘 파악하지 못하기 때문에 엉뚱한 대응을 하게 되므로 대인관계 자체가 불가능하게 된다. 편도체는 무의식적 자극과 의식적 자극 모두를 처리하는데, 무의식적 자극이 의식적 자극보다 훨씬 더 그 영향이 크다. 정확히 파악할 수 없는 공포 (무의식적 자극)에 대한 공포심(의식적 감정)이 정확히 파악된 공포보다 더 감정적 효과가 크다(Etkin, 2012; Kandel, 2012: 361).

여성이 느끼는 멜랑콜리아는 무의식적 차원에서 시작된다. 그렇기 때문에 남성의 우울증보다 훨씬 더 그 증상이나 상처가 클 수밖에 없다. 여성의 멜랑콜리아가 무의식적 차원에서 시작된다는 사실은 여성 사회학이나 심리학에서 이미 잘 분석되어 있다. 보편적으로 여성은 어머니의 두 번에 걸친 죽음에서 처음으로 멜랑콜리아를 경험한다(Butler, 1995; Meyers, 2001: 20).

첫 번째는 심적으로 어머니로부터 격리되어 개인의 에고, 슈퍼에고를 새로 정비하는 격리와 개인화 과정(separation and individuation)이다. 이때 대다수의 소녀들은 심적으로 어머니와 성적으로 격리되면서 여성의 젠더를 획득하게 된다. 그러나 동시에 소녀들은 어머니를 잃은 것에 대한 슬픔을 표현하지는 못하나 내적으로 슬퍼하면서, 자신의 정체성과 어머니라는 일반적 정체성을 일치(identification)시키고, 동시에 원어머니를 타자로 인식하기 시작한다.

남성들과는 달리, 여성은 어머니의 두 번째 죽음, 즉 생물학적 임종을 맞으면서, 마치 자신의 일부가 없어진 것처럼 슬퍼한다. 딸에게 있어 어머니의 이러한 두 번의 죽음은 그 딸로 하여금 자신이 스스로 진짜 어머니가 됨으로써, 그 공백을 메우거나(Meryers, 2001: 20), 아니면 동성애자로 완전히 새로 태어나 그 공백감을 해소하게 한다(Butler, 1995). 이 과정에서 프로이트나 과거 심리학 이론에서 주장된 격렬한 반항, 극복, 수용의 단계가 무시되고, 대부분의 여성들은 정체성 일치로 일상생활을 한다. 다만 부분적으로 반사회적 행동을 추구하는 경우가 있으나, 이것도 어머니와의 정체성 일치(즉, 자신의 어머니가 성소수자나 성노동자일 경우)의 결과로 보인다.

그러므로 위의 일련의 연구들은 여성이나 성소수자들의 무의식적 멜랑콜리아가 사회제도의 억압(*foreclosure*)과 이에 대해 제도 자체를 부정하는 정치적 투쟁을 할 수 없는 어려운 상황에 처한 말할 수 없는 (*unspeakable*) 서벌턴(*Subaltern*)의 존재를 부각시킨다(Butler et al., 2000: 149). 이런 서벌턴이라는 사회학적 존재로서 여성이나 성소수자들이 멜랑콜리아를 극복할 수 있는 길은 전체 사회가 규정하고 집행하는 성적 보편성이라는 제도 안에서 '동성애자 결혼허용'과 같은 개혁을 통해 결혼제도를 강화하는 것이 아니라, 결혼제도 자체를 부정하는 파열(*rupture*)을 제안하고 추구하는 것이다. 이 점은 과거 마르크스를 위시한 진보진영에서 주장했던 완전한 폐기(*Aufhebung*)의 혁명적 프로그램과 일치한다(Butler et al., 2000: 168~169).

생물학적 성의 양분법을 최후의 보루로 고집하는 보편적 가치로서의 제도는 근친상간보다 더 먼저 동성애를 금지한다는 점에서, 성행위를 밈의 중요한 예로 제시하는 밈학의 허구성을 통렬히 비판한다. 유아기부터 이러한 근친상간과 동성애에 대한 에고와 슈퍼에고 간의 갈등과 정립과정을 통해 유아기의 멜랑콜리아를 연구했던 멜라니 클라인(Melanie Klein)의 정신분석학이 결국 밈학의 허구를 가차 없이 비판할 수 있는 이론적 방법론적 도구를 제공한다는 점에서 클라인과 버틀러의 여성과 성소수자의 멜랑콜리아 이론은 서로 일맥상통한다 (Sánchez-Pardo, 2003: 153~154). 제도적으로 남자와 여자의 역할을 보편성의 이론으로 구별하면서, 근친상간, 동성애, 혼외성교, 결혼 제도 등을 강압적으로 규제하거나 강요하는 제도화된 젠더 밈은 그러므로 투쟁과 파괴의 대상이 됨과 동시에 앞으로 폐기시켜야 할 정치적 아젠다의 하나가 된다.

그러므로 멜랑콜리아는 여성사회학이나 사회변화론에서 아주 중요한 주제로 등장되어야 하며, 여성차별과 무의식, 그리고 여성운동의 발전 등을 사회학적으로 다뤄야 한다. 이런 의미에서, 이 글은 사회학적 멜랑콜리아 이론을 처음으로 제시할 수 있는 이론적 근거를 보여준다.

5. 새로운 사회전염학을 위하여

이슬람을 전 세계에 퍼뜨리려고 하는 IS(Islamic State) 집단의 만행이 극에 달하자 전 세계의 자유진영은 그들과의 전면전을 벌이고, 수천 명 이상의 IS 대원들을 체포하고, 수만 명의 대원들과 민간인들을 살해하고 있다. 그 외에 수십만 명의 난민들이 발생해, 탈출하는 동안 익사하거나, 난민촌에서 병사하거나 박해를 받아 괴로워하고 있다.

전 세계 여성 한류 팬들도 이러한 박해를 받는 사실이 많이 확인되고 있다. 우선 한류의 세계 최대 소비국이었던 일본에서는 정부와 우익단체가 협업방식에 가까운 형태로 여성 한류 팬들 앞에서 데모를 하거나, 한류소비의 메카인 코리아타운을 폐쇄시키고 말았다. 일본 여성 한류 팬들은 이제 옷장 안에 숨어서 한류를 소비할 수밖에 없다.

이와 비슷한 현상이 중국에서도 일어난다. 최근 중국에서는 한한령(限韓令)이라는 광전총국의 정책에 따라 한류소비를 극도로 제한하고 있다. 즉, 중국의 여성 한류 팬들도 일본 여성 한류 팬들과 같이 옷장에 숨어서 불법 복제된 한류 콘텐츠를 소비할 수밖에 없는 상태로 몰리고 있다.

또한, 여성차별로 악명이 높은 중동의 이슬람국가에서는 아직도 여성 한류 팬들이 남자 후견인과 동행하지 않을 경우, 한국에 여행하는 것을 금지한다. 최근 사우디아라비아의 여대생 두 명이 아버지의 휴대폰으로 여행허가를 획득하고 비행기표를 구매해, 서울에 도망치다시피 온 것은 특기할 만한 사건이다.

북미나 유럽에서는 아직도 한류 콘텐츠를 정규방송에서는 다루지 않으며, 중국계나 기타 아시아계 미국남성들은 한류가 빨리 사라지기를 학수고대하고 있다. 전 세계에 대략 3천만 명 정도의 한류 팬들이 있고 한류는 세계적 인기를 누리고 있지만, 유럽이나 북미의 밈 관리자들은 한류 밈이 더 이상 퍼지지 않도록 적극적으로 방어벽을 치고 있다.

그러므로 밈 자체가 인종차별적이고, 남성우위적이며, 계급차별적이라는 사실을 정확히 인지하는 것은 새로운 사회전염학의 중요한 화두다. 즉, 전염의 관리를 통한 사회역사적 차별과 학살 그리고 세뇌과정을 먼저 분석하고 정리하는 것이 올바른 사회전염학의 길일 것이다.

참고문헌

아우허바흐, 에리히 (2012). 《미메시스》. 김우창·유종호 (역). 민음사.
히라타 유키에 (2005). 《한국을 소비하는 일본: 한류, 여성, 드라마》. 책세상.

松村高夫 (1998). 731 部隊と細菌戰: 日本現代史の汚点. 〈三田學會雜誌〉, 91(2), 239-271.
宮坂昌之 (2008). 免疫學の最近の動向に寄せて. 〈生体の科學〉, 59(4), 250-252.
野中郁次郎·紺野登 (2003). 《知識創造の方法論: ナレッジワーカーの作法》. 東洋経濟新報社.

Aronson, E. (1995). *The social animal*, 7th ed. W. H. Freeman.
Adorno, T. W. (1973). *Negative dialectics*. Seabury Press.
Adorno, T. & Horkheimer, M. (2002). *Dialectic of enlightenment*. Stanford University Press.
Arnold, D. (1993). *Colonizing the body: State medicine and epidemic disease in nineteenth-century India*. University of California Press.
Balibar, E. (1978). From Bachelard to Althusser: The concept of 'epistemological break.' *Economy and Society*, 7(3), 207-237.
Balkin, J. M. (2002). *Cultural software: A theory of ideology*. Yale University Press.
_____ (2008). The constitution in the national surveillance state. *Minnesota Law Review*, 93(1), 1-25.
Bassett, M. T. & Mhloyi, M. (1991). Women and AIDS in Zimbabwe: The making of an epidemic. *International Journal of Health Services*, 21(1), 143-156.
Beck, A. T. (1967). *Depression: Clinical, experimental, and theoretical aspects*. University of Pennsylvania Press.
Bellah, R. N. (2011). *Religion in human evolution*. Harvard University Press.
Bentall, R. P. (2009). *Doctoring the mind: Why psychiatric treatments fail*. Penguin.
Blackmore, S. (2000). *The meme machine*. Oxford University Press.
Brodie, R. (1996). *Virus of the mind: The new science of the meme*. Hay House, Inc.

Brown, G. & Harris, T. (1978). *Social origins of depression: A study of psychiatric disorder in women.* Tavistock.

Burton, R. (1651/1847). *The anatomy of melancholy: What it is, with all the kinds, causes, symptoms, prognostics, and several cures of it.* A new Edition (corrected, and enriched by translations of the numerous classical extracts). JW Moore.

Butler, J. (1995). Melancholy gender? Refused identification. *Psychoanalytic Dialogues, 5* (2), 165-180.

Butler, J., Laclau, E. & Žižek, S. (2000). *Contingency, hegemony, universality: Contemporary dialogues on the left.* Verso.

Chomsky, N. (1972). *Studies on semantics in generative grammar.* The Hague: Mouton Publishers.

Csikszentmihalyi, M. (1993). *The evolving self: A psychology for the new millennium.* HarperCollins.

Craig, A. D. (2003). Interoception: The sense of the physiological condition of the body. *Current Opinion in Neurobiology, 13* (4), 500-505.

Critchley, H. D. (2005). Neural mechanisms of autonomic, affective, and cognitive integration. *Journal of Comparative Neurology, 493* (1), 154-166.

Crosby, A. W. (1976). Virgin soil epidemics as a factor in the aboriginal depopulation in America. *The William and Mary Quarterly: A Magazine of Early American History, 33* (2), 289-299.

Damasio, A. R. (1999). *The feeling of what happens: Body and emotion in the making of consciousness.* Harcourt Brace.

Dawkins, R. (1976). *The selfish gene.* Oxford University Press.

_____. (1982). *The extended genotype.* Oxford University Press.

_____. (2016). *The extended selfish gene.* Oxford University Press.

De Beauvoir, S. (1952). *The second sex.* H. M. Parshley (Trans.). Vintage.

Dennett, D. C. (1991). *Consciousness explained.* Little, Brown.

Diamond, J. (1999). *Guns, germs, and steel: The fates of human societies.* WW Norton & Company.

DiMaggio, P. (1998). The new institutionalisms: Avenues of collaboration. *Journal of Institutional and Theoretical Economics, 154* (4), 696-705.

Durham, W. H. (1991). *Coevolution: Genes, culture, and human diversity.* Stanford University Press.

Elster, J. (1985). *Making sense of Marx.* Cambridge University Press.

_____ (1992). *Local justice: How institutions allocate scarce goods and necessary burdens.* Russell Sage Foundation.

_____ (2016). *Sour grapes.* Cambridge University Press.

Engel, G. L. & Reichsman, F. (1956). Spontaneous and experimentally induced depressions in an infant with a gastric fistula: A contribution to the problem of depression. *Journal of the American Psychoanalytic Association,* 4(3), 423-452.

Etkin, A. (2012). Neurobiology of anxiety: From neural circuits to novel solutions? *Depression and Anxiety,* 29(5), 355-358.

Geertz, C. (1973). *The interpretation of cultures: Selected essays.* Basic books.

Goodenough, W. H. (1981). *Culture, language, and society.* Benjamin-Cummings.

Gould, S. J. (1996). *The mismeasure of man.* WW Norton.

Gould, S. J. & Lewontin, R. C. (1979). The spandrels of San Marco and the Panglossian paradigm: A critique of the adaptationist programme. *Society of London,* B 205(1161), 581-598.

Greenberg, G. (2010). *Manufacturing depression: The secret history of a modern disease.* Simon and Schuster.

Harari, Y. N. (2015). *Homo deus: A brief history of tomorrow.* Harvill Secker.

Harris, R. & Paxman, J. (2007). *A higher form of killing: The secret history of chemical and biological warfare.* Random House.

Healy, D. (1997). *The antidepressant era.* Harvard University Press.

_____ (2004). *Let them eat Prozac: The unhealthy relationship between the pharmaceutical industry and depression.* NYU Press.

Hollywood, A. (2016). *Acute melancholia and other essays: Mysticism, history, and the study of religion.* Columbia University Press.

Jackson, S. W. (1986). *Melancholia and depression: From Hippocratic times to modern times.* Yale University Press.

Kandel, E. (2012). *The age of insight: The quest to understand the unconscious in art, mind, and brain, from Vienna 1900 to the present.* Random House.

Keesing, R. M. (1974). Theories of culture. *Annual Review of Anthropology*, 3, 73-97.

Kim, A. E., Mayasari, F., & Oh, I. (2013). When tourist audiences encounter each other: Diverging learning behaviors of K-pop fans from Japan and Indonesia. *Korea Journal*, 53(4), 59-82.

Kirsch, I. (2009). *The emperor's new drugs: Exploding the antidepressant myth.* Bodley Head.

Kuhn, T. S. (2012). *The structure of scientific revolutions.* University of Chicago Press.

Lawlor, C. (2012). *From melancholia to Prozac: A history of depression.* Oxford University Press.

LeDoux, J. E. (2000). Emotion circuits in the brain. *Annual Review of Neuroscience*, 23, 155-184.

Leys, R. (2011). The turn to affect: A critique. *Critical Inquiry*, 37(3), 434-472.

Marsden, P. (1998). Memetics and social contagion: Two sides of the same coin. *Journal of Memetics-Evolutionary Models of Information Transmission*, 2(2), 171-185.

Massumi, B. (1995). The autonomy of affect. *Cultural Critique*, 31, 83-109.

McNay, L. (2013). *Foucault and feminism: Power, gender and the self.* New York: John Wiley & Sons.

McNeil, H. P., Chesterman, C. N., & Krilis, S. A. (1991). Immunology and clinical importance of antiphospholipid antibodies. *Advances in Immunology*, 49, 193-280.

Meyers, H. (2001). Does mourning become electra? Oedipal and separation-individuation issues in a woman's loss of her mother. In S. Akhtar (Ed.). *Three faces of mourning: Melancholia, manic defense, and moving on.* Aronson.

Nooteboom, B. (2000). *Learning and innovation in organizations and economies.* Oxford University Press.

Oh, I. (2009). Hallyu: The rise of transnational cultural consumers in China and Japan. *Korea Observer*, 40(3), 425-459.

_____ (2011). Torn between two lovers: Retrospective learning and melancholia among Japanese women. *Korea Observer*, 42(2), 223.

Pinker, S. (1997). *How the mind works.* New York: Norton.

Riedel, S. (2004). Biological warfare and bioterrorism: A historical review. In *Baylor University Medical Center Proceedings* (Vol. 17, No. 4, p. 400). Baylor University Medical Center.

Sánchez-Pardo, E. (2003). *Cultures of the death drive: Melanie Klein and modernist melancholia.* Duke University Press.

Schacter, D. L. (1999). The seven sins of memory: Insights from psychology and cognitive neuroscience. *American Psychologist*, 54(3), 182.

Schiesari, J. (1992). *The gendering of melancholia: Feminism, psychoanalysis, and the symbolics of loss in Renaissance literature.* Cornell University Press.

Schneider, D. (1976). *Notes toward a theory of culture.* University of New Mexico Press.

Searle, J. R. (1992). *The rediscovery of the mind.* MIT Press.

Seligman, M. E. (1975). *Helplessness: On depression, development, and death.* WH Freeman.

Sperber, D. (2000). An objection to the memetic approach to culture. In R. Aunger (Ed.). *Darwinizing culture: The status of memetics as a science* (pp. 163-173). Oxford University Press.

Taylor, A. L. (1996). Controlling the global spread of infectious diseases: Toward a reinforced role for the international health regulations. *Houston Law Review*, 33, 1327.

Taylor, M. A. & Fink, M. (2006). *Melancholia: The diagnosis, pathophysiology, and treatment of depressive illness.* Cambridge University Press.

Zerubavel, E. (1997). *Social mindscapes: An introduction to cognitive sociology.* Harvard University Press.

전염의 복잡계 과학론적 접근

정하웅 · 이병휘

1. 슈퍼전파자의 등장

2003년 2월 21일 밤, 홍콩의 메트로폴 호텔에서 911에 다급한 신고가 들어왔다. 신고자는 홍콩을 여행 중인 내과 의사로 중국 남부 광동주에서 당시 비정형 폐렴이라 불리던 질병을 가진 환자를 치료하고 있었다. 그는 다음날 지역 병원으로 이동했으나 며칠 뒤 사망하고 만다. 그가 신고한 날 밤 메트로폴 호텔에는 전 세계에서 온 투숙객들이 머물고 있었다. 같은 층에 머물던 16명의 투숙객과 한 명의 방문객은 각국으로 돌아가 이후 사스(SARS, 중증급성호흡기증후군)라고 밝혀진 바이러스를 하노이, 싱가포르, 토론토에 전파했다.

역학자들은 전 세계 8천 1백 명의 사스 환자들을 추적했고, 그 결과 절반 가까이에 해당하는 사람들의 감염이 메트로폴 호텔에서 비롯되었음을 밝혔다. 메트로폴 호텔에서 일어난 이 사건은 작은 지역 발생한 전염병이 얼마나 순식간에 전 세계적 공포를 불러올 수 있는지 보여주었다.

이같이 질병을 수많은 사람들에게 확산시키는 사람을 슈퍼전파자 (super-spreader)라고 부른다(Normile, 2013). 슈퍼전파자는 신체적으로 체액에 바이러스가 특별히 높은 농도로 존재하거나, 침과 가래와 같은 분비액이 많아 주변 사람들에게 질병을 전파할 확률이 높거나, 사스 사례와 같이 많은 사람이 모인 곳 혹은 위생상태가 좋지 않은 장소로 인해 높은 전염을 유발하게 된 사람들을 의미한다.

슈퍼전파자는 우리나라에서도 발견된다. 최근 2015년 5월 대한민국은 메르스(MERS, 중동호흡기증후군)의 공포에 빠졌다. 우리나라의 첫 번째 감염자인 68세 남성은 곁에서 간호한 가족들과 진료를 위해 병실에 들른 의료진 등 17명을 감염시켰고, 2016년 1월 26일까지 186명을 감염자로, 그중 38명을 사망으로 이끌었다.

슈퍼전파자는 비단 전염병과 같은 생물학적 전염에만 존재하는 것은 아니다. 발 없는 말이 천 리를 가듯 인기가수의 신곡발표나 영화 혹은 드라마에 관한 정보는 순식간에 퍼져나간다. 얼마 전 많은 국민을 '공유 앓이'에 빠지게 한 드라마 〈쓸쓸하고 찬란하神 - 도깨비〉는 빠른 입소문이 퍼지며 케이블 방송임에도 불구하고 20%가 넘는 시청률을 기록했다. 런웨이를 연상시키는 주인공들의 위트 넘치는 코트 패션은 거리마다 코트 열풍을 일으켰고, 주인공들이 입고 나온 제품은 없어서 못 팔정도로 인기가 많았다. 배우들이 각종 제품의 마케팅에서 슈퍼전파자 역할을 톡톡히 해낸 것이다.

그렇다면 한 명의 사람으로부터 시작된 각종 전염현상이 어떻게 순식간에 한 도시, 한 국가를 넘어서 전 세계적으로 퍼져나갈 수 있을까? 이 장에서는 이러한 전염과정 내면에 감추어진 구조와 과학적 원리를 파헤쳐 보자.

2. 전염병과 네트워크 과학

1) 전염병의 수리모형 연구

인류는 자신들을 두려움 속으로 밀어 넣는 전염병과 어떻게 맞서 싸웠을까? 많은 의사와 생물학자들이 전염병에 대한 대처 방안을 찾기 위해 노력했다. 그 결과, 사람들에게 약해진 균을 투여하여 전염병에 대한 면역을 생기게 하는 백신을 찾아냈고 많은 생명을 구했다.

백신의 발명은 18세기 후반으로 거슬러 올라간다. 당시에 천연두 (*smallpox*)는 역사 속에서 동서양을 막론하고 셀 수 없는 희생자를 초래한 무서운 질병이었다. 1796년 영국의 의사였던 에드워드 제너 (Edward Jenner)는 소젖을 짜는 젊은 여성의 손에서 자주 발견되는 우두의 균을 사람에게 주입하면 천연두의 면역물질을 만들어낼 수 있다는 사실을 발견한다. 백신을 인체의 피부에 접종하는 이러한 방법을 종두법이라고 하는데 제너 이후 본격적으로 보급되기 시작하며 전 세계로 퍼져나가게 된다. 그 덕분에 무서운 공포를 불러일으켰던 천연두는 1977년 마지막 발병을 끝으로 인류와 작별인사를 했다.

제너가 종두법을 발견한 후 80년 뒤 파스퇴르(Louis Pasteur)는 인위적으로 약화된 병원균을 만들어 사람뿐 아니라 닭 콜레라를 예방하는 방법을 개발했고, 양과 소에게 치명적인 질병인 탄저병 백신을 개발하는 데에도 성공했으며, 백신에 대한 연구 수준을 한층 더 끌어올렸다.

그런데 과학자 중에는 제너와 파스퇴르처럼 백신을 개발하는 것 외에 또 다른 관점으로 전염병을 해결하기 위해 연구하는 사람들이 있다. 이 과학자들은 특정한 전염병의 생물학적 특성보다 전염병이 감염시키는 사람들의 숫자, 질병이 확산하는 지역의 범위, 특정지역에 도달할 시간 등을 예측하고자 노력한다.

사실 제너가 종두법을 발견하기 전부터 천연두 확산을 이론적으로 이해하고자 하는 시도가 있었다. 1766년 스위스의 수학자 다니엘 베르누이 (Daniel Bernoulli)는 "천연두로 인한 수명분석에 대한 새로운 시도와 종두의 이득분석"이란 제목의 논문에서 확률이론을 사용해 천연두로 인해 얼마나 많은 사람이 죽게 되었는지 연구했다(Bernoulli & Blower, 2004).

베르누이는 '일반인들에게 천연두에 대한 백신접종을 해야 하는가?' '대규모 예방접종의 이점이 위험을 능가할까?' '대규모 천연두 백신 캠페인의 결과 때문에 얼마나 많은 사망자가 발생할 수 있을까?' '천연두 백신의 수학적 모형을 이용해 보건정책을 결정할 수 있을까?' 등의 질문을 던졌고, 이에 관한 이론적 분석을 수행했다.

현대적 전염병 확산에 대한 연구는 20세기 후반에 들어 본격적으로 시작되었다. 스코틀랜드 수학자 윌리엄 컬맥과 역학 연구자인 앤더슨 맥켄드릭은 질병의 전염상태에 따라 인구집단을 구획화하여 전염병이 유행하기 위한 초기조건과 확산정도를 예측하는 모형을 제시했다 (Kermack & McKendrick, 1927). 그들은 인구집단을 감염 가능성이 있는 사람들의 모임 S(susceptible), 감염된 사람들의 모임 I(infectious), 회복된 사람들의 모임 R(removed)로 구분지어 전염병의 확산을 예측하는 SIR 모형을 제시했다.

전염병 모형은 전염병 과정을 얼마나 세부적으로 나누는지에 따라 얼마든지 새로운 구획을 도입할 수 있다. 예를 들어, 독감에 노출되어 감염되었지만 아직 전염하지 못하는 노출군 E (*exposed*) 를 포함하면 SEIR 모형이 된다.

가장 기본적 모형인 SIR 모형에서는 감염 가능성이 있는 사람들 S가 감염된 사람들 I를 접촉하게 되면 단위시간당 β의 비율로 전염되어 감염된 상태가 된다. 감염된 집단의 사람들 I는 단위시간당 γ의 비율로 회복되어 (R) 더 이상 전염병의 확산에 참여하지 않는다. SIR 모형에서는 한 번 회복된 사람은 다시 감염되지 않기 때문에 홍역, 볼거리, 풍진처럼 어릴 때 한 번 앓으면 영원히 면역력을 갖는 질병에 대해 잘 맞는 것으로 알려져 있다.

전염병이 발생하면 앞서 설명한 두 가지 과정을 따라 사람들은 한 집단에서 다른 집단으로 이동하고, 이러한 이동은 미분방정식으로 표현된다. $S(t)$, $I(t)$, $R(t)$를 각각 시간에 따른 S, I, R 집단에 포함된 사람들의 수라고 하면 앞서 설명한 말을 다음과 같은 수식으로 표현할 수 있다. 여기서 N은 전체 인구수이다.

$$N = S(t) + I(t) + R(t)$$

$$\frac{dS}{dt} = -\beta SI$$

$$\frac{dI}{dt} = \beta SI - \gamma I$$

$$\frac{dR}{dt} = \gamma I$$

이 방정식들은 시간에 대해 감염되거나 회복된 사람들의 인구가 어떻게 변화하는지 알려 주는데 그 의미를 살펴보면 다음과 같다.

첫 번째 식은 감염 가능성이 있는 사람들과 감염된 사람과 회복된 사람의 수의 합이 전체 인구수와 같음을 나타낸다. 두 번째 식은 감염 가능성이 있는 사람의 수가 시간에 따라 감소하는 정도를 보여주는데 그 수는 감염된 사람이 감염 가능성이 있는 사람을 만나 감염을 성공시킬 비율로 결정되므로 $S \times I \times \beta$가 된다. 반대로 감염된 사람의 수는 시간에 따라 $S \times I \times \beta$만큼 증가한다. 대신 기존에 감염된 사람 중 γ의 비율은 회복되므로 $\gamma \times I$만큼 감소해 세 번째 식이 된다. 마지막으로 네 번째 식은 시간에 따른 회복된 사람 수로 감염된 사람이 회복되는 수 $\gamma \times I$와 같다.

이 네 방정식의 해를 구하면 언제 전염병이 가장 번성하는지 알 수 있다. 만약 전염병의 확산이 성공적으로 이루어져 인구 대부분이 감염되는 상황이 발생한다면 이를 전염병의 아웃브레이크(outbreak)라고 부른다. 수학적으로는 무한한 인구($N \to \infty$) 중 일정 비율 이상이 감염될 확률이 0보다 큰 상황을 말한다.

그 외에 자주 연구되는 모형으로는 SIS 모형이 있다. 이 모형은 SIR 모형과 유사하게 S 집단의 사람들이 감염되어 I 집단에 포함될 수 있지만 감염된 사람이 시간당 μ의 비율로 다시 회복되어 감염 가능성이 있는 상태 S로 돌아올 수 있다. 따라서 이 모형은 감기에 한 번 걸린 사람이 치료된 후 다시 감기에 걸릴 수 있는 것과 같이 재발할 수 있는 질병에 유용하다.

이 경우 흥미롭게도 감염 비율과 회복 비율에 따라 사회는 서로 다른 두 가지 상태에 도달할 수 있다. 첫 번째는 인구 전체가 모두 감염 가능성이 있는 집단이 되어 (또는 모두 치료가 되어) 더는 전염과정이 일어나지 못하는 상태이다. 두 번째는 사회 전체에 감염된 사람들의 비율이 0보다 큰 일정한 값으로 계속 유지되는 상태이다. 전자는 질병이 더는 창궐하지 못한다는 의미에서 무병상태(*disease-free state*)라고 부르고, 후자는 제한된 지역에 계속 유행이 돌기 때문에 풍토성(*endemic*) 상태라고 부른다.

그렇다면 한 사회가 어떤 질병에 대해 무병상태가 될지 풍토성 상태가 될지 결정하는 것은 무엇일까? SIS 구획화 모형에서는 세상의 모든 사람을 S 상태 혹은 I 상태의 두 가지로만 구분지었기 때문에 그 밖의 모든 속성이 같다고 본다. 그러므로 사람들은 자연히 같은 이웃 수를 갖는다고 가정한다. 모든 사람이 k명의 이웃을 가진다고 생각해 보자. 감염된 I 상태의 사람은 k명의 사람에게 시간당 β의 비율로 감염시키기 때문에 매시간 βk명의 사람을 감염시킨다. 한편 감염된 사람은 매시간 μ의 비율로 회복되므로 평균적으로 $1/\mu$시간 후에 회복이 되는 셈이다.

따라서 한 명의 감염자는 감염된 기간 동안 $\beta k/\mu (=\beta k \times 1/\mu)$명의 사람을 감염시킬 수 있다. 이 숫자를 '기본감염 재생산 수'(*basic reproductive number*) 혹은 R_0라고 부른다. 만약 어떤 질병의 R_0가 10이라면 한 사람이 감염되어 있는 동안 10명의 이웃에게 감염을 시킬 수 있으므로 두 단계만 거치면 100명의 사람이 감염될 수 있다. 이는 R_0가 1보다 큰 질병은 다른 조치가 없을 때 단계를 거칠수록 늘어나 이론적으로 집단 전체에 퍼질 수 있음을 보여준다. 반대로 R_0가 1보다 작다면 이 질병들은 시간이 흐르면 감염자 숫자가 줄어들어 결국 소멸하게 될 것이다. 대표적인 몇 가지 질병들을 살펴보면 신종플루(H1N1)는 3,

사스는 3.5, 천연두는 6.5, 홍역은 15 정도의 R_0를 갖는다.

일반적으로 R_0가 큰 전염병일수록 질병의 확산을 조절하기가 힘들다. 그런데 여기서 한 가지 질문이 생긴다. 앞서 소개한 여러 질병들의 R_0가 매우 큰데도 불구하고 대다수의 사람이 건강하게 지내는 이유가 무엇일까? 그 열쇠는 우리에게 이미 익숙한 예방접종에 있다. 백신접종은 개인을 특정 질병으로부터 직접 보호해 줄 뿐 아니라 질병이 사회 전체로 전파되는 것을 저지하는 역할을 한다. 이 같은 성과는 집단의 큰 비율의 사람들이 예방접종을 받음으로 인해 가능해졌다.

보건연구가 로미나 립스터 박사는 TED 연설을 통해 집단적 예방접종의 중요성을 강조했다(Libster, 2014). 예를 들어, 홍역은 R_0가 15에 이르는 전염력이 매우 강한 질병인데, 어느 사회에 홍역이 나타났다고 상상해 보자. 면역이 없는 사회에서는 홍역 감염자가 나타나면 순식간에 퍼져 전체 구성원을 감염시킬 수 있다. 그러나 사회의 많은 사람이 예방접종을 받았다면, 비록 홍역의 전파력이 강하지만 예방접종을 받은 사람들을 통해서는 전염이 이루어질 수 없기 때문에 면역이 없는 사람들까지도 보호할 수 있다.

일반적으로 한 집단에서 p의 비율이 백신을 맞는다면 한 감염자가 감염시키는 사람의 수는 $(1-p)R_0$가 되어 그 질병은 실질적으로 더 작은 값의 R_0 값을 갖는 효과가 생긴다. 홍역의 경우 93% 이상의 사람들이 예방접종을 할 경우 실질적인 R_0 값이 1보다 작게 되어 그 경우이 질병은 머지않아 소멸할 수 있다.

따라서 예방접종은 나뿐만 아니라 주위사람들까지도 보호하는 것이다. 사회의 모든 구성원이 여러 질병에 대한 예방접종을 받으면 좋겠지만, 행여 발생할 수 있는 백신의 부작용에 몇몇 개인은 두려움과 의심을 품는다. 따라서 개인의 선택의 자유와 사회의 전체적 이익은 서로 맞물려 있는데 이 두 가지 입장에 관한 타협과 조화에 대해 생각해 볼 필요가 있다.

2) 불균일한 사회연결구조

인구집단을 구획화하는 질병확산 모형은 수학적으로 단순하여 몇 개의 방정식만으로 전염현상을 기술할 수 있으며 빠르게 계산할 수 있는 장점이 있다. 그렇지만 매력적으로 보이는 이 모형은 그 단순성을 소유하기 위해 다소 비현실적인 가정을 한다. 단순 구획화 모형의 주된 특징은 특정구획에 속한 사람들이 모두 같은 환경 안에서 같은 방식으로 행동한다고 가정하는 것이다.

다시 말해, 특정구획의 사람들은 모두 무작위로 섞여 있으며, 개인과 다른 개인이 접촉할 확률은 모두에게 같다는 뜻이다. 이 사회는 남자와 여자, 어른과 아이들, 부유한 계층과 가난한 계층, 기독교나 천주교 혹은 불교나 유교 집안, 회사원이나 공무원의 구분이 전혀 없는 균일한 사회이다. 그러나 이러한 사실은 우리가 사는 세상과는 사뭇 다르다.

이 같은 가정은 질병확산 예측을 때론 어긋나게 하는데 2008년 미국 캘리포니아 샌디에이고에서 발병한 홍역이 그 예이다. 2008년 샌디에이고에서는 39,132명의 초등학생이 입학했다. 학교에 진학한 97%의 학생들은 최소 한 번의 MMR(홍역 · 이하선염 · 풍진) 백신을 맞은 적이 있었지만, 2.5%에 해당하는 학생들은 개인신뢰 면제(*personal-belief exemptions*)로 백신을 맞지 않았다. 샌디에이고의 실제 인구면역률은 홍역, 이하선염, 풍진에 대해 각각 92%, 87%, 92%로 단순모형인 균등하게 모두 섞여 있는(*homogeneous, randomly-mixing*) 사회로 계산한 인구면역 임계치인 91%, 88%, 76%와 유사했다. 사람들은 홍역이 크게 발생할 수 있으리라 예상치 못했다.

그러나 2008년 1월, 면역이 되지 않은 7세 소년이 가족과 함께 스위스를 방문하고 미국으로 돌아왔을 때 문제가 발생했다. 고열과 기침이 심해진 소년의 질병은 얼마 후 홍역으로 밝혀졌다. 미국 질병통제예방센터(CDC)의 보고서에 따르면 이후 11명의 추가적 감염이 있었다. 그들 가운데 5명은 소년과 같은 학교에 다니던 친구들이었고, 4명은 소년이 다녀간 소아청소년과 진료실에 같은 시간에 있었던 사람들이었으며, 4명 가운데 3명은 생후 12개월이 지나지 않은 아기들이었다.

이 사례는 인구집단 전체가 높은 면역률을 가졌음에도 불구하고 상당수의 사람에게 전염이 퍼질 수 있음을 보여준다. 이는 모두가 균등한 사회에 살고 있다고 단순화한 처음 가정이 틀렸고, 실제 사회에서는 사람들의 생활 반경이 고도로 분리되어 있기 때문이다. 학교에 다니는 학생들은 집이나 소규모 직장에서 일하는 사람들에 비해 훨씬 많은 사람을 접촉한다. 또 소아청소년과에는 아직 미처 예방접종을 하지 못한 어린아이들이 다른 장소에 비해 많이 밀집되어 있다.

이처럼 우리 사회는 불균등하게 섞여 있고, 이같이 불균등한 사회에서는 모형의 예상보다 더 많이, 더 빠르게 질병이 퍼질 수 있다. 글래서 박사와 그의 동료들은 2016년 영국 의학저널 〈란셋 감염질환〉(*The Lancet Infectious Diseases*)에 발표한 논문에서 2008년 샌디에이고 홍역사건에서 불균등성을 고려할 경우 기본감염 재생산 수 R_0 값은 70% 더 증가한다고 보고했다(Glasser et al., 2016).

우리가 사는 사회는 성별, 문화, 종교, 직업이 각기 다른 사람들로 구성되어 있다. 그중에도 전염병의 확산과 밀접히 관계된 특성 중 하나는 한 사람이 얼마나 많은 이웃을 가지는가이다. 내가 가진 이웃 수가 질병의 확산과 대체 무슨 상관이 있을까?

이 질문에 대답하기 위해서는 네트워크에 대한 이해가 필요하다. 네트워크는 복잡한 세상을 단순하게 보여주는 한 가지 방법이다. 네트워크란 기본적으로 점(노드, *node*)과 두 점을 잇는 선(링크, *link*)으로 구성된다. 누구나 어린 시절에 한 번쯤 순서대로 점을 이어서 그림을 완성하는 놀이를 해보았을 것이다. 떨어진 점들이 서로 이어져 하나의 그림이 되듯이 세상 속 여러 대상들은 함께 연결되어 거시적 현상을 만들어낸다.

우리 주변에서 볼 수 있는 대부분의 현상 속에 네트워크가 들어 있다고 해도 과언이 아니다. 가장 쉽게 볼 수 있는 예로 도로 네트워크가 있다. 도로 네트워크에서 각 지역은 노드이고, 각 지역을 연결하는 도로들은 링크가 된다. 지구촌의 여러 나라를 하나로 연결하는 인터넷(링크) 역시 각각의 IP(노드)를 지닌 컴퓨터들을 연결하는 네트워크이다. 뇌 속의 860억 개의 뉴런들은 시냅스를 통해 복잡하게 연결되어 있으며, 우리 몸의 단백질은 대사과정을 통해 서로 연결되어 있다. 사람들은 함께 살아가는 이웃들, 친구들과 사회적으로 접촉하며 네트워크를 구성하며 온라인 소셜 네트워크의 친구관계를 통해서도 연결된다.

이처럼 네트워크로 표현되는 현상은 무궁무진하다. 전염병의 확산

역시 네트워크를 통해 이루어진다. 질병에 감염된 사람은 그 사람이 만나는 이웃들에게 질병을 전파하고, 감염된 이웃들은 다시 그들의 이웃에게 질병을 전파한다. 따라서 사람들이 연결된 네트워크의 구조를 아는 것은 질병이 어떠한 경로로 전파되는지 알 수 있는 중요한 단서이다.

네트워크 구조를 살펴보는 방법의 하나는 이웃 수의 분포를 보는 것이다. 한 노드의 이웃 수는 그 노드와 연결된 링크의 수를 의미한다. 모든 사람이 비슷한 수의 이웃을 가진 세상에서는 비슷한 이웃 수의 분포가 종모양으로 생겼다. 따라서 이 세상에서는 대부분의 사람이 평균적인 이웃 수 근처의 비슷한 이웃 수를 갖는다.

종모양의 분포를 따르는 다른 예들은 일상생활 속에서 쉽게 발견할 수 있는데 대표적으로 사람들의 키, 몸무게, IQ, 대학수학능력시험 성적 등이 있다. 우리가 키가 3m인 사람을 볼 수 없는 것과 몸무게가 1톤인 사람을 어디서도 찾아볼 수 없는 이유도 바로 이러한 값들이 종모양의 분포를 따르므로 대다수가 평균적인 값 근처에 모여 있기 때문이다.

그림 4-1 **네트워크의 이웃 수 분포**

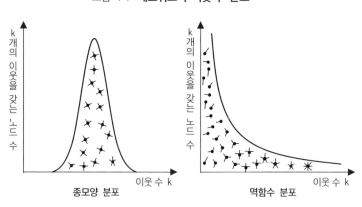

그런데 흥미롭게도 실제 많은 네트워크의 이웃 수 분포는 종모양으로 생기지 않았다. 대표적인 예로 항공 네트워크가 있는데, 고속도로와 비교해 보면 그 이유를 쉽게 알 수 있다. 고속도로는 도시와 도시를 잇는 네트워크이다. 고속도로를 통해서 서울에서 부산으로 가려면 반드시 대전이나 대구 등 다른 도시들을 거쳐야만 도달할 수 있다. 도시들은 대부분 비슷한 수의 갈림길을 갖기 때문에 고속도로 네트워크는 종모양의 이웃 수 분포를 갖는다. 그러나 항공망 네트워크에서는 고속도로 네트워크와 달리 멀리 떨어진 도시도 단번에 도달할 수 있는데, 여러 공항을 연결하는 허브공항들이 있기 때문이다.

우리나라에 사는 사람이 해외로 여행을 떠난다면 중국과 일본같이 가까운 몇몇 나라를 제외하고는 대부분 인천 국제공항을 이용한다. 지난 2016년 인천공항을 지나치는 비행기는 하루 1천 대를 돌파했다. 인천 국제공항을 통해 우리는 전 세계의 많은 도시로 떠날 수 있고, 많은 사람 역시 인천 국제공항을 통해 한국으로 들어온다. 미국의 로스앤젤레스 국제공항이나 독일의 프랑크푸르트 국제공항 역시 세계적 허브 역할을 하고 있다. 많은 국제공항은 허브공항들을 통해 대규모로 연결되며, 작은 도시들은 이러한 허브공항을 거쳐 도달할 수 있다.

따라서 항공망의 이웃 수 분포는 대부분이 소수의 공항과 연결된, 즉 적은 이웃 수를 갖는 공항이다. 하지만 상대적으로 매우 많은 연결선 수를 지닌 허브공항이 무시하지 못할 만큼 존재하여 종모양이 아닌 멱함수의 모양을 띤다. 멱함수 모양의 분포는 다른 말로 척도 없는 네트워크(scale-free network)라고도 부른다.

여기서 척도가 없다는 것은 멱함수 모양의 분포에서는 분포를 대표할 만한 척도를 정할 수가 없음을 의미한다. 키나 IQ와 같이 종모양의 분포를 따르는 값들은 대다수 값이 평균값 주변에 모여 있어서 많은 경우 평균이 해당 분포를 대표하기에 충분하다. 하지만 멱함수를 따르는 이웃 수 분포에서는 전체 네트워크를 대표할 숫자를 찾기 어렵다.

사회 네트워크로 생각해 보면 유치원에 다니는 아이들은 가족과 같은 반 친구들 정도의 사람을 알고 지낼 것이다. 하지만 학교 선생님은 매년 수십에서 수백 명의 학생을 새롭게 만난다. 여러 장소에서 공연하는 연예인이나 많은 사람과 인간관계를 맺는 국회의원이라면 수천 명의 사람을 알고 지낼 수도 있다. 따라서 멱함수 모양의 사회에서는 네트워크를 대표할 척도를 잡기 어렵다.

멱함수 모양의 연결선 수 분포에서 허브는 많은 이웃을 거느리며 멀리 떨어진 구성원을 가깝게 연결해 주는 역할을 한다. 필자(정하웅 교수)와 필자의 동료는 1999년 〈네이처〉지에 엄청난 크기를 가지는 월드와이드웹(WWW) 역시 멱함수 구조를 보이며 불과 19번 정도의 클릭이면 어떤 웹페이지에도 도달할 수 있다는 연구결과를 발표했다 (Jeong & Barabási, 1999). 수천수만 개의 웹페이지를 연결해 주는 이른바 포털들이 월드와이드웹에 존재하기 때문이다.

이는 사회학에서 유명한 하버드대 스탠리 밀그램 교수가 제기한 '6단계 분리'(six degrees of separation)의 개념과도 일맥상통한다(Travers & Milgram, 1967). 6단계의 분리란 세상 어떤 사람도 평균 6단계만 거치면 모두 연결되어 있다는 개념으로 밀그램은 손편지를 이용해 이것을 실험했다. 그는 미국에서 무작위로 사람들을 골라 특정인물에게 보낼 편지를 전달해 달라고 요구했고, 사람들은 목표인물을 알거나 알 법한 사람에게 편지를 전달했다. 무사히 도착한 편지들의 평균거리를 측정했더니 5.2단계라는 것이 밝혀졌다. 밀그램의 실험은 우리가 사는 세상이 정말로 매우 가깝게 연결되어 있다는 것을 보여준다.

척도 없는 네트워크는 항공망이나 웹페이지뿐 아니라 인터넷, 신진 대사 네트워크, SNS의 친구 네트워크에서도 발견된다. 2001년 〈네이처〉지에는 "인간의 성적 접촉 연결망"(the web of human sexual contacts)이라는 다소 자극적인 제목의 논문이 실렸다(Liljeros et al., 2001). 프레드릭 릴예로스 스웨덴 스톡홀름대 사회학과 교수는 스웨덴 성인 4,781명을 대상으로 성관계를 맺은 파트너 수를 조사했다. 결과는 이번에도 멱함수 형태가 나왔다.

물론 설문 대상자들이 누구와 함께 관계를 맺었는지는 밝히지 않았기 때문에 이 분포가 하나의 성관계 네트워크의 이웃 수 분포라고 단언할 수 없다. 하지만 멱함수 모양의 분포는 인간사회의 가장 직접적인 신체적 접촉의 연결에서도 이른바 카사노바라고 불리는 허브가 존재한다는 것을 보여준다. 사실 성관계 네트워크의 구조를 이해하는 것은 에이즈와 같이 성관계를 통해 전염되는 각종 질병의 확산을 이해하고 예방하는 데 필요한 중요한 연구주제이다.

그렇다면 불균등한 연결선 수 분포를 갖는 불균등한 네트워크는 질병의 확산에 구체적으로 어떤 영향을 미칠까?

3) 척도 없는 네트워크에서의 전염현상과 대책

2001년 파스토르 사토라스와 베스피냐니 연구팀(Pastor-Satorras & Vespignani, 2001)은 당시 컴퓨터 바이러스가 한번 돌기 시작하면 꽤 낮은 전염률이나 지속적인 백신의 개발에도 불구하고 그 수명이 상당히 길다는 점에 주목했다. 이 같은 현상은 전통적 확산모형으로는 설명되지 않았기에 새로운 접근이 필요했다.

그들은 인터넷을 통한 컴퓨터들의 연결이 종모양처럼 비슷비슷하게 무작위로 되어 있는 것이 아니라 척도 없는 네트워크라는 사실로부터 영감을 받았고, 그 결과는 대단히 놀라웠다. 그것은 척도 없는 네트워크에서는 전염 임계라는 것이 사라진다는 사실인데, 이는 아무리 전염률이 약한 바이러스라도 결국 인터넷 전체에 확산하고 살아남는다는 것을 의미한다.

그들의 결과는 또한 바이러스가 매우 이른 시간에 퍼져 인터넷 전체에 영향을 끼칠 수 있음을 시사한다. 인터넷과 같이 척도 없는 네트워크에서는 허브가 존재하기 때문에 각각의 허브는 매우 많은 컴퓨터와 연결되어 있고, 그중 우연히 감염된 컴퓨터로부터 그만큼 쉽게 감염될 수 있다. 역으로 허브가 한번 감염되면 순식간에 많은 컴퓨터를 감염시킬 수 있다. 이 같은 현상은 균일하게 섞여 있는 네트워크 위에서는 예측할 수 없는 결과였다.

앞서 소개한 성관계 네트워크의 연결선 수의 불균일성이 강하고 허브가 존재한다는 사실은 에이즈와 같은 질병들도 컴퓨터 바이러스처럼 퇴치하기 쉽지 않음을 보여준다. 에이즈가 잘 퍼지는 이유는 많은 친구를 가진 허브, 카사노바가 있기 때문이다. 친구가 많아서 친구 중에 누가 하나 걸리면 카사노바를 금방 감염시키고 또 카사노바는 연이어 주변에 에이즈를 퍼트린다. 그래서 에이즈나 성병이란 게 많이 퍼지는 것이다.

컴퓨터 바이러스도 마찬가지다. 인터넷이 항공망처럼 생겼기 때문에 내가 아무리 조심해도 누군가 하나 걸리면 바이러스는 허브 컴퓨터를 감염시키고 허브가 이내 다 퍼트려서 말썽을 일으킨다. 전염병 측면에서 보면 항공망 구조는 확산하기에 상당히 좋은 매개체가 되는 것이다.

사실 이러한 문제점을 바꾸어 생각해 보면 좋은 해결법이 된다는 것을 알 수 있다. 이제 허브를 잘 관리하고 치료하기만 하면 되는 것이다. 그런데 허브를 치료하자니 또 다른 문제점이 생긴다. 컴퓨터는 뒤를 보면 선이 몇 개 꽂혀 있는지 셀 수 있으니, 연결선이 많은 '허브' 컴퓨터를 찾아 방화벽을 깔고 백신을 업데이트해서 열심히 지킬 수가 있는데 문제는 카사노바이다.

카사노바는 티가 나지 않는다. 실제 사회에서는 누가 몇 명과 성관계를 맺었는지 전혀 알 수 없다. "섹스 파트너가 1천 명 이상인 분 손 드세요" 하면 누가 손을 들 것인가? 그러니 허브를 먼저 치료하면 전염병 확산을 쉽게 막을 수 있다는 것을 알지만, 더 큰 문제는 그 허브를 찾을 수 없다는 것이다.

난감한 상황에 봉착하여 연구가 중단되는 듯했지만, 사람들은 똑똑하게도 이 문제를 해결해냈다. 결국, 카사노바한테 예방주사가 가야 하는데 카사노바가 어떻게 생겼는지 알 수 없으니 이렇게 생각해 보

자. 에이즈 백신 100개를 들고 서울역 앞에 가는 것이다. 그리고 지나가는 사람을 아무나 붙잡고 그 사람한테 주사기를 뜯지 않고 준다. 그다음에 이렇게 말한다. "집에 가다가 본인의 친구 중 한 분을 푹 찌르세요."

잘 생각해 보면 서울역 앞에서 붙잡은 사람은 '아무나'인데 카사노바는 친구가 많으므로 그 '아무나'의 친구일 확률이 높고 자연히 주사를 맞을 확률이 높아진다. 이것을 일명 '친구치료'라고 한다. 단순하게 아무에게나 주사를 놓는 게 아니라 한 단계를 넘어 놓게 되면 자연스럽게 두 번째 단계에는 카사노바가 높은 확률로 걸리게 된다는 것이다.

대단히 신기해 보이는 이 방법은 에이즈뿐만 아니라 상품광고 마케팅에도 똑같이 적용될 수 있다. 바이럴 마케팅(*viral marketing*)을 생각해 보면 그 이유를 알 수 있다. 예를 들어 신제품을 광고해야 할 때 당연히 입소문이 많이 나기를 바란다. 그러려면 이 상품이 마당발인 허브에 전달되어야 하는데 허브가 누군지 모르니까 이번에도 똑같이 상품을 싸 들고 서울역 앞에 간다. 그다음에 한 개가 아닌 두 개를 나눠 주면서 이렇게 말한다. "하나는 당신이 쓰고 하나는 친구 아무에게나 주세요." 그러면 그 두 번째 상품은 자연스럽게 허브에 전달되는 것이다.

물론 두 개를 줘야 하니 비용은 두 배가 들겠지만, 허브의 영향력을 생각해 보면 효과는 백배 천배가 나온다. 두 배의 비용으로 천배의 효과를 낼 수 있는 것이 바로 사회 네트워크가 항공망 구조이기 때문에 가능한 것이다. 별것 아닌 항공망 구조라는 아주 단순한 사실 하나만으로도 이렇게 여러 가지 일을 할 수 있다는 이유에서 현재 네트워크 과학이라는 분야가 주목받는 것이다.

네트워크가 갖는 구조적 특징을 활용하면 전염병 확산을 조기에 진단할 수 있다. '프렌드십 패러독스'(friendship paradox)라는 게 있다. 우리말로 굳이 번역하자면 '친구 수의 역설' 정도 되는데 무슨 뜻이냐면 내 주변의 친구들은 왠지 나보다 더 잘나가는 것처럼 느껴진다는 것이다. 조금 더 구체화하면 "내 친구들은 항상 나보다 더 친구 수가 많은 것 같다"는 것이다. 즉, 나만 빼고 다 잘나가는 사람들이 주변에 많아 보인다는 다소 자조적인 표현이다. 이것이 사실인지 빅데이터와 계산을 통해 밝혀 보는 것이 또 하나의 재미있는 문제이다.

실제로 내 친구들이 항상 나보다 더 많은 친구를 가졌다면 기분이 좀 나빠지는 건 사실이다. 친구는 잘나가는데 나는 그렇지 못한 생각이 들기 때문이다. 그런데 실제로 연구자들은 2011년에 페이스북을 가지고 조사를 했다(Ugander et al., 2011). 당시 7억 명 정도의 페이스북 사용자가 있었는데 이들의 친구가 보통 몇 명인지 친구 수의 평균을 내고 또 이들의 친구들의 친구 수 평균을 내 봤다. 즉, 나의 친구 평균은 몇 명이고 나의 친구들의 친구 수 평균은 몇 명인지 측정해 봤더니 모든 사용자에 대해 93%의 사용자가 '친구 수의 역설'을 따라서 친구의 친구 수가 훨씬 더 많다고 나왔다.

어느 정도 차이가 날까? 계산에 따르면 본인의 친구 수 평균은 190명인데 내 친구들의 친구 수 평균은 635명으로 나보다 3배나 많게 나타났다. 왜 이렇게 되는지 궁금할 텐데 이것은 예컨대 헬스장에 가면 다들 나보다 몸매 좋은 사람들만 있는 것처럼 느껴지는 심리적 효과와 같다. 연초에 등록만 해놓고 헬스장 가기 싫은 이유가 하나 더 생긴 셈인데 이것은 엄밀히는 가중치 평균(*weighted average*)의 효과라고 볼 수 있다.

예를 하나 들어 보자. A, B, 두 개의 강의가 열렸다. A 강의는 90명이 수강했고 B강의는 10명이 수강했다고 하면 전체적으로 강의를 듣는 수강생 수의 평균은 몇 명일까? 그러면 당연히 90 더하기 10 나누기 2를 하여 평균 50명이라고 하면 정답이다.

$$(90 + 10) \div 2 = 50$$

강의당 평균 50명이 듣는 것이다. 그런데 질문형태를 조금 바꿔 보자. 강의당 평균 학생 수가 몇 명인지 묻지 않고 각자가 체감하는 수강생 수가 몇 명인지 설문으로 물어보는 것이다. 즉, 각각의 학생에게 일일이 "몇 명과 함께 수업 듣는 것 같아요?"라고 묻는 것이다. 이렇게 직접 체감하는 수강생 수를 물어보면 A반 90명은 90명이라고 답을 할 것이고 B반 10명은 10명이라고 답을 할 것이다. 그래서 그 설문을 모아서 평균을 내면 이렇게 된다.

$$(90 \times 90) + (10 \times 10) \div 100 = 82$$

그러니까 단순히 평균을 내면 50명인데 일일이 모두에게 물어서 평균을 내면 82명이 되므로 두 가지 '평균' 수치가 다르게 되는 것이다. 비슷한 과정을 통해 친구 수의 역설을 유추해 보자.

예를 들어 〈그림 4-2〉와 같이 설현, 재석, 수지, 하니라는 친구관계가 있다고 하자. 그러면 이제 이들 각각의 친구 수가 몇 명인지 세어 보도록 하자. 설현은 친구가 한 명이고 재석은 잘나가는 사람이기 때문에 친구 수가 3명이다. 그리고 수지와 하니는 각각 친구가 2명이다. 그러면 이들 친구 수의 평균은 (1 + 3 + 2 + 2) / 4를 계산하면 2명이 된다. 그래서 이들은 친구를 평균 2명 가진다는 것이 보통의 결론이다.

그런데 이제 각자에게 아까 친구 수의 역설에 나왔던 친구의 친구 수를 세어 보라고 해보자. 그러면 설현이 말하기를 "나는 친구가 재석이 한 명인데 재석이는 친구 수가 3명이야"라고 할 것이다. 그리고 재석은 "난 친구가 3명 있는데, 그 친구들의 친구는 설현은 한 명, 수지는 2명, 하니는 2명이야"라고 할 것이다. 수지는 "난 친구가 재석이랑 하니 2명인데 재석이는 친구 수가 3명이고 하니는 2명이야" 할 것이고, 하니는 "내 친구 재석이는 친구가 3명이고 수지는 2명이야"라고 할 테니 그걸 다 모아서 나눠 보면 (1 × 1 + 3 × 3 + 2 × 2 + 2 × 2) / 8 = 2. 25명이 된다.

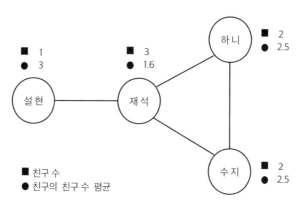

그림 4-2 **친구 수와 친구의 친구 수 평균**

이때의 계산식을 살펴보면 이전과 비슷한데 곱하기가 들어 있어 큰 수일수록 더 많이 부풀려지는 것을 볼 수 있다. 이렇게 해서 특별할 것이 없는 이들의 실제 친구 수의 평균은 2명인데 친구의 친구 수 평균은 2.25명으로 늘어나 보이게 되는 것이다. 그래서 나의 친구들은 항상 나보다 훨씬 더 많은 친구를 가진다는 친구 수의 역설이 탄생하게 된다.

수학을 좋아하는 사람들을 위해 정확한 증거(mathematical proof)를 갖춰 보면 이것이 친구 수 분포의 분산과 연관되어 있음을 알 수 있다. 실제 친구 수의 평균을 μ, 친구 수 분포의 분산을 σ^2이라고 하면 수학적으로 친구의 친구 수의 평균은 $\mu + \dfrac{\sigma^2}{\mu}$이 되어서 분산이 있는 경우 $(\sigma^2 > 0)$에는 항상 친구의 친구 수의 평균이 실제 친구의 평균보다 $\dfrac{\sigma^2}{\mu}$만큼 클 수밖에 없다. 두 값이 같아지려면 분산이 0이 되면 되는데 분산이 0이라는 것은 모든 사람의 친구 수가 똑같다는 뜻이다.

사회관계가 아주 공평하다면 내 친구의 친구 수의 평균이나 내 친구의 평균이나 같겠지만 실제 세상은 그렇지 않고 항상 다양한 분산이 존재한다. 개개인의 친구 수는 어차피 차이가 있기 마련이기 때문이다. 결국, 수학적으로 보면 친구 수 분포의 분산이 존재하기 때문에 괜한 역설이 생기는 것이다. 즉, 친구 수로 절대 좌절할 필요가 없는 것이다.

재미있는 사실은 하버드대의 연구자들이 좌절을 넘어 2010년 친구 수의 역설을 전염병 확산의 조기진단에 사용했다는 점이다(Christakis & Fowler, 2010). 신종플루 독감이 퍼졌을 때 했던 실험인데 우선 두 집단 A, B를 만든다. 하버드대 재학생들 20명을 뽑아서 표본집단 A를 구성하고 또 A 집단에 속한 20명 학생의 친구 중에서 20명을 새로 뽑아서 비교집단 B를 구성한다. 그 후 이 두 집단 A, B가 독감에 걸리는 추이를 비교 분석했다. 그랬더니 신기하게도 B 집단이 훨씬 더 독감에 빨리 걸리는 것으로 나타났다. 무려 2주나 빨랐는데 어떤 이유에서일까?

앞서 살펴본 친구 수의 역설에 따르면 친구의 친구들은 친구 수가 더 많다고 했다. 따라서 B 집단은 친구의 친구들로 구성된 친구 수가 A 집단보다 많은 집단이기 때문에 독감 환자들과 훨씬 더 접촉 확률이 높고 빨리 독감에 걸린다는 것이다. 이렇게 한 집단과 그 집단의 친구를 뽑아서 만든 집단을 감시하고 있으면 친구 수의 역설을 교묘하게 이용하여 독감뿐 아니라 여러 가지 질병의 확산을 예측하고 트렌드를 먼저 읽어내는 데 사용할 수도 있다.

3. 데이터 과학과 전염예측

백신이 처음 사용된 것은 불과 2백여 년 전이었고, 체계적 백신연구는 1990년대 후반부터 본격적으로 시작되었다. 백신의 발견은 인류를 괴롭히던 여러 강력한 전염병으로부터 우리를 구출해 주었지만, 여전히 많은 전염병에 대한 이해는 부족한 실정이다. 백신이나 치료제에만 전적으로 의존해 전염병을 막는 것은 사실상 불가능하므로, 전염의 확산 과정을 예측하고 올바른 검역 기반 조치를 취하는 것은 매우 중요하다.

그렇다면 역학자들은 구체적으로 무엇을 예측할 수 있을까? 첫 번째 일은 특정 질병이 처음 발생한 근원지를 찾아내는 것이다. 특히 전염병이 발생한 초기 단계에는 아직 병원균이 멀리 확산하지 않았으므로 근원지를 알아낸다면 해당 지역을 신속히 격리함으로써 더 큰 피해를 막을 수 있다. 설령 초기 단계를 넘어 전염병이 이미 어느 정도 확산한 경우라도 근원지 파악은 여전히 중요한데, 근원지와 교류가 많은 지역에서부터 전염병이 퍼져나가기 때문이다. 그러므로 올바른 근원지를 아는 것은 질병이 어떤 경로로 퍼져나가는지 이해하는 데 큰 도움을 준다.

다음으로 새로운 지역에 질병이 언제 도착하는지 예측하는 것 역시 중요한 문제이다. 한 지역에서부터 전염병이 넘어와 다른 지역에 처음 감염자가 발생하는 시간을 도달시간(arrival time)이라고 부른다. 만약 부산에 감염된 환자가 생겼을 때 서울까지의 도달시간이 일주일이 예상된다면 보건당국은 그전에 백신이나 치료제를 준비할 계획을 세울 수 있고, 사전에 미리 대비할 수 있다.

지역별 감염자 수를 올바르게 예측하는 것 또한 실질적으로 중요한 문제이다. 2015년 우리나라에 메르스가 창궐했을 때 의심환자를 진찰하고 격리여부를 판단하기 위한 병원들이 각 지역에 지정되었다. 몇몇 도시에서는 예상보다 너무 많은 의심환자가 몰려 의사와 간호사 인력이 턱없이 부족했고, 휴일을 반납한 밤샘근무가 이어졌다. 지역별 감염자와 의심환자들이 얼마나 발생할지 좀더 정확히 예측할 수 있었다면 효율적 방식으로 의료진을 배치하고 대응할 수 있었을 것이다.

역학자들은 질병의 근원지, 질병의 도달시간, 감염자 수를 예측하는 것 외에도 가장 많은 수의 감염자가 발생하는 시기인 최고조 시간(peak time), 질병확산의 주된 경로를 예측한다. 또한 국가기관과의 협력을 통해 백신의 양, 의료시설과 인력, 경제적 비용 등의 자원이 정책적으로 최고의 효용을 발휘할 수 있도록 끊임없이 노력한다(Barabási, 2014).

최근 지역별 인구 데이터와 교통 데이터가 자세히 제공되면서 고해상도 인구 통계학과 인구이동 데이터를 활용한 예측시스템이 지속적으로 개발되고 있다. 실시간 전염예측의 첫 성공사례는 세계 전염병 이동성 모델(Global Epidemic and Mobility, GLEAM)이다(Tizzoni et al., 2012).

GLEAM은 기존의 확산모형과 달리 각 지리적 위치를 노드로 삼고 지역들 사이 통행량을 항공편 스케줄 및 좌석 수 등의 교통 링크정보를 활용해 파악함으로써 전염병 확산을 확률적으로 예측하는 시스템이다. GLEAM은 전염률이나 기본감염 재생산 수와 같은 질병의 의학적 특징을 미리 입력받지 않고, 시계열 정보를 이용해 확산과정을 추론해낸다.

학자들은 2009년 신종플루 독감의 국제적 전염 이후 전염과정을 GLEAM의 예측과 비교해 보았고 결과는 상당히 성공적이었다. GLEAM은 관찰된 질병의 최고조 시간을 87% 예측구간 내에서 발견했고, 다른 경우들도 최대 2주 이내의 차이가 났다.

한편 GLEAM은 대부분의 유사한 독감이 1월이나 2월에 최고조에 도달하는 것과 달리 신종플루가 11월에 가장 번성할 것이라고 예측했고, 이 의외의 예측은 실제로도 적중했다. 이처럼 최고조 시간이 이른 이유는 보통 남아시아에서 발생하는 다른 병원균과 달리 신종플루는 멕시코에서 발생하여 북반구까지 도달하는 시간이 매우 짧았기 때문이다.

데이터를 활용한 질병예측 모형은 앞으로 닥칠 전염병을 대비하기 위한 가상의 시나리오를 구상하는 데도 도움을 준다. 가령 통행량 제한 정책이 전염병 확산속도에 미치는 영향을 조사할 수 있다. 2009년 신

종플루가 확산했을 때 그 두려움으로 멕시코에 오가는 사람 수는 40%
가량 감소했다. 연구자들은 40% 교통억제는 세계 다양한 지역의 감염
자 발생시간을 3일 정도 늦춰 준다는 사실을 발견했다. 즉, 교통억제는
감염자 수를 줄여 주지는 않지만, 도달시간을 지연시켜 주는데, 지연
된 도달시간을 예측하는 것은 특정지역에서 전염병을 대비해 계획을
세우는 데 커다란 도움을 준다.

GLEAM 모형에서도 고려되었듯이 오늘날 전염병 확산모형에서는
지리적 근접성보다 얼마나 많은 사람이 두 지역을 오가는지 아는 것이
중요하다. 자동차나 비행기와 같은 교통수단이 발명되기 전에 병원균
은 사람이 걷는 속도나 기껏해야 말이 움직이는 속도로 이동했다. 당시
에는 병원균이 상대적으로 천천히 움직였기 때문에 유체가 퍼져나가는
것과 같이 전통적 확산모형으로 질병의 움직임을 기술하는 것이 가능했
다. 그러나 오늘날 교통수단의 발달, 특히 항공망의 발달은 질병이 퍼
지는 공간을 더는 제한하지 않는다. 대전에서 시작된 병원균은 대전과
접한 도시인 공주에 퍼지는 것만큼 쉽게 혹은 그 이상으로 서울이나 광
주로 이동할 수 있다.

더크 브로크만과 더크 헬빙은 이러한 점에 착안하여 전염병의 전파과
정을 잘 표현할 수 있는 새로운 개념의 공간을 구상했다(Brockmann &
Helbing, 2013). 그들은 전통적인 지리적 거리를 사용하는 대신 두 도시
사이에 사람들의 교류가 얼마나 있는지에 대한 정보를 사용하여 두 도
시 간의 유효거리(*effective distance*)를 정의했다. 그들은 이동성 네트워
크를 활용했는데 이 네트워크의 노드들은 공항이 있는 도시들이고, 링
크들은 도시들 사이의 통행량이 된다. 한 도시에서 이동성 네트워크를

따라 다른 도시로 갈 방법은 다양하게 존재한다.

그러나 전염이 일어날 확률이 가장 높은 경로 찾아내면 전염과정을 어느 정도 예측하고 예방할 수 있다. 그러한 경로의 근접성을 두 도시 사이의 유효거리라고 하는데 브로크만과 헬빙은 도시 i와 j 사이의 유효거리 d_{ij}를 $d_{ij} \equiv (1 - \log p_{ij})$ 라고 정의했다. 그 의미를 생각해 보면 다음과 같다. 여기서 p_{ij}는 한 도시 j에서 i로 이동하는 사람 수를 다른 모든 도시로 이동하는 사람 수로 나눈 값으로 만약 p_{ij}가 작으면 j에서 i로 오직 낮은 비율만 이동한다는 뜻이고 유효거리는 늘어난다.

유효거리 d_{ij}는 지리적 거리와 달리 대칭적이지 않아서 방향에 따라 거리가 달라질 수 있다. 예를 들어, 대도시 서울 근처에 있는 작은 도시 과천에서는 다른 도시로 나가는 사람 중 일자리가 많은 서울로 이동하는 사람이 많으므로 $p_{서울, 과천}$이 상대적으로 크고 따라서 $d_{서울, 과천}$ (과천에서 서울로)는 작은 값을 갖는다. 하지만 반대로 서울에서 과천을 가는 사람은 서울에 일하러 온 과천 시민이 대부분이다. 따라서 서울에서 다른 도시로 가는 사람 중 과천에 가는 사람의 비율 $p_{과천, 서울}$은 작고, $d_{과천, 서울}$ (서울에서 과천으로)은 상대적으로 크다. 다시 말해 전염병 입장에서는 과천에서 서울로 가는 것이 서울에서 과천으로 가는 것보다 가깝게 느껴지는 것이다.

두 과학자는 세계보건기구(World Health Organization, WHO)에서 제공한 국가별 2009년 신종플루 감염자 자료와 25,453개의 링크로 연결된 전 세계 4,069개 공항의 통행량 자료를 이용하여 실제로 질병의 확산이 이러한 경로를 따르는지 분석했다. 그 결과, 멕시코에서 발생한 신종플루 감염의 국가별 도달시간을 물리적 거리와 비교했을 때는 관련성이 없어 보였으나 국가별 유효거리와 비교하니 선형적으로 비례하는 것을 확인했다. 즉, 인구이동을 기반으로 한 유효거리가 실제 물리적 거리보다 정확하다는 것을 입증했다.

이 결과는 또한 병원균의 전달속도가 상수로 결정되어 변하지 않는다는 것을 보여주는데 병원균이 어떤 경로를 통해 이동하더라도 전달되는 속도가 같다는 것은 전염병의 유효속도가 감염률이나 회복률 등, 질병의 고유 특성에 의해서만 결정된다는 것을 의미한다. 이것을 병원균의 도달시간을 예측하는 데 매우 유용하게 사용할 수 있다. 한 장소에 감염자가 발생한 시간과 질병의 근원지로부터의 유효거리를 알면 질병의 종류와 특성과 관계없이 다른 지역에 해당 질병이 언제 도착할지 계산할 수 있기 때문이다.

상대적 도달시간은 전염병의 특성과 관계없이 오직 이동성 네트워크의 특징으로만 결정되므로 항공편과 기차 등의 국가 간 교통편 일정에 관한 자료와 유동인구 수에 대한 고해상도 데이터를 활용한다면 전염병 확산 예측의 정확도를 높일 수 있을 것으로 예상한다.

우리나라에서도 데이터를 활용해 전염병을 예측하고자 한 사례가 있다. 조류독감(AI)은 닭, 오리, 칠면조 등 조류에 발병하는 급성 전염병인데 전파율과 폐사율이 매우 높은 질병이다. 조류독감은 인간에게 옮을 가능성은 적지만 한번 옮으면 치사율이 높은 것으로 알려졌다. 2016년 11월 16일 처음 고병원성 조류독감(H5N6형 AI) 바이러스가 검출되었고 12월부터 전국적 전염이 일어나 2017년 초반까지 진행되었다. 그 결과, 2016년 12월 초에 5천 원대였던 달걀 한 판이 만 원이 넘는 사태가 벌어지기도 했다.

정부는 KT 등 정보통신기업들과 함께 국내 고병원성 조류독감 등의 전염병 확산을 방지하는 데이터 기반 방지시스템을 개발해 2014년부터 예측시스템을 운영하기 시작했다. 개발 당시 조류독감의 확산 매개체는 철새라는 가설이 있었는데 개발팀은 확산경향이 그보다 국내 도로망을 따른다는 데이터 분석결과에 착안했다. 그 결과, 병원균이 축산농가를 방문하던 차량 즉 사람을 통해서 실제로 확산되었다는 가설을 도출했다. 정부는 축산농가를 방문하는 차량과 운전자의 위치 정보를 분석했고, 이 정보를 바탕으로 아직 발병증세가 나타나지 않았던 원거리 감염지역의 발병 가능성을 예측했다.

이 시스템은 최근 2년 동안 발생했던 31건 중 무려 28건을 예측하는 성공적 성과를 보였으나 안타깝게도 이번 조류독감에 대해서는 속수무책이 되고 말았다. 미래창조과학부 관계자는 역학조사가 진행 중이지만 이번 조류독감은 철새들이 전국에 출현하면서 차량을 통한 '수평감염'에 비해 철새들의 분비물 등이 농가에 유입됨으로 인한 '수직감염' 가능성이 크다고 밝혔다.

축산차량의 이동경로를 따라 확산되는 것을 기반으로 한 전염모형에 새로운 변수가 들어옴으로써 한계점이 드러난 것이다. 이번 사태를 계기로 사람의 이동패턴뿐 아니라 철새의 움직임과 서식지에 대한 데이터의 수집과 분석이 이루어져야만 더욱 정확한 예측이 가능해질 것으로 보인다.

이렇듯 데이터를 이용한 전염병의 예측은 모형개발과 보완 등 꾸준한 연구가 필요하며 어렵지만 중요한 연구분야임에 틀림없다.

4. 사회적 전염, 연쇄변화, 그리고 가짜뉴스

우리는 새로운 스마트폰을 사기로 결정을 내릴 때나 새로운 대통령을 뽑기 위해 투표를 할 때처럼 매 순간 선택을 한다. 인간의 선택은 본인의 과거 취향과 선호도, 의지와 함께 타인의 영향을 받는다. 이러한 과정을 통해 어떤 제품이나 사람 혹은 제도에 대한 평가, 감정, 느낌은 마치 전염병이 사회에 전염되듯이 퍼져나간다.

그중 어떤 아이디어는 사회 대다수를 전염시켜 모두의 주목을 받기도 하고, 어떤 아이디어는 막대한 홍보에도 불구하고 사람들의 기억 속에서 금세 잊혀버리기도 한다. 그런데 아이디어나 의견과 같은 사회적 전염은 질병의 전염과 유사한 듯하지만 큰 차이점도 있다. 그것은 인간의 의견은 한 명의 영향을 받는 것이 아니라 다수의 영향을 복합적으로 받는다는 것이다.

사회심리학자 애시(Solomon Asch)는 1955년 인간이 타인의 행동에 대해 보이는 동조에 관한 흥미로운 실험을 했다. 각 참가자는 7명 정도로 구성된 집단에 포함되어 방에 들어간다. 참가자들의 역할은 이 방에서 나오는 문제를 푸는 것이다. 문제는 이런 식이다. 〈그림 4-3〉처럼 두 장의 카드가 있는데 왼쪽 카드에 나온 막대와 같은 길이의 막대를 오른쪽 카드에서 고르는 것이다. 그렇다. 누가 봐도 답이 B인 시시한 문제이다.

그런데 이 실험에는 한 가지 비밀이 있다. 실제로 한 사람만이 진짜 참가자이고 나머지 6명의 참가자는 가짜 참가자라는 점이다. 이 가짜 참가자는 실험을 도와주는 사람들인데 이들이 먼저 한 사람씩 대답하고 난 뒤 진짜 참가자가 맨 마지막에 대답하는 방식이다. 처음에는 참가자들이 모두 실제로 맞는 답을 말했다.

하지만 몇 차례 시행 후부터는 가짜 참가자들이 의도적으로 모두 틀린 오답을 말하는데 그랬더니 놀라운 일이 발생했다. 진짜 참가자들도 가짜 참가자들과 같은 오답을 내기 시작해서 최종적으로 전체 진짜 참가자들의 오직 1/4만이 소신을 지키고 자신의 답을 말한 것이다. 집단이 모두 오답을 이야기할 때 개인은 집단의 영향에 휩쓸려 오답으로 본인의 의견을 바꾼 것이다.

실험에서 진짜 참가자들은 자신과 같은 의견을 가진 사람이 적어도 한 명만 있어도 본인의 생각을 바꾸지 않았다. 하지만 자신을 제외한 모든 사람이 만장일치로 같은 의견을 내었을 때 개인의 소신은 크게 흔들렸다. 이 결과는 집단의 크기와는 무관했다. 이 실험은 반대로 말하면 모두가 틀린 말을 해도 주변에서 바른 말을 하는 한 친구를 두는 것이 중요하다는 것을 보여준다.

그림 4-3 **애시의 실험**

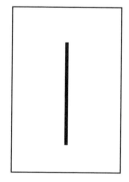 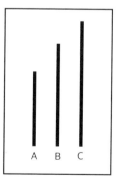

출처: 애시(Asch, 1955)의 실험을 토대로 직접 제작한 그림이다.

애시의 실험에서 개인이 가졌던 확신은 주변사람들이 만장일치가 되었을 때 무너졌고, 개인은 의사를 바꿨다. 다른 의견으로 감염된 것이다. 사회적 전염에서 개인들은 주변친구들과 자신을 비교하여 의사를 결정하는 저마다의 기준 혹은 경곗값을 가지는데, 애시의 실험과 같이 확실한 정답이 있는 경우 그 경곗값은 100%라고 볼 수 있다. 즉, 주변의 모든 사람 100%가 다른 의견을 가지면 내 의견이 바뀐다는 뜻이다.

하지만 정답이 정해져 있지 않은 새로운 스마트폰을 사야 하는 경우라면 개인의 확신은 줄어들고 이 경곗값은 더 많이 낮아질 수 있다. 예를 들어, 친구의 50%만 아이폰을 써도 마음이 흔들릴 수 있다. 선거에서 어떤 후보를 뽑을지, 영화관에서 어떤 영화를 볼지, 식당에서 어떤 메뉴를 고를지 고민하는 경우라도 마찬가지다.

대통령 선거의 경우를 가정해 보자. 사람들은 처음에 저마다 지지하는 후보자가 있을 것이다. 아침 신문을 보면서 특정후보에 대한 관심을 높이고, 또 다른 후보를 못마땅해 한다. 그런데 점심시간이 되어 직장동료들과 세상 돌아가는 이야기를 나누다 보니 다른 후보도 괜찮아 보인다. 집에 돌아오니 뉴스를 보시던 아버지의 한마디에 또 마음이 흔들린다.

이처럼 네트워크 안에서 사람들은 저마다 경곗값을 갖고 있고 서로의 의견을 비교하며 자기 뜻을 결정한다. 그런데 때때로 한 집단의 의견이 다른 사람의 의견을 바꾸고 그 사람의 의견이 또 다른 사람의 마음을 바꾸어 사회 전체적 의견의 수렴을 끌어내는 경우가 있다. 그것이 대선에 출마한 특정후보에 대한 지지라면 이러한 수렴을 끌어내는 자가 대통령이 될 것이다.

사회학자이자 물리학자인 던컨 와츠는 사회가 어떤 조건일 때 이 같은 사회 전체적 의견의 수렴 혹은 전체적 연쇄변화가 일어나는지 연구했다(Watts, 2002). 와츠는 사회 구성원들이 서로 섞여 무작위로 연결되어 있다고 가정했을 때 사회 전체적 연쇄변화는 평균 이웃 수와 평균 경곗값이 특정한 조건을 만족할 때만 일어날 수 있음을 확인했다.

〈그림 4-4〉에서 칠해진 영역 안에서는 전체적 연쇄변화가 일어날 수 있지만 그 영역을 벗어나면 사회 전체를 강타하는 전환은 결코 불가능하다. 칠해진 부분을 아래쪽에서 진입하는 경우 평균 이웃 수가 1인 선을 통과하면서 전체적 연쇄변화가 일어나게 된다. 이 경우는 끊어져 있던 사회 구성원들이 서로 연결되어 전염이 일어날 수 있는 큰 연결고리가 형성되기 때문에 사회 전체적 연쇄변화가 발생할 수 있다.

그림 4-4 **평균 경곗값과 평균 이웃 수에 따른 전체적 연쇄변화 가능성**

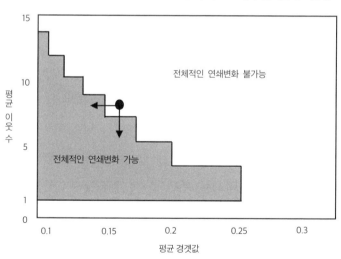

출처: 와츠(Watts, 2002)의 그림을 원본으로 직접 제작한 그림이다.

칠해진 부분의 위쪽 영역에서 칠해진 영역으로 아래 방향으로 진입하는 경우에도 역시 전체적 연쇄변화(cascade)가 가능하다. 그러나 그 이유가 이전과 사뭇 다른데 이번에는 사회의 연결성보다 이웃 수와 경곗값에 따른 협력의 조건이 변경되면서 발생하는 전체적 연쇄변화가 원인이다. 이 경우 칠해진 영역으로 진입 즉시 이전에 보지 못한 크기의 연쇄변화가 갑자기 발생할 수 있는데 이 같은 불연속적 상태의 전환을 물리학자들은 불연속 상전이라고 부른다. 불연속 상전이는 질병의 단순한 전염, 예를 들어 SIR 모형 같은 전염에서는 찾아볼 수 없었던 새로운 현상이다.

이러한 사회적 전염현상은 실제 마케팅 현장에 어떤 식으로 반영될까? 여러분이 특정 제품의 홍보팀장이라면 어떻게든 해당 제품을 바라보는 사회 구성원들을 색칠된 영역 안으로 밀어 넣어야 한다. 그러기 위해서는 현재 상태의 점을 아래쪽으로 이동시키거나 왼쪽으로 이동시키는 두 가지 방법이 있다.

첫 번째 방법을 사용하려면 사람들의 평균 이웃 수를 줄여야 한다. 그런데 이웃 수는 누구의 마음대로 조정할 수 있는 것이 아니다. 따라서 남은 선택지는 왼쪽으로 평균 경곗값을 줄이는 것이다. 사회 구성원의 선택에 관한 기준값을 바꾸기 위해 TV나 신문을 통한 광고나 야외홍보를 통해 사람들에게 해당 제품에 대한 호감을 심어 준다면 전체적 연쇄변화, 즉 폭발적 마케팅이 가능해질 수 있다는 이야기다. 전체적 연쇄변화가 일어날 가능성이 있다는 것과 실제로 성공할 수 있다는 것은 다른 문제이지만 적어도 가능성을 확보하는 것은 중요한 필요조건이라고 하겠다. 물론 호감을 느낄 만한 좋은 제품이 전제되어야 할 것이다.

입소문과 의견의 전파에 대한 또 다른 중요한 사례를 살펴보자. 이른바 말하는 입소문으로(온라인 오프라인 모두 포함) 퍼지는 정보는 두 가지 종류로 구분할 수 있는데 그 정보의 진위여부에 따른 진실 혹은 거짓에 대한 구분이다. 우리는 매일 온라인 SNS와 오프라인 대화를 통해 수많은 진실 혹은 거짓 정보의 전파에 노출되며 그 영향을 받는다.

2016년 미국 대선에서 많은 사람의 예상을 뒤엎고 도널드 트럼프가 대통령으로 당선되어 놀라움을 자아냈다. 그런데 그 배경에 대선후보들에 대한 가짜뉴스(fake news)가 일정부분 역할을 했다는 정황이 파악되었다. 물론 가짜뉴스가 이번 대선의 당락을 결정한 것까지는 아니라도, 그럴듯해 보이지만 엉터리 정보들로 만들어진 가짜뉴스가 온라인을 통해 급속히 전파되어 여론을 호도하고 선거의 흐름까지 바꿀 수 있다는 예측이 나오는 것을 보면 온·오프라인을 통한 정보전파 및 확산의 중요성은 아무리 강조해도 지나치지 않다.

하지만 넘쳐날 정도로 쏟아져 들어오는 정보의 참·거짓을 일일이 파악하는 것은 매우 어려운 작업이다. 최근 페이스북을 비롯한 여러 곳에서 가짜뉴스의 심각성을 파악하고 전파되는 정보의 참·거짓을 파악하려는 다양한 시도가 있다. 한 사례로 카이스트(KAIST)의 차미영 교수 연구팀의 "SNS 상에서의 루머와 정보의 전파 차이"에 관한 연구를 살펴보자(Kwon et al., 2013). 연구진은 2006년에서 2009년 사이 미국 트위터(Twitter)에서 광범위하게 전파된 100개 이상의 키워드 사례를 조사해 진실인 정보와 거짓인 루머의 전파 특성을 분석했다.

트위터에는 리트윗 기능이 있어서 자신이 받은 정보를 자신과 연결된 이웃에게 손쉽게 전파할 수 있다. 문제는 어떤 트윗이 진실이고 어떤 트윗이 거짓인지 모른 채 대량으로 전파가 진행된다는 점이다. 연구진은 각 사용자를 통한 정보의 리트윗 과정을 네트워크로 연결하여 트윗이 전파되는 모양을 그려 보았다.

그랬더니 진실과 루머는 각각 다른 모양으로 전파되는 것을 확인할 수 있었다. 루머는 서로 연관이 많지 않은 임의 사용자들의 산발적 참여로 이루어지며, 또한 인지도가 낮은 사용자들로부터 시작되어 유명인에게 전파되는 특성이 있었다. 그리고 '아니다, 사실일지는 모르겠지만, 확실치는 않지만, 내 생각에는, 잘 기억나진 않지만' 등의 애매한 표현이 많이 사용됨도 확인할 수 있었다. 하지만 진실은 서로 친밀하게 연결된 사용자들에 의해 전체적으로 고르게 꾸준히 연속적으로 연결되어 커다란 덩어리를 이루는 모양을 보였다.

이러한 차이점을 바탕으로 연구자들은 아주 초기에는 알 수 없지만, 어느 정도 전파가 진행된 이후에는 퍼져나가는 모양을 보고 트윗의 참·거짓을 90% 정도 판단할 수 있다고 예측했다. 이렇듯 데이터와 네트워크의 전파 특성을 잘 활용하면 가짜뉴스도 어느 정도 걸러낼 수 있는 이론을 만들 수 있다는 점은 이 장에서 다루는 전염병 모델 연구의 중요성을 잘 보여준다.

그림 4-5 **SNS 상의 루머와 정보의 전파 형태**

출처: Kwon et al. (2013).

5. 나가며

질병부터 아이디어와 감정에 이르기까지 전염현상은 생활 속에 깊숙이 자리잡고 있다. 막연히 주변으로 확산하는 줄로만 알았던 전염현상의 내면에는 네트워크라는 거대한 구조가 숨어 있었고, 전염은 그 종류에 따라 각기 다른 방식으로 네트워크 위에서 퍼져나갔다. 데이터를 통해 살펴본 네트워크는 우리가 사는 세상이 생각했던 것보다 더 가깝게 그리고 더 불균일하게 섞여 있다는 사실을 알려 준다. 이러한 세상에는 막대한 영향력을 가지는 슈퍼전파자들이 있고, 미처 고려하지 못한 전염에 취약한 집단들이 있다.

불균일한 구조는 한편으로 질병과 같은 전염이 순식간에 퍼져나갈 수 있는 무서운 존재이지만, 다른 한편으로 사회가 이를 활용하여 효율적으로 위험에 대처할 기회를 제공해 준다. 특히 항공망을 이용하여 유효거리를 계산한 사례에서와 같이 전염확산에 지배적인 역할을 하는 네트워크 구조에 대한 이해와 더불어 항공 일정표와 유동인구 등에 대한 고해상도 정보의 축적이 가능해지면서 인류는 전염병에 대처할 수 있는 기술을 한층 더 끌어올렸다.

전염병 외에도 사회의 여러 관념과 아이디어는 상호연결과 협력이라는 과정을 통해 다른 이들에게 전염된다. 사회적 존재인 인간은 나의 의사와 이웃의 의견을 종합해 판단을 내리고, 그중 몇몇 아이디어는 특정 조건 아래서 사회 전체로 퍼져나가는 연쇄변화를 만들어낸다. 이러한 전체적 연쇄변화는 모든 사회 구성원을 하나로 연결해 새로운 유행이나 혁명을 일으키기도 하고, 때로는 대규모 붕괴를 일으키기도 한다.

많은 예측이 가능해졌지만, 세상은 생각보다 더 복잡하고, 새로운 변수는 종종 나타나 전혀 상상하지 못한 결과를 가져온다. 2017년 2월까지 조류독감으로 우리나라에서 3천만 마리가 넘는 닭, 오리, 메추리가 살처분되었고 그 여파가 채 가시기도 전에 구제역이 발생했다. 비슷한 시기 나이언틱이 개발한 위치기반 증강현실 게임 '포켓몬 고'가 국내에 상륙해 전국적으로 큰 인기를 끌었다. 스마트폰을 들고 다니며 각종 지형지물 사이에 숨은 포켓몬들을 잡는 이 게임으로 인해 각 도시 주요명소 곳곳에는 안전사고를 주의하라는 현수막이 붙었고 전주의 한 관광지에는 포켓몬이 자주 출몰하는 지역에 공무원들이 배치되기도 했다.

이처럼 새로운 전염현상은 날마다 우리를 찾아온다. 지난 수십 년 동안 전염현상을 이해하기 위해 이루어진 새로운 이론연구와 실험들은 전염에 대한 다양한 새로운 지식을 알려 주었다. 그러나 아직도 전염현상을 정확히 이해하고 예측하기 위해 가야 할 길은 많이 남아 있고, 많은 연구진이 이를 위해 노력하고 있다.

참고문헌

Albert, R., Jeong, H., & Barabási, A. L. (1999). Internet: Diameter of the world-wide web. *Nature*, 401(6749), 130-131.

Barabási, A. L. (2014). *Network science book*. Center for Complex Network, Northeastern University. Available: http://barabasi.com/networksciencebook.

Bernoulli, D. & Blower, S. (2004). An attempt at a new analysis of the mortality caused by smallpox and of the advantages of inoculation to prevent it. *Reviews in Medical Virology*, 14(5), 275-288.

Brockmann, D. & Helbing, D. (2013). The hidden geometry of complex, network-driven contagion phenomena. *Science*, 342(6164), 1337-1342.

Christakis, N. A. & Fowler, J. H. (2010). Social network sensors for early detection of contagious outbreaks. *PloS one*, 5(9), e12948.

Glasser, J. W., Feng, Z., Omer, S. B., Smith, P. J., & Rodewald, L. E. (2016). The effect of heterogeneity in uptake of the measles, mumps, and rubella vaccine on the potential for outbreaks of measles: A modelling study. *The Lancet Infectious Diseases*, 16(5), 599-605.

Kermack, W. O. & McKendrick, A. G. (1927). A contribution to the mathematical theory of epidemics. In *Proceedings of the Royal Society of London A: Mathematical, Physical and Engineering Sciences* (Vol. 115. No. 772). The Royal Society.

Kwon, S., Cha, M., Jung, K., Chen, W., & Wang, Y. (2013). *Prominent features of rumor propagation in online social media.* Data Mining (ICDM), 2013 IEEE 13th International Conference on. IEEE.

Libster, R. (2014). *TED talk: The power of herd immunity.*

Liljeros, F., Edling, C. R., Amaral, L. A. N., Stanley, H. E., & Åberg, Y. (2001). The web of human sexual contacts. *Nature*, 411(6840), 907-908.

Normile, D. (2013). The metropole, superspreaders, and other mysteries. *Science*, 399(6125), 1272-1273.

Pastor-Satorras, R. & Vespignani, A. (2001). Epidemic spreading in scale-free networks. *Physical Review Letters*, 86(14), 3200.

Tizzoni, M., Bajardi, P., Poletto, C., Ramasco, J. J., Balcan, D., Gonçalves, B., Perra, N., Colizza V., & Vespignani, A. (2012). Real-time numerical forecast of global epidemic spreading: Case study of 2009 A/H1N1pdm. *BMC Medicine*, 10(1), 165.

Travers, J., & Milgram, S. (1967). The small world problem. *Phycology Today*, 1, 61-67.

Ugander, J., Karrer, B., Backstrom, L., & Marlow, C. (2011). The anatomy of the Facebook social graph. *arXiv preprint arXiv*, 1111(4503).

Watts, D. J. (2002). A simple model of global cascades on random networks. In *Proceedings of the National Academy of Sciences* (Vol. 99, No. 9, pp. 5766-5771).

05
전염의 방어론

김익환

1. 전염의 위험성

생물학에서 전염이란 감염성이 있는 병원체가 숙주의 몸속에서 증식한 후 숙주에게 감염성 증세를 유발하고, 이어서 다른 생물체에게 2차감염을 일으키는 형태로 병원체가 빠른 시간에 널리 퍼져나가는 것을 의미한다. 이때 전염을 일으키는 병원체로는 박테리아나 곰팡이, 기생충 같은 생물체도 있고, 프리온(prion)이나 바이러스(virus)와 같이 무생물이나 또는 생물과 무생물의 중간적인 것도 있다.

병원체는 숙주의 몸속으로 들어가서 자손을 번식시키기 위해 다양한 전략을 구사하며, 숙주는 이에 맞서서 병원체를 방어하는 여러 가지 기작(mechanism)을 갖고 있다. 병원체와 숙주 사이의 공격과 방어는 인류의 역사에 기록으로 남겨져 있는데, 이들은 주로 자연발생적인 병원체들로서 병원성 박테리아 또는 바이러스들이다.

14세기에 전 유럽을 휩쓸었던 대흑사병은 페스트균의 감염이 원인이었으며, 당시 유럽인구의 1/3 정도를 사망케 했다(WHO, 2017). 1918년 전 세계 인구의 약 3~5%에 달하는 약 5천만 명 이상이 신종플루 감염으로 사망했다(MacCallum, 1919). 지구 역사상 최악의 바이러스로 기록된 두창바이러스는 천연두를 일으켜 19세기에만 인류 3~5억 명을 사망에 이르게 한 바 있다(Ryan & Ray, 2004). 비교적 최근에는 2014~2015년 아프리카를 중심으로 에볼라 바이러스가 창궐하여 전 세계적으로 1만 1,300여 명이 사망했으며, 2015년에는 한국에 메르스가 상륙하여 186명을 감염시켰고, 그중 36명이 사망했다.

인체에 자주 감염되는 병원체들의 경우는 예방백신이나 치료제의 개발로 치사율이 현처히 줄어들었다. 1796년 영국의 제너가 처음 발견한 백신을 이용해 바이러스 질병은 예방이 가능하게 되었다. 최악의 바이러스 질병인 천연두는 WHO 중심의 전 지구적 천연두 박멸 프로그램으로 대대적인 백신 투여를 진행한 결과 1980년 지구상에서 완전히 사라지게 되었다(WHO, 2007). 1928년 플래밍(Alexander Fleming)의 항생제 개발 이후 인간은 치명적 병원성 박테리아의 공포에서 해방된 것으로 여겨졌다(Tan & Tatsumura, 2015).

그러나 인체 백신과 항생제의 개발에도 불구하고, 인간을 괴롭히는 병원체들과의 전쟁은 완전히 종식되지 않았음을 우리는 인식하게 되었다. 그것은 이전에 없던 새로운 돌연변이 병원체의 등장 때문이다. 항생제의 무분별한 과다사용으로 항생제에 대한 내성을 갖는 새로운 병원균들이 발생하면서 인간은 끝없는 병원균과의 새로운 전쟁에 돌입하게 되었다. 과학자들이 항생제 내성균을 죽이는 새로운 항생제를 만들어내면 어느 순간 박테리아들은 다시 새로 만들어진 항생제에 대해 저항성 있는 돌연변이를 만들어낸다. 미국에서는 매년 최소 2백만 명 이상이 항생제 내성 박테리아에 감염되며, 이 중 약 2만 3천 명의 환자가 사망하는 것으로 알려져 있다(Drug Resistance, 2017). 결핵환자의 경우 오랜 기간 항생제를 투여해야 하기 때문에 항생제 내성 결핵균의 발생이 심각하다. 2015년 전 세계적으로 약 40만 명의 항생제 내성 결핵균 보유자가 발생했다(WHO, 2016).

바이러스성 병원체의 경우도 자연발생적 돌연변이의 발생으로 이전에 없던 새로운 바이러스가 생겨난다. 바이러스는 대부분 감염되는 숙주의 범위가 매우 좁아 서로 다른 동물 종 사이에는 교차감염이 잘 일어나지 않는다.

그러나 바이러스 돌연변이 종류 중에서 인수공통(zoonosis) 성질을 갖는 새로운 바이러스가 생기면, 이런 바이러스들은 아주 높은 치사율을 갖게 될 가능성이 높다. 인수공통 바이러스들은 박쥐나 쥐 또는 영장류와 같은 동물을 숙주로 하던 것들이 벼룩이나 모기와 같은 매개체들에 의해 인간의 몸속으로 들어와서 감염을 일으킬 수 있으며, 이렇게 감염된 환자와 접촉하는 사람들에게 2차감염을 일으키기 시작하면 걷잡을 수 없는 속도로 급속히 퍼져나갈 수 있다.

존스 등이 1940년부터 2004년까지 인체에 치명적인 신종 전염병 335종에 대해 역학조사 한 결과, 60.3%는 인수공통 병원체에 의한 것이며, 70.8%는 야외생활 중 인체에 감염되어 퍼져나간 것으로 알려져 있다(Jones et al., 2008). 이 중에서 에볼라, 조류독감, 메르스, 지카 등이 인수공통 전염성을 가지는 바이러스이다. 이들이 치명적일 가능성이 높은 이유는 인간이 경험하지 못한 새로운 종류의 바이러스에 대해서는 인류가 적응하는 데 오랜 시간이 걸리고, 바이러스를 죽이는 효과적 항바이러스제는 균을 죽이는 항생제에 비해 개발이 쉽지 않기 때문이다.

이와 같은 치명적 병원체들은 자연발생적으로 창궐해 인류를 위협하기도 하지만, 대량살상 무기로서 개발되어 전쟁 또는 테러에 사용될 수도 있다. 생물무기가 전쟁에 사용된 것에 대한 가장 오래된 기록은 아시리아에서 기원전 6세기에 병원성 곰팡이를 우물에 타 넣어 적군에게 피해를 입혔다는 글이다(Mayor, 2003). 또한 제 2차 세계대전 중에 일본이 731부대에서 생물무기를 개발하여 인체에 실험한 기록이 남아 있다(Williams & Wallace, 1989).

생물무기의 위험성을 인식한 UN의 주도로 생물무기 금지협약이 1972년 조인되어 현재 한국을 비롯한 전 세계 약 184개국이 가입하고 있으며, 이 중 178개국이 비준을 마쳤다. 한국은 1972년 동 조약에 가입하고, 1987년 비준을 마쳤다. 북한도 1987년 동 조약을 비준했으나, 현재 탄저와 천연두를 비롯한 13종의 생물무기를 보유한 것으로 알려졌다(반재구 외, 2011).

한국 질병관리본부에서는 생물테러 감염병으로 탄저, 보툴리눔 독소증, 에볼라, 라싸열, 페스트, 마버그열, 두창, 야토병과 같은 8종을 지정했다(보건복지부, 2013). 이들 중에서 살포의 용이성, 대인 감염성, 치사율 등 생물무기로서의 특성을 고려하면 탄저균, 두창바이러스, 보툴리눔 독소, 페스트균, 야토균 등 5종의 병원체가 실제 전쟁이나 테러에서 사용될 가능성이 높다. 주요 생물테러 병원체와 각각의 감염특성을 〈표 5-1〉에 정리했다.

표 5-1 **생물테러 병원체의 주요 감염특성**

병원체	특성
탄저균 (*Bacillus anthracis*)	• 인수공통 병원균이 생성하는 두 가지 독소로 발병 • 그람음성 박테리아 포자의 흡입, 섭취에 의해 감염 • 상처 난 피부, 호흡기, 장기를 통해 전염 • 생물무기는 무취, 무미의 분말, 분무, 식품, 음수 형태 가능 • 탄저균의 포자는 자연환경에서 장기간 생존 가능 • 호흡기 탄저는 호흡곤란, 쇼크를 일으켜 감염 직후 치료가 안 　될 경우 치사율 75% • 장 탄저의 경우 복통, 구토, 발열, 설사 유발로 치사율 25~60% • 백신(*BioThrax Anthrax Vaccine*)으로 예방 가능 • 치료방법은 시프로플록사신, 레보플록사신, 독시사이클린 등 　항생제와 백신의 복합투여
두창바이러스 (*Variola major*)	• 현재 지구상에서 박멸된 상태지만 특정 국가들에서 생물무기화한 　것으로 알려짐 • 고열과 발진을 특징으로 백신을 안 맞은 경우 치사율 30% 이상 • 감염성이 매우 높음 • 치료제가 없어 두창백신이 유일한 예방법임
보툴리눔 독소 (*Clostridium botulinum*)	• 혐기성 박테리아가 생성하는 가장 강력한 신경독소 • 에어로졸 또는 식품첨가 형태로 테러 가능 • 호흡곤란, 근육마비 등이 나타나며, 심할 경우 사지마비 증상 • 호흡기로 흡입될 경우 1g으로 백만 명 정도 살상 가능 • 안전한 백신은 아직 없으며, 치료제는 중화항체인 헵타안티톡신
페스트균 (*Yersinia pestis*)	• 그람음성균으로 호흡기 감염 시 에어로졸 형태로 빠르게 전염 • 감염 즉시 치료하지 않으면 2~4일 만에 치사율 50~95% • 상용 백신은 아직 없으며, 치료제는 스트렙토마이신, 젠타마이신, 　독시사이클린, 시프로플록사신, 클로람페니콜
야토균 (*Francisella tularensis*)	• 그람음성균으로 제2차 세계대전 중 일본군이 무기로 개발 • 에어로졸 형태의 생물무기로 호흡기를 통해 감염되면 폐렴이나 　전신 감염증으로 치사율 30~60% • 상용 백신은 없으며, 치료제는 독시사이클린, 시프로플록사신

출처: 반재구 외 (2011); 질병관리본부 (2013).

탄저균이나 두창바이러스에 대해서는 상용화된 백신이 개발되었고, 보툴리눔 독소, 페스트균, 야토균에 대해서도 치료제가 이미 개발되었다. 각 생물무기에 대한 효율적 방어를 위해 선진국들은 예방백신이나 치료제를 국가적으로 비축하는 프로그램을 진행하고 있다. 생물무기의 방어를 위한 백신이나 치료제의 효능은 길게 잡아도 약 5년 밖에 안 된다. 따라서 모든 전략물자의 비축을 위해서는 약 5년마다 막대한 국가재정을 투입해야만 한다.

지난 5년의 짧은 기간 동안 한국은 여러 가지 바이오 위협으로 막대한 손실을 경험했다. 2011년 전국적으로 퍼진 구제역으로 돼지와 소 약 350만 마리가 도축되었으며, 이로 인한 재정손실은 약 2조 8천억 원에 달했다(농림축산식품부, 2015). 2015년 메르스 사태로 입은 손실은 약 10조 원에 달한다(매일경제, 2016). 2016년 12월 조류독감으로 3,337만 수의 닭과 오리가 폐사되었는데, 이로 인한 손실은 9천억 원가량으로 추정된다(안주명, 2017).

국가의 기본 책무는 국민의 생명과 재산을 지키는 일이다. 정부에서는 전쟁상황을 가정하여 미사일, 전차, 대포를 개발하여 국방을 튼튼히 하듯이 바이오 위협으로부터 국민을 지키기 위한 생물방어용 전략물자의 연구개발에 재정투입을 아끼지 말아야 한다. 바이오 위협에 대한 근본적이고 종합적인 대책이 절실한 상황이다.

위에서 살펴본 바와 같이 병원체의 전염은 인류에게 심각한 위험으로 다가와서 막대한 인적·물적·경제적 손실을 끼칠 수 있다. 전염병이 창궐하는 시기에는 사회학적 또는 정신병리학적 히스테리가 발생하여 의학적 전염 못지않게 많은 해악을 끼칠 수 있다. 사회병리학적 현상을 집단 히스테리(*mass hysteria*)라고 부르는데, 병원체에 직접 감염된 환자가 아님에도 불구하고, 불안 또는 불신 같은 심각한 정신적 병리현상이 전 사회적 전염의 형태로 급속도로 퍼져나간 예를 역사적 기록에서 찾아볼 수 있다(Boss, 1997).

집단 히스테리 증상은 불안감과 운동기능 이상의 두 가지 형태로 각각의 개인에게 영향을 미칠 수 있다(Ali-Gombe et al., 1996). 불안감(*anxiety*)은 복통, 두통, 현기증, 졸도, 과호흡과 같은 증상으로, 운동기능의 이상은 경련, 웃음, 의사간질과 같은 결과로 이어질 수 있다. 이러한 집단 히스테리는 대중매체(*mass media*)를 통해 빠르게 전파될 수 있으므로 대중매체의 역할이 매우 중요하다(Small, 2006).

손턴(Bruce S. Thornton)은 《마음의 역병》(*Plagues of the Mind*)이란 저서에서 거짓지식을 바이러스로 규정하고 그 예로 거짓종교와 미신의 이름으로 행해지는 전쟁과 테러의 위험성을 경고했다(Thornton, 2002). 그는 전 세계적으로 무차별적 테러를 행해 문제를 일으키는 IS 같은 이슬람 극단주의자들과 그에 동조해 참여하는 자들의 의식 속에 거짓지식이 전염되어 있으며, 그에 대응해 이라크 전쟁을 일으킨 미국의 전쟁주의자들도 물질주의적 사고에 감염되어 있다고 보았다.

마약중독이나 게임중독도 전염의 결과로 볼 수 있다. 골럽(Andrew Golub) 등은 개인 간의 접촉을 통해 마약이나 게임에 접하고, 한두 차례 말초적 즐거움을 얻으면 자기도 모르는 사이에 서서히 중독의 길에 들어서게 되므로 이들은 전염으로 볼 수 있다고 주장했다(Golub et al., 2016). 이 글에서는 감염성 병원체에 의한 전염에 대비해 사회심리학적 전염을 정신적 전염으로 통칭하고자 한다.

2. 병원체의 증식원리와 증식억제를 통한 전염의 방어

전염의 효과적 방어를 위해서는 우선적으로 감염성 병원체의 증식과정을 파악하는 것이 긴요하다. 병원체 증식은 초기 감염 병원체 숫자가 매우 중요하다. 인체가 처음 감염되었을 때 초기 감염 병원체의 숫자가 적을 경우에는 잠복기를 거쳐 일정한 수준으로 증식한 뒤에 증상을 나타낼 수 있다. 이때 적절한 방어조치를 취하면 병원체를 효과적으로 제어할 수 있다. 그러나 초기 감염 병원체 숫자가 많으면 많을수록 병원체는 빠르게 증식하면서 인체의 각 조직으로 퍼져나간다. 이에 따라 환자는 급속히 치명적 상태로 빠져들고 치료가 어려워진다.

따라서 전염의 방어는 시간과의 싸움이며, 초기에 증식을 차단하는 것이 가장 중요하다. 정신적 감염의 경우도 정신적으로 이미 감염되어 있는 사람들과 접촉하게 되면 전염에서 빠져나오기 어렵기 때문에 초기에 차단하는 것이 바람직하다.

1) 병원성 박테리아의 증식과 방어

(1) 유해세균과 프로바이오틱스

박테리아의 종류는 매우 다양한데, 크게 배양환경의 산소 유무에 따라 호기성(strict aerobe), 통성혐기성(facultative anaerobe), 혐기성(anaerobe)으로 나눌 수 있다. 일반적으로 호기성 박테리아의 경우는 산소가 충분히 있어야 증식할 수 있기 때문에 인체에서 산소가 잘 공급되는 피부나 치아의 표면 또는 모낭(hair follicle) 등에서 발견되는데, 이 중에는 치명적 박테리아로 알려진 것은 별로 없다.

인체에 치명적 질병을 일으키는 병원균은 대부분 통성혐기성이다. 대표적인 통성혐기성 병원균으로는 탄저균, 페스트균, 야토균, 식중독균과 같이 테러에 사용될 수 있는 맹독성 병원균들이 있다. 통성혐기성 병원균은 산소가 있을 경우에는 매우 빠르게 증식하지만, 산소가 없을 경우에도 느리게 증식하며 산소 유무에 상관없이 장기간 생존할 수 있다. 이들은 호기성이나 혐기성 미생물에 비하면 비교적 다양한 환경에서도 잘 적응할 수 있다.

산소가 없는 조건을 선호하는 혐기성 병원균은 그 종류가 많지 않으나, 보툴리눔 독소와 같은 독성이 강한 신경독소를 만들어내는 클로스트리듐(Clostridium) 속 박테리아가 대표적이다. 그 외에 펩토스트렙토커스(Peptostreptococcus), 박테로이데스(Bacteroides), 푸소박테리움(Fusobacterium) 속 미생물도 맹독을 만들어내는 감염성 미생물이다.

혐기성 병원균은 산소가 없는 환경에서만 자라는 미생물로서 인체 내에서는 산소공급이 원활하지 않은 환경에서 증식하여 질병을 일으키거나 세포들을 궤사시키기도 한다. 이들의 인공적 증식을 위해서는 무산소 조건을 만들어 주어야 하는데, 혐기성 발효장치를 사용해야 한다. 산소가 없는 조건에서만 증식하기 때문에 대체적으로 증식속도가 매우 느리다. 느린 증식속도에도 불구하고 이들의 감염이 치명적인 이유는 이들이 만들어내는 독소의 독성이 매우 강하기 때문이다.

통성 또는 혐기성 병원균들은 대부분 산소농도가 높으면 증식이 억제되기 때문에 적절한 환기와 산소의 공급이 병원성 미생물의 치료에 도움이 된다. 따라서 환자의 외상치료 시 압박붕대 등의 장기간 사용은 통기를 막을 수 있으므로 주의해야 한다. 인체 내부의 장기가 손상을 입었을 경우에도 혈관을 통한 적절한 산소공급은 매우 중요하다.

인체의 장내에는 다양한 종류의 통성혐기성 또는 혐기성 균들이 증식하는데, 이 중 대부분은 유산균과 같이 장 건강에 도움을 주는 좋은 균들이며, 이들을 통칭하여 프로바이오틱스(*probiotics*)라고 부른다. 이들은 주로 대장 내에 존재하면서 인체의 장 면역과 소화를 돕는다.

간혹 혐기성 유해세균들이 음식물을 통해 대장에 도달하면, 이들은 장내 영양분을 놓고 프로바이오틱스와 경쟁하게 된다. 대장 내에 있는 영양분은 상대적으로 많지 않기 때문에 유해세균들이 증식을 시작하면 프로바이오틱스의 비율이 줄어들 수 있고, 유해세균의 비율이 높아지면 장염과 같은 심각한 증상을 유발하게 된다. 만일 유해세균 중 병원균이 있을 경우에는 이들이 만들어내는 독소가 치명적 결과를 가져올 수 있다.

따라서 평소 살아 있는 프로바이오틱스를 많이 섭취하는 것은, 장내 유해세균의 비율을 감소시켜서 장 건강을 유지하는 데 도움이 되며, 심각한 장염 증상이 있을 경우에는 프로바이오틱스를 다량 섭취함으로써 몰아내기 요법으로 장염 증상을 개선할 수 있다.

장 건강을 위한 몰아내기 요법은 정신건강에도 적용될 수 있다. 인간의 정신세계에는 절제와 희생이나 공동체 의식과 같은 건전한 생각들도 존재하지만, 자기 본위적인 다양한 욕망들도 혼재되어 있다. 인간의 뇌는 사람에 따라 차이가 있긴 하지만 사고용량(*thinking capacity*)이 제한되어 있다. 따라서 평소에는 건전한 사고를 가졌던 건강한 사람도 자극적 욕망에 자주 접하면 자기도 모르는 사이에 본능적이고 충동적인 사고가 뇌를 지배하게 되어 여러 가지 문제를 일으킬 가능성이 높아진다. 이러한 상황을 정신적 감염 또는 전염이라 볼 수 있을 것이다.

정신적 감염을 방어하기 위해서는 평소 좋은 친구를 사귀거나, 문화생활 또는 스트레스를 해소하는 다양한 활동들을 통해 건전한 생각들로 뇌를 채우면, 본능적 욕구들이 뇌에 침입하여 자리잡고 증식하는 것을 예방할 수 있다. 따라서 인간은 자신의 정신세계를 늘 점검하는 것이 중요한데, 욕망 위주의 본능적 생각들로 뇌가 채워진 것으로 판단되는 위험한 상황이라면, 정신세계의 프로바이오틱스들을 투입하여 위험한 생각들을 몰아낼 수도 있을 것이다. 생물학에서의 프로바이오틱스는 이미 많이 알려져 있지만, 정신세계의 프로바이오틱스는 심리학이나, 인문학에서 깊이 있게 연구해야 할 대상이다.

(2) 박테리아의 증식속도

병원성 박테리아는 증식할 때 대부분 이분법적으로 증식하며, 충분한 영양분과 산소 조건이 만족되면 매우 빠른 속도로 자랄 수 있다. 이들의 증식속도는 다음과 같은 미분방정식으로 표현될 수 있다.

$$\frac{dN}{dt} = \mu N$$

여기서 N은 병원균의 총수이며, t는 시간, μ는 비성장속도를 나타낸다. 위의 식을 이용하면 다음과 같은 병원균의 성장속도가 얻어진다.

$$N = N_0 \exp(\mu t)$$

여기서 N_0는 감염 초기 세포의 숫자를 나타낸다. 병원균의 증식에 영향을 미치는 요소로는 초기 감염균의 숫자(N_0), 균의 비성장속도, 그리고 시간 등 세 가지 변수가 있다. 식에서 보는 바와 같이 병원균의 총수는 시간이 지날수록 기하급수적으로 증가한다. 그러므로 균의 증식과 함께 맹독이 분비되는 병원균의 경우 초기에 제어하지 않으면 감염환자의 목숨이 위태롭게 된다. 비성장속도는 영양분의 농도, 온도, 수소이온농도(pH), 산소농도, 배양액 내에 존재하는 독성물질과 같은 다양한 요소들의 영향을 받는다.

먼저, 병원균의 증식에 필수적인 영양분의 효과는 다음 식에 잘 나타나 있다.

$$\mu = \frac{\mu_M S}{K_s + S}$$

여기서 μ_M은 최대 비증식속도, S는 필수영양소 농도, K_S는 포화농도를 나타낸다. 식을 상세히 들여다보면, 병원균 증식을 억제하는 전략을 수립할 수 있다. 병원균 증식에 필요한 필수영양소가 여러 개 있을 때의 식은 다음과 같이 표현될 수 있다.

$$\mu = \mu_M \left(\frac{S_1}{K_{S1} + S_1} \right) \left(\frac{S_2}{K_{S2} + S_2} \right) \cdots$$

여기서 S_N은 각각의 필수영양소를 나타낸다. 세 번째, 네 번째 식에서의 μ_M은 온도, pH, 독성물질 농도의 영향을 받는다. 먼저 온도의 영향을 살펴보면 병원균의 종류에 따라 최적온도가 다르다. 인체에서 감염성을 나타내는 병원균은 특수한 경우를 제외하고는 37℃가 최적온도이며, 일반적으로 최적온도 이하에서는 성장이 느려지고, 그보다 고온에서는 빠르게 사멸할 수 있다. 배양액의 pH도 μ_M에 영향을 미치는데, 매우 낮거나 높은 pH에서는 μ_M 값이 0에 가깝게 될 수 있다.

병원균의 증식은 영양분의 고갈, pH의 변화 또는 독성물질의 분비 등으로 인한 환경의 변화로 제한될 수 있다. 이러한 경우는 다음의 로지스틱 모델(*Logistic model*)이 잘 표현한다.

$$\mu = \mu_M \left(\frac{K - N}{K} \right)$$

여기서 K는 포화도 또는 환경수용력이다. 즉, 병원균 숫자가 K 값에 도달하면 균의 증식이 느려지고 결국 멈추게 되는 것을 보여주는 모델이다. 이 모델은 주로 영양분의 고갈이나 환경의 영향으로 균수가 무한대로 증식할 수 없고, 제한적으로만 증식이 가능하다는 경험으로부터 얻어진 것이다.

환경조건에 따라 병원균은 증식하지 않고 사멸되는 경우도 있다. 위의 로지스틱 모델을 다른 형태로 아래 식처럼 표현할 수 있다.

$$\frac{dN}{dt} = \mu N - k_d N$$

여기서 k_d는 비사멸속도이다. 병원균의 사멸은 온도, pH, 유기용매 등과 같은 다양한 변수들의 영향을 받는다. 병원균의 멸균 시에 고온살균법을 가장 많이 사용하는 이유는 병원에서 사용되는 주사기나

의료장비의 멸균에 고온이 가장 효율적이기 때문이다. 보통 k_d 값은 고온에서 매우 큰 값을 갖기 때문에 일반적 병원균은 65℃에서 30분 정도만 있어도 대부분 사멸된다. 그러나 포자를 형성하는 탄저균 같은 병원균은 높은 온도에서도 잘 견디는 것으로 알려져 있다. 따라서 모든 병원균을 완벽히 멸균하기 위해서는 121℃의 고온에서 최소 15분간 놓아두어야 한다.

매우 낮거나 또는 높은 수소이온농도는 독성이 매우 강해서 살균에 적용될 수 있다. 동물의 위에서 분비되는 염산은 소화액의 pH를 2.0 정도까지 낮추어 위에 침입한 병원균을 살균시킬 수 있다. 클로스트리듐 보툴리누스균과 같은 병원균도 pH 4.5 이하의 강산에서 활동하지 못한다. 빨래에 사용되는 비누용액은 pH가 매우 높아서 병원균들이 쉽게 살균된다.

(3) 증식억제를 통한 병원균의 감염방어

위와 같이 증식속도에 관한 이론을 이용해 병원균의 감염을 방어하는 방법은 다음과 같이 다양하다.

① 살 균

감염원이 되는 병원균을 완벽히 제거하여 세균의 증식을 원천적으로 차단하는 방법으로는 121℃ 고온살균, 에틸렌옥시드를 이용한 가스살균, 과산화수소를 이용한 분무살균, 70% 에틸알코올을 이용한 용매살균, 감마선 또는 자외선 살균, 필터를 이용한 병원균 제거 등이 있다. 병원의 음압병실에서 바깥으로 나가는 공기를 살균할 때는 주로 필터를 이용한다. HEPA(*High efficiency particulate air*) 필터는 0.3 마이크론 크기의 입자를 99.97% 제거하므로 바이러스까지 제거할 수 있는 성능을 갖고 있다. 하지만 좀더 엄격한 기준으로 공기 제균을 할 경우는 ULPA(*Ultra low particulate air*) 필터를 사용한다. ULPA는 0.12 마이크론 크기의 입자를 99.999%까지 제거할 수 있다.

② 수분의 제거

미생물의 증식에는 반드시 물이 있어야 한다. 따라서 건조한 상태를 유지하면 곰팡이나 병원균의 증식을 막을 수 있다. 그러나 미생물의 포자들은 건조한 환경에서도 오랫동안 살아남을 수 있기 때문에 다시 물이 공급되면 포자들이 증식할 수 있으므로 주의해야 한다.

③ 항미생물 제제

페니실린을 비롯한 항생제를 사용하면, 병원균의 증식을 억제하거나 죽일 수 있다. 항생제 종류에 따라 적용되는 병원체가 서로 다르기 때문에 항생제를 사용할 때는 병원균 종류를 잘 파악해야 한다. 근래에 전 세계적인 항생제 남용으로 내성 병원균이 점점 늘어나서 인류의 건강을 위협하고 있다.

2) 병원성 바이러스의 증식

바이러스는 스스로 증식할 수 없고 반드시 숙주가 있어야 증식이 가능하다. 따라서 바이러스 감염은 바이러스가 숙주의 세포 안에 들어가는 것이 관건이다. 일반적으로 바이러스는 그 종류에 따라 숙주가 특정되어 있는데, 그 이유는 바이러스가 숙주 안에 들어갈 수 있는 기작이 매우 제한되어 있기 때문이다. 바이러스들은 고유한 표면단백질을 갖고 있고, 마찬가지로 동물세포 표면에도 다양한 표면단백질이 있다.

바이러스의 표면단백질과 유사한 물리화학적 성질을 가진 단백질이 동물세포의 표면에 나타나 있으면, 바이러스는 세포의 표면에 붙어서 세포 안으로 침입할 가능성이 높아진다. 바이러스는 일단 세포 안으로 들어가면 세포가 가진 다양한 기능을 이용해 자기복제를 시작하며, 복제가 끝난 후에는 숙주세포를 파괴하고 세포 밖으로 나와서 2차감염을 일으킨다.

바이러스 한 마리가 숙주세포에 들어가면 인플루엔자의 경우 5백~1천 마리가 만들어지며, HIV의 경우 1천~3천 마리가 복제된다. 단순한 바이러스 증식모델은 기하급수적 바이러스 증식을 기대할 수도 있다. 그러나 박테리아의 증식과 달리 바이러스는 숙주세포가 살아 있어야

그림 5-1 **세포와 바이러스의 표면단백질 접촉**

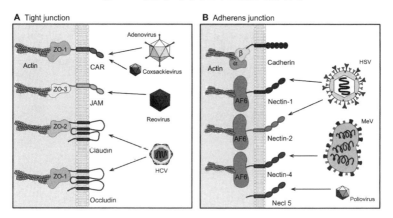

출처: Mateo et al. (2015).

증식이 가능하다. 숙주세포의 숫자가 많을수록 바이러스의 증식에 유리하지만, 바이러스는 최종적으로 숙주를 죽이고 밖으로 빠져나오기 때문에 자기증식하는 박테리아와 달리 영양분이 아무리 풍부해도 무한 증식은 불가능하다.

따라서 바이러스의 증식을 예측하는 모델에서는 처음에 바이러스가 숙주세포에 접종될 때 MOI(*multiplication of infection*)를 사용한다. MOI는 숙주세포 한 마리당 감염성 있는 바이러스의 수를 의미한다. MOI가 클수록 숙주세포의 감염 가능성이 더 커지므로 최종적으로 얻어지는 바이러스의 숫자도 증가한다.

바이러스가 세포 내에서 증식하는 과정은 바이러스의 종류에 따라 매우 다르지만, 공통적 사항은 유전정보와 바이러스 껍질이 별도로 만들어진다는 것이다. 바이러스는 교묘하게도 숙주세포로 하여금 바이러스가 가진 유전정보를 세포의 것인 양 착각하여 제조하도록 한다.

그림 5-2 **바이러스의 세포 내 진입과정**

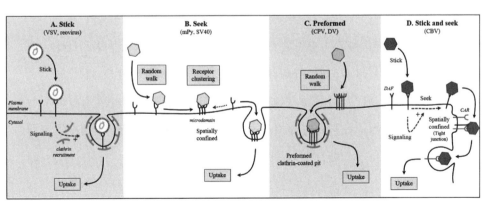

출처: Boulant et al. (2015).

바이러스는 이렇게 숙주세포를 속이고, 숙주세포의 효소들과 영양분 그리고 에너지를 이용하여 자기의 유전정보를 복제하고, 별도로 외피를 이루는 물질들을 자신의 유전정보로부터 합성하거나 숙주의 핵 안에 자신의 유전정보를 삽입한 후 숙주세포로 하여금 자기의 몸체를 만들도록 유도한다.

숙주세포는 엉뚱하게 바이러스라는 적의 부품들을 잔뜩 만든 후 에너지와 재료를 소진하고 결국 그 적에 의해서 산산조각 분해되어 죽음을 맞는다. 1차 숙주세포를 파괴하고 나온 복제 바이러스들은 제 2의 숙주세포 안으로 침입해 다시 복제과정을 반복한다. 숙주생물이 바이러스에 대한 방어체계를 제대로 갖추지 않으면, 바이러스에 무방비로 당할 수밖에 없다.

(1) 바이러스의 증식억제를 통한 감염방어

① 백신을 이용한 방어

바이러스의 증식을 억제하려면 백신을 접종하여 예방하는 것이 가장 바람직하다. 치명적 병원성 바이러스에 대해서는 다행스럽게도 이미 백신이 개발되어 있다. 우리 몸의 면역체계는 놀랍게도 한번 싸운 경험이 있는 바이러스를 모두 기억한다. 우리 몸의 면역 B세포가 기억하는 바이러스는 다음에 공격해 들어오면 즉시 항체를 만들어 퇴치시킬 수 있다. 백신은 이러한 원리를 이용한 것이다.

백신제조를 위해서는 치명적 바이러스를 공장에서 증식시킨 후에 감염성은 없고 면역원성은 남도록 적당히 사멸시킨다. 이렇게 만들어진 백신을 예방주사로 맞으면 동일한 바이러스에 대해서는 면역이 생기는 것이다. 바이러스와의 전쟁에서 인류가 아직까지 퇴치하지 못한 것은 RNA 바이러스들이다. 인플루엔자, 에볼라, 메르스, 지카, 에이즈와 같이 인류를 괴롭히는 바이러스는 대부분 RNA 바이러스인데, 이들은 쉽게 돌연변이가 일어나기 때문에 백신을 만들어도 소용이 없다.

이들 가운데는 인수공통 바이러스가 많은 것도 또 다른 문제점이다. 예를 들면, 2015년 서아프리카에서 에볼라 바이러스가 창궐하여 1만 1,300여 명이 희생당했다. WHO에서 미국을 중심으로 에볼라 바이러스 퇴치에 힘써서 결국 에볼라 사태를 종식시키는 데 성공했다. 그러나 에볼라 바이러스는 지구에서 사라지지 않고 박쥐나, 유인원들의 몸속에 숨어 있다가 언제든지 다시 인간에게 감염을 일으킬 수 있다. RNA 바이러스들에 대한 궁극적인 종합백신의 개발은 과학자들에게 주어진 숙제 중 하나이다.

② 항바이러스 치료제

백신이 개발되지 않은 바이러스들에 대해서는 항바이러스제를 사용하여 바이러스 증식을 억제할 수 있다. 선진국의 연구기관들과 다국적 제약회사 중심으로 바이러스 증식을 억제하는 여러 가지 약물이 개발되어서 현재는 헤르페스(*herpes*), 간염(*hepatitis*), 인플루엔자(*influenza*), 에이즈 바이러스의 경우 증식을 억제하는 항바이러스제들이 임상에서 사용된다(한승훈 · 임동석, 2011).

인플루엔자 바이러스의 경우 타미플루를 비롯한 네 가지 종류의 항인플루엔자 제제가 개발되어 제어가 가능하게 되었으며, B형 간염의 치료제로는 바라크루드(*Baraclude*)를 비롯한 6종의 약물이 개발되었다. 에이즈 바이러스인 HIV의 경우 29종의 항바이러스제가 개발되어 사용된다. 헤르페스 바이러스는 아시클로비르(*Acyclovir*)를 비롯한 세 가지 약물이 개발되었다. 이러한 항바이러스제들은 바이러스의 증식에 필요한 각 과정을 억제함으로써 바이러스를 무력화시킨다. 돌연변이가 쉽게 일어나는 에이즈 바이러스 같은 경우는 다양한 기작을 가진 항바이러스제를 복합적으로 투여하여 바이러스의 증식을 원천적으로 봉쇄할 수 있다.

(2) 정신적 바이러스의 감염방어

손턴이 말한 것처럼 거짓지식과 같이 우리를 유혹하는 건강하지 못한 사고들은 정신적 바이러스로 볼 수 있다(Thornton, 2002). 병원성 바이러스와 정신적 바이러스의 유사성을 살펴보면 다음과 같다.

첫째, 두 바이러스 모두 스스로 증식이 불가능하다. 둘째, 바이러스 감염의 원인은 최초 접촉에 의한 것이다. 셋째, 바이러스가 숙주의 몸속으로 들어온 후에는 숙주의 몸속에 있는 것들을 이용하여 증식한다. 넷째, 숙주 안에 있는 모든 것들을 고갈시킨 후에 마지막에는 숙주를 파괴한다. 이처럼 두 바이러스는 공통점이 많기 때문에 병원체에 대응하는 방어전략으로부터 정신적 바이러스에 대한 방어전략을 배울 수 있다.

① 정신적 바이러스 백신

정신적 바이러스에 대해서는 교육이 정신적 백신의 기능을 할 수 있다. 예를 들면, 마약중독의 위험성에 대해 실질적인 사례중심 교육을 받은 사람은 마약의 유혹이 왔을 때 그 위험성을 인지하기 때문에 마약투여를 거부할 수 있다. 사이비 종교나 미신과 같은 폐해에도 충실한 교육과 훈련을 받은 사람들은 쉽게 빠져들지 않는다.

군국주의, 공산주의, 물질주의 같은 이데올로기적 바이러스에 대해서는 교육과 훈련이 용이하지 않은 것이 문제이다. 이처럼 폭넓은 개념의 정신적 바이러스의 문제해결을 위해서는 인간의 존엄성과 평등 그리고 평화로운 세계에 대한 비전과 역사교육이 중요할 것이다.

② 정신적 항바이러스제

정신적 바이러스에 대해서는 아직 약이 없다. 즉, 물질주의나 사이비 종교집단 또는 종교적 근본주의와 같은 불건전한 사고에 깊이 빠진 사람들은 거기에서 빠져나오는 것이 거의 불가능하다. 따라서 인문학, 사회학, 심리학자들이 연대하여 정신적 항바이러스제 개발을 위한 대형 연구과제를 수행하는 것이 시급하다. 즉, 정신적 바이러스의 감염경로를 추적하여 각 단계별로 대응책을 만들어야 한다.

웅덩이의 썩은 물을 맑은 물로 바꾸는 전략은, 단기적으로는 썩은 물을 모두 버리고 새 물로 채우는 것이 가장 바람직하다. 그러나 그것이 어려울 경우에는 시간이 걸리더라도 맑은 물을 서서히 흘려보내 썩은 물을 희석시키는 것도 대안이 될 수 있다. 썩은 물이 거짓지식이라면, 맑은 물은 무엇인지는 앞으로의 연구대상이다.

3. 전염경로 차단을 통한 전염방어

병원체에 감염된 후 세포나 조직 수준에서 병원체의 증식이 일어나면 인체의 다양한 방어기작이 작동되기 시작된다. 예를 들면, 기관지나 폐가 인플루엔자에 감염되면 기침 또는 가래를 통해 바이러스 입자를 외부로 내보내는 과정에서 다른 사람에게 바이러스가 전파된다. 이러한 전염과정의 이해는 전염에 대한 효과적인 방어전략 수립에 도움이 될 것이다. 전염의 경로는 다양한데, 사람 사이의 전염, 곤충이나 동물을 매개로 하는 전염, 공기를 통한 전염, 물을 통한 전염 등이 있다. 각 전염경로를 미리 알고 있으면 전염을 방어하는 데 도움이 된다.

1) 사람 사이의 전염방어

사람과 사람이 접촉을 통해 전염되는 경로는 바이러스의 종류에 따라 다양하다. 에이즈 바이러스는 성접촉이나 혈액을 통해서 전염되며, 인플루엔자나 메르스 같은 호흡기 바이러스는 기침이나 가래 또는 신체접촉을 통해 전염된다. 따라서 건전한 성생활을 유지하는 것이 바람직하며, 병이 전염 위험이 있을 때는 개인 간의 신체접촉도 피하는 것이 현명하다. 서구사회에서는 인사할 때 허그나 또는 볼 키스가 일반화되어 있지만 바이러스가 창궐할 경우에는 이를 피하는 것이 좋다. 악수도 주요 감염경로가 될 수 있다. 이를 방지하기 위해서는 손 씻기를 생활화해야 하며, 주먹악수 또는 손등악수와 같은 새로운 악수방법을 사용하는 문화를 만드는 것이 필요하다.

2) 곤충·동물을 통한 전염방어

말라리아나 지카 병원체는 주로 모기를 통해 전염되며, 한탄바이러스는 쥐벼룩이 매개한다. 이와 같은 매개체를 통한 전염을 예방하기 위해서는 그 매개체를 박멸하는 것이 중요하다. 싱가포르에서는 모기의 서식을 방지하기 위해 호수 등 물이 있는 곳의 위생관리를 철저히 관리하며, 공사장의 경우에도 물이 고여 있는 곳이 없도록 철저히 감독한다. 한반도에서도 지구 온난화로 말라리아와 같은 열대성 병원체의 위험이 높아지고 있으므로 모기 퇴치를 위한 범정부적 노력이 있어야할 것이다.

3) 병원시스템의 보완

앞서 언급한 바 있는 항생제 내성 병원균의 경우 전염이 일어나는 곳은 주로 병원이다. 항생제 내성 병원균에 감염된 환자는 병원에 입원하여 치료받게 되는데, 이때 환자를 방문하는 손님이나 의료진에게 전염되기 때문이다. 또한 병원 응급실에 감염환자와 일반환자가 섞여 있어서 응급실에서 전염이 발생하기 쉽다. 따라서 응급실의 구역을 나누어 감염환자와 비감염환자를 분리해야 하고, 감염환자 구역은 음압시설을 설치해야 하며, 음압병실의 숫자를 충분히 확보해야 한다. 감염환자의 경우는 외부 손님들의 접근을 통제해야 하는 것은 당연한 일이다.

4) 범사회적 전염방어 시스템 보완

2015년 메르스 사태에서 우리 사회는 큰 교훈을 얻었다. 당시 감염병 사태의 돌발적 위기상황에 대한 국가적 대비책이 전혀 준비되지 않아 혼란을 겪으면서 전염병 방어체계의 중요성을 깨달은 것이다. 앞으로도 에볼라, 메르스, 조류독감과 같은 치명적 병원체의 유입에 따른 감염병의 창궐이나 생물테러에 의한 전국적 긴급상황은 언제든지 발생할 수 있다. 따라서 이에 대비한 범사회적 방어시스템을 갖추어야 한다. 2011년 구제역 바이러스와 2016년 말 조류독감 바이러스의 창궐로 인해 국가적으로 막대한 피해를 입은 경험을 살려, 사람뿐만 아니라 구제역이나 조류독감 같은 가축의 전염병에 대해서도 인체와 동일한 수준의 방어체계를 만들어야 한다.

먼저 감염성 환자와 감염가축 발생에 대한 종합적 감시체계를 구축해야 한다. 전염성이 강한 병원체와의 싸움에서는 초기제압이 가장 중요하다. 따라서 첫 환자의 발생을 6시간 이내에 확인하고, 즉각 조치할 수 있는 시스템이 반드시 구축되어야 한다. 이를 위해서 바이오 포털을 개설하고 24시간 운영체계를 갖추어야 할 것이다. 바이오 포털은 모든 병원, 의원과 공항, 항만과 직접 연결되어 환자의 국내 유입이나 발생정보를 실시간으로 파악하고 긴급 감염환자의 발생 시 상황을 즉시 공개하는 기능을 해야 한다.

비상상황 발생 시의 체계적 방어를 위해 정부에서는 대통령 직속 생물방어위원회와 같은 기구를 설치해야 한다. 그리고 이곳에서 전염병에 대한 상시 모니터링, 병원·소방방재청의 각 시설 점검, 상황별 프로토콜 구축, 공무원 및 의료진의 교육 훈련, 병원체의 조기진단과 백신 및 치료제의 개발, 전략물자의 비축, 민방위 훈련, 군대 내 상비군 조직, 정부 내 각 부처와 지방자치 간의 협력체계 구축 등 철저한 방어준비를 갖추는 것이 필요하다.

생물방어위원회는 감염성 가축질병까지도 포괄적으로 감시하는 기능을 갖는 것이 바람직하다. 왜냐하면 전염성이 강한 병원체의 방어는 같은 원리를 적용할 수 있기 때문이다. 또한 인수공통 전염병의 발생 가능성이 매우 높기 때문에 가축과 인체의 전염병 방어는 한 기관에서 총괄적으로 대비하는 것이 바람직하다.

인체의 경우도 마찬가지이지만, 가축의 감염 발생 시에도 시간과의 싸움이 중요하다. 따라서 발생 즉시 신고 및 대응이 이루어져야 한다. 신고된 직후 감염 여부는 3시간 이내에 확인되어야 하며, 감염이 확인되는 즉시 감염 발생 지역의 모든 사람·차량·물자의 이동을 통제해야 한다. 이를 위해서는 각 지역별 상비군 전력을 투입하는 것이 바람직하다. 감염 신고 및 원활한 통제를 위해서 정부에서는 피해를 입은 모든 대상자들에게 충분한 보상이 이루어지도록 법률을 보완해야 한다.

5) 정신적 바이러스의 백신 마련

정신적 바이러스의 전염경로는 병원체에 비하면 아주 단순하다. 사람과 사람 사이의 접촉이 유일한 전염경로이기 때문이다. 따라서 정신적 바이러스의 전염방어는 사람과 사람사이의 접촉만 막으면 되는 것으로 생각할 수 있다. 그렇지만 범죄의 증거 없이 사람을 통제하는 것은 민주국가에서는 용납될 수 없는 일이며, 인간의 정신통제는 불가능하기 때문에 정신적 바이러스 전염은 병원체보다 방어가 훨씬 어렵다. 정신적 바이러스의 전염방어는 기본적 교육으로 돌아가서 개인의 정신적 면역력을 키우는 것이 유일한 해법으로 판단된다. 앞으로 정신적 면역력 강화와 정신적 바이러스에 대한 항바이러스제의 개발에 대한 심도 있는 연구가 조속히 진행되길 기대한다.

참고문헌

농림축산식품부 (2015. 2. 16). 특별방역대책: 구제역확산방지를 위한 방역조치. Available: http://www.mafra.go.kr/FMD-AI/02/01_05.jsp.

매일경제 (2016. 12. 4). 메르스 경제손실 10조 원.

반재구·이동우·서지영 (2011). 북한의 생물무기 검증방안 연구. 한국생명공학연구원.

보건복지부 (2013. 12. 26). 보건복지부 고시 제2013-211호.

안주명 (2017). 조류인플루엔자와 그 해결방안에 대한 제언. 융합전책연구센터.

한승훈·임동석 (2011). 임상에서 흔히 접하는 항바이러스제. *Pharmacotherapeutics*, 54(5), 530-536.

Adrienne, M. (2003). *Greek fire, poison arrows & scorpion bombs: Biological and chemical warfare in the ancient world.* Overlook Duckworth.

Ali-Gombe, A., Guthrie, E., & McDermott, N. (1996). Mass hysteria: One syndrome or two? *The British Journal of Psychiatry*, 168(5), 633-635

Boss, L. P. (1997). Epidemic hysteria: A review of the published literature. *Epidemiologic Reviews*, 19(2), 233-243

Boulant, S., Stanifer, M., & Lozach, P. Y. (2015). Dynamics of virus-receptor interactions in virus binding, signaling, and endocytosis. *Viruses*, 7(6), 2794-2815.

Drug Resistance (2017). Antibiotic / Antimicrobial Resistance. Available: https://www.cdc.gov/drugresistance.

Golub, A., Brownstein, H., & Dunlap, E. (2016). *Monitoring drug epidemics and the markets that sustain them using ADAM II executive summary*. A Report to U.S. Department of Justice.

Jones, K. E., Patel, N. G., Levy, M. A., Storeygard, A., Balk, D. J., Gittleman, J. A., & Peter, D. (2008). Global trends in emerging infectious diseases. *Nature*, 451, 990-993.

MacCallum, W. G. (1919). Pathology of the pneumonia following influenza. *Journal of the American Medical Association*, 72(10), 720-723

Mateo, M., Generous A., Sinn, P. L., & Cattaneo, R. (2015). Connections matter — how viruses use cell — cell adhesion components. *J. Cell Sci*, 128, 431-439.

Ryan, K. J. & Ray, C. G. (Eds.). (2004). *Sherris medical microbiology*, 4th ed. (pp. 525-528). McGraw Hill.

Small, G. A. (2006). Mass media and mass hysteria. *American Journal of Psychiatry*, 143(3), 395-396

Tan, S. Y. & Tatsumura, Y. (2015). Alexander Fleming (1881-1955): Discovery of penicillin. *Singapore Medical Journal*, 56(7), 366-367.

Thornton, B. S. (2002). *Plagues of the mind: The new epidemic of false knowledge*. ISIBooks

Williams, P. & Wallace D. (1989). *Unit 731: Japan's secret biological warfare in World War II*. The Free Press.

WHO (2007). *WHO fact sheet*. Archived from the original on 2007-09-21f.

_____ (2016). *Antimicrobial resistance*. Available: http://www.who.int/mediacentre/factsheets/fs194/en.

_____ (2017). *WHO fact sheet*, Plaque. Available: http://www.who.int/mediacentre/factsheets/fs267/en.

제 2 부

전염의 사회 · 문화적 현상

06
온라인 구전과 소비행동
이장혁

1. 오프라인 대비 온라인 구전의 특징

구전(口傳, *word of mouth*)은 사람들의 입에서 입으로 전해지며 널리 퍼지는 이야기이다. 예컨대, 백제 무왕이 신라 선화공주의 불륜과 관련된 〈서동요〉라는 제목의 4구체 향가를 퍼뜨려 선화공주가 아버지 진평왕에 의해 궁에서 쫓아나게 한 후에 그녀를 왕비로 삼았다는 이야기는 고대의 구전설화이다. 여기서 알 수 있듯이 인터넷과 스마트폰이 없었던 6세기에도 일반적으로 믿기 힘든 내용의 이야기가 사람들의 입을 통해 아주 빠른 속도로 퍼져나갔고 이런 이야기가 한 나라의 공주를 궁에서 쫓겨나게 할 정도의 영향력을 끼쳤다.

미국 45대 대통령 도널드 트럼프는 2004년 시작한 직업 서바이벌 리얼리티쇼 〈견습생〉(*The Apprentice*) 사회를 보면서 소매사업에서 가장 중요한 세 가지를 꼽는다면 '첫 번째도 장소, 두 번째도 장소, 마지막도 장소'라며 상점은 유동인구가 많은 곳에 위치하는 것이 가장 중요하다고 강조했다. 하지만 요즘 우리 주변에서 인적이 한산한 뒷골목에 위치하고도 독특한 맛과 특색으로 많은 손님에게 사랑받는 맛집을 자주 목격할 수 있다.

사회관계망 서비스의 확산은 일대일 형식의 전통적 구전을 일대다 형식으로 전환시켜 구전을 가속화했다. 또한 원거리 무선통신 기술은 전통적 구전의 거리제한을 없애 구전확산 범위를 전 세계로 확장시킴으로써 그 영향력의 한계를 없애고 개인의 속삭임을 거의 실시간 전 세계로 전파시켜 구전의 거리적 한계를 뛰어넘게 되었다. 그 결과, 상품과 관련된 구전은 다른 소비자의 구매결정에 직간접적으로 많은 영향을 주게 되었다. 전통적 광고 외에 소비자와 소통하는 중요한 통로로서 마케팅 담당자 사이에서 구전의 중요성이 한층 강조되고 있다.

정보의 저장 및 통신 기술이 발전하기 전에 이루어진 전통적 구전에서는 말 그대로 입에서 입으로 정보가 전해졌다. 그렇기 때문에 생성된 정보가 원형 그대로 전달되지 않고 전달자의 의도에 따라 그 내용이 추가 또는 삭제되기도 하고 때에 따라 전혀 다른 형태로 변형되어 전달되는 경우가 많았다. 오프라인 구전의 경우 그 출처와 진위를 확인하기 힘든 루머의 형태로 정보가 생성된 후 전파되어 소비자의 의사결정에 영향을 미치기는 하나 그 정도가 제한적이고 지속성을 갖지 못하며 빨리 소멸하는 특징을 갖고 있었다(Kapferer, 1990). 이와 같은 정보전달 과정에서의 내용 왜곡은 전파된 정보 자체의 신뢰성을 떨어뜨려 그 영향 또한 제한적인 경우가 많았다.

그러나 온라인 매체를 통해 생성 및 전파되는 정보의 경우, 원본의 정확도를 유지할 뿐만 아니라 하이퍼링크 기능 등을 사용하여 정보의 출처 파악이 용이하다. 즉, 구전을 통해 접한 정보에 대한 신뢰도가 높아짐에 따라 소비자의 의사결정에 미치는 정도도 강화되었다.

뿐만 아니라 오프라인에서 전파된 구전의 경우에 그 정보가 중간 단계에서 보존되지 않으나, 온라인에서 생성, 전파된 구전 내용의 경우 대부분이 상당 기간 저장된다. 또한 저장된 내용을 시간이 지난 후에도 검색할 수 있다. 1990년대 이후 정보통신 기술의 비약적 발전으로 인해 자료보관 비용이 급속히 줄어들고 자료반출이 신속해졌기 때문이다. 휘발성이 강한 오프라인 구전과는 달리 온라인 구전은 상당 기간 그 영향이 유지되는 현상을 보인다.

이와 더불어 온라인상에서 획기적으로 향상된 검색능력 — 예컨대 열쇳말을 사용한 일반검색 외에도 해쉬태그(hash tag), 사진 및 내용물이 생성된 위치정보, 사용자 이름 및 ID 등 — 은 저장된 많은 정보를 아주 효과적으로 사용자의 관심에 따라 검색할 수 있게 해줌으로써 구전의 생성 및 전파를 용이하게 해준다.

인터넷을 항상 사용하는 오늘날 이런 이야기를 하는 것이 새삼스러울 수 있으나 오프라인 구전은 소리, 주로 말로만 내용이 생성되고 전달되어 다양한 정보를 효과적으로 전달하기에 제약이 컸다. 그러나 온라인 구전의 경우, 문자, 소리, 이미지, 하이퍼링크, 동영상 등 다양한 형태를 저장, 전송할 수 있기 때문에 내용의 특성에 가장 적합한 형태로 전달함으로써 그 전파력을 향상시키는 효과가 있다.

온라인 사회관계망 서비스의 경우 초기에는 핵심 서비스를 중심으로 제한적 형태로 정보를 생성, 전달했다. 예컨대 트위터의 경우 서비스 초기에는 내용을 120자로 제한했고, 링크드인(LinkedIn)의 경우 개인 신상정보만 제공했다. 그러나 최근에는 단축 URL 사용, 이미지 및 동영상 올리기(트위터), 사진 위치정보, 동영상 올리기(페이스북), 포스트 작성 및 댓글달기, 전문능력 표기 및 추천 기능(링크드인) 등 다양한 형태의 정보를 서비스 내부에서 소화하게 되면서 사용자의 편리성을 높이고 정보전달 효과도 배가시키고 있다.

온라인에서 생성된 내용물은 특히 특수효과를 가미한 자동편집 기능을 사용할 수 있다. 예컨대, 사진을 재미있는 동영상으로 변환시켜 주는 고프로 퀵(GoPro Quik)과 같은 편집 서비스와 결합하여 다양한 형태로 쉽게 변환되고 저장, 전송됨으로써 정보확산의 속도와 범위를 획기적으로 넓히고 있다.

정보전달 방식도 오프라인 구전은 일대일 형태이다 보니 정보의 빠른 확산에 걸림돌이 되었다. 하지만 온라인 구전의 경우, 페이스북 벽보, 인스타그램(Instagram) 사진과 같이 한 번에 여러 명에게 정보가 전달되고 수신자가 아주 쉽게 수신한 정보를 다시 여러 명에게 재전송할 수 있다. 즉, 한 단계 정보가 확산될 때마다 1 대 N으로 정보가 퍼져가 3단계만 100명에게 각각 확산되면 100의 3승인 1백만 명에게 확산될 수 있다. 이와 같은 정보전달 대상 숫자의 기하급수적 증가는 확산의 규모를 급격히 확대시킨다. 이런 온라인 구전의 성격에 따라 초기에 아주 적은 사람들에게만 전달된 내용이 영향력이 큰 중간 연결자를 거치면서 넓게 확산되는 다단계 정보확산이 구조적으로 용이해졌다.

또한 정보의 생성·전파가 방송사, 신문사 등 일부 영향력이 큰 매체에 제한되었던 오프라인과는 달리 온라인에서는 개인 및 기업도 직접 정보를 생성, 전파시킬 수 있게 되어 대중매체 사업모델에 큰 지각 변동이 일어났다. 유튜브(YouTube), 아프리카TV, 위챗(WeChat) 등 온라인 매체를 통해 개인이 실시간으로 직접 제작한 내용물을 직접 송출하고 이를 수신한 다른 사용자들이 본인의 선호에 따라 재전송하는 형태로 정보가 생성, 확산되고 있다. 그리고 이런 정보가 위챗에서 활동하는 왕훙의 경우처럼 타인의 구매에 영향을 미치게 됨에 따라 구전의 역할과 영향은 마케팅 활동에 새로운 전기를 가져오게 되었다.

온라인상에서 발생하는 구전은 일차적으로 해당 내용을 수신하는 사용자에게 전달된다. 그러나 정보가 온라인에 보존되고 사용되는 서비스는 수신자 외에 다른 사용자들도 쉽게 접근을 할 수 있어서 구전 내용이 생성된 이후에도 지속적으로 확산되는 특징이 있다.

대표적인 온라인 사회관계망 서비스인 트위터의 경우 트위터상에서 생성된 모든 정보는 트위터 사용자뿐만 아니라 비사용자에게도 접근이 가능하도록 개방되어 있다. 또한 페이스북의 경우 개인 페이지는 설정 정도에 따라 정보가 개방되지만 팬페이지(*fan page*)는 모든 페이스북 사용자에게 개방되어 있다. 인스타그램의 경우에도 트위터와 마찬가지로 사용자가 올린 이미지를 모든 인터넷 사용자에게 개방하는 것을 원칙으로 한다.

이와 같은 온라인 사회관계망 서비스의 접근 개방성은 정보를 특정 개인 간에만 폐쇄적 형태로 주고받도록 하는 것이 아니라 모든 사용자에게 개방한다. 그리하여 친분이 두터운 개인 간에만 주로 발생하는 오프라인 구전의 경계를 허물어 정보의 확산을 더욱 촉진한다. 즉, 정보의 개방성이 구현되면서 그라노베터(Granovetter, 1973)가 주장한 대로 정보의 확산은 관계가 돈독한 경우(*strong tie*)보다는 관계가 돈독하지 않은 경우(*weak tie*) 훨씬 멀리 많은 사람들에게 이루어질 수 있다는 가설이 아주 잘 작동할 수 있는 이상적 정보확산 환경이 조성되었다.[1]

물리적 공간제약을 적게 받는 인터넷의 특징은 정보를 전달받는 사람 숫자뿐만 아니라 전달받은 사람의 활동지역도 자연스럽게 확장한다. 그리하여 오프라인의 경우 특정지역의 경계를 넘어 정보가 확산되기 어려웠던 반면 온라인상에서는 거의 실시간으로 세계 방방곡곡까지 정보가 쉽게 확산될 수 있다.

특히 페이스북, 인스타그램, 트위터 등 온라인 사회관계망 서비스는 방송이나 신문과 달리 정부통제로부터 자유롭기 때문에 언어 및 문화 이질성을 극복하고 지리적 국가 범위를 벗어나 세계 여러 장소에서 동시에 사용된다. 예컨대, 중국어 사용자를 중심으로 시작한 위챗의 경우에 중국 외 세계 방방곡곡에서 사용된다.

온라인 구전의 확산이 공간적 제약을 최소화하여 실시간 전 세계로 특정 정보가 퍼지는 것을 우리는 목격하고 있다. 그나마 지역별로 시차가 존재하여 구전의 세계적 동시 확산속도를 조금 줄여 준다. 예컨대, 우리가 잠자는 동안 발생한 LA 산불 뉴스가 아침 시간에 발생한 가고시마 화산폭발 뉴스에 묻히게 되어 확산이 제한될 수 있다.

---

1 버트(Burt, 1992)에 따르면 관계가 돈독한 개인 간에는 관심사가 유사하여 새로운 정보가 발생할 가능성이 낮고 새로운 정보가 획신되더라도 무리 내에서만 머물게 되어 정보의 확산이 구조적으로 용이하지 않다고 설명했다. 최근 연구에 따르면 돈독한 관계를 유지하는 사용자 간 정보확산은 제한적이라 할 수 있으나 여러 단계 확산되는 정보의 경우 약한 관계보다는 강한 관계를 통해 자주 발생한다고 한다(Bae et al., 2012).

2. 온라인 구전과 마케팅

광고에 지친 소비자에게 보다 효과적으로 다가가기 위해 기업은 기사성 광고 ― 예컨대 상품과 관련된 글을 기사처럼 올리고 그 옆에 상품을 배치한 신문 전면광고, TV 프로그램에 상품을 노출시키는 PPL (*product placement*), 페이스북 친구가 '좋아요'를 누른 브랜드의 상품광고 등 다양한 형태의 광고를 통해 소비자에게 자사 상품정보를 전달하고 있다. 그러나 2000년대 이후 광고에 대한 소비자의 신뢰도는 급격히 하락한 반면, 지인 및 친구의 소개와 추천은 지속적으로 가장 신뢰할 수 있는 정보원으로 평가받으며 실질적으로 구매에 영향을 미치고 있다(Nielsen, 2015).

온라인에서는 직접적인 지인 및 친구 외에 전혀 관계없는 사람의 구매후기, 상품평 등도 구매에 영향을 끼친다(Godez & Mayzlin, 2004). 심지어 부정적 평가도 상품판매에 긍정적 효과를 가져왔다. 즉, 관심이 없어 구매후기, 상품평이 없는 상품보다는 평가가 부정적이더라도 정보가 많은 상품에 소비자들은 일반적으로 더 관심을 보였다. 결과적으로 부정적 평가도 상품판매에는 긍정적 영향을 줄 수 있었다.

아마존(Amazon)은 사업 초기 사용자 후기 활성화에 주력했다.[2] 그 결과, 구매자들이 공급자가 제공하는 상품정보 외에 사용자들의 평가

---

2 상품에 대해서 평점을 부여하고, 부여된 평점을 오름·내림차순으로 정리하여 관심 있는 평가를 우선적으로 확인 가능하도록 했으며, 평가의 공정성을 다시 평가하게 하여 조작이 의심되는 평점을 제외하고 참고하도록 했다. 아직까지도 대부분의 온라인 상거래 사이트에서는 아마존이 초기에 제공한 사용자 후기 정보가 제공되지 않는다.

결과를 활용하여 보다 쉽게 구매결정을 할 수 있게 되면서 경쟁회사 대비 경쟁우위를 확보할 수 있었다.

지인이나 친구가 아닌 제 3자가 생성한 이야기에도 소비자들은 귀를 기울인다. 그 이유는 개인적 경험을 바탕으로 정보원의 신뢰도를 평가한 후 신뢰할 수 있는 정보원이 제공하는 정보만 고려하는 오프라인과는 달리 온라인에서는 이미 해당 정보원이 기록한 다양한 정보에 대한 접근이 가능하기 때문이다.[3] 우선 도움이 되는 정보를 접한 후 정보원의 신뢰도를 감안할 수 있기 때문에 오프라인에 비해 더욱 다양한 정보에 노출되기 쉽다. 이처럼 온라인에서는 정보원만 신뢰할 수 있다면 전혀 안면이나 관계가 없는 개인이 생성한 정보도 아주 적극적으로 구매 전 대안평가에 사용할 수 있다. 이러한 특징은 온라인 구전의 영향 범위가 획기적으로 넓어지는 계기가 되었다.

1) 구매 영향력

구전이 소비자 행동에서 중요한 이유는 소비자가 구매 전 상품 관련정보를 모을 때 기업이 직접 생성·전달하는 광고나 판촉정보와 더불어 구전으로 전달된 정보에 관심을 갖고, 상품 구매활동에서도 직접적으로 영향을 받기 때문이다. 일반적으로 소비자는 일상적으로 다양한 정보에 노출되는데 이 기간 동안 상품판매를 목적으로 하는 기업에서는 상품 브랜드의 인지도 및 호감도를 높이기 위해 지속적인 광고활동을 한다.

---

3 예컨대, 영화 평가 사이트에서 우선 평균 평점을 본 후 아주 낮은 점수를 준 사용자가 그 평가를 읽어 보고 다시 사용자 프로필에 가서 과거 평가한 영화와 평점을 확인할 수 있다.

한편 상품과 직접적으로 관계없이 구전을 통해 전파되는 정보(예컨 대, 친구가 페이스북에 올린 홍콩 빅토리아 피크 사진)도 광고(예컨대, 홍 콩 관광청에서 페이스북에 게재한 빅토리아 피크 사진을 담은 홍콩 방문 광 고)와 유사하게 일상생활 중에 소비자의 뇌리에 남게 된다. 그리고 이 때 알게 되고 호감을 갖게 된 상품의 경우 구매시점에 선택되거나 판 매될 가능성이 높아진다. 가령, 페이스북에서 홍콩 빅토리아 피크 사 진을 본 사람은 다음 해외여행을 계획할 때 다른 지역뿐만 아니라 홍 콩을 고려하게 된다.

상업적 광고와 판촉의 경우 반복적 노출에 따른 피로도가 증가해 소 비자가 아주 소극적으로 정보를 받고 처리하게 된다. TV를 보다 광고가 나오면 습관적으로 채널을 돌리고, 지하철 출구를 나오다 마지못해 받 게 된 전단지를 살펴보지도 않고 바로 휴지통에 버리는 행동이 그 예다.

그러나 구전의 경우 정보를 전달하는 사람에 관심이 있어 이야기를 듣기 때문에 적극적으로 정보가 수용되어 반복노출로 인한 피로도를 최소화하며 인지・호감도를 높이는 매우 효과적인 소통수단으로 자리 매김하고 있다.

특히 소비자가 상품 구매에 큰 노력을 하지 않는 저관여 상품4의 경 우에는 상품의 인지・호감도가 구매에 중요한 영향을 끼치기 때문에5

---

4 개인적 특성에 따라 관여도는 차이가 나지만 일반적으로 과자, 라면, 음료수와 같이 가격이 저렴하고 자주 구매하는 소비재를 일컫는다.
5 소비자 구매 여정은 초기 고려 단계, 적극적 비교 단계, 구매 후 재구매 단계로 구분 되지만(Court et al., 2009), 이는 주로 자동차, 기초 화장품, 무선통신 서비스, 자 동차 보험과 같은 고관여 상품에 적용된다. 저관여 상품은 여러 경로를 통해 추가적 정보를 찾는 적극적 비교 단계를 건너뛰는 경우가 많다.

구매시점 전에 노출로 인한 인지·호감도의 상승이 구매확률을 직접적으로 높이는 역할을 한다.

반면 소비자에게 중요하여 구매 전 정보를 추가적으로 찾고 이를 바탕으로 관심 있는 복수의 후보를 놓고 비교 후 최종 구매결정을 하는 고관여 상품의 경우 전통적 형태의 오프라인 구전은 정보의 휘발성 때문에 구매결정에 직접적 영향을 주는 것이 제한적이다. 예컨대, 식당을 찾고 있는 순간 받게 된 친구의 추천식당 목록은 결정에 큰 영향을 미치지 못한다.

이에 비해, 온라인 매체는 전달된 구전 내용이 상당한 기간 동안 저장되고 그 내용을 검색하는 것이 상대적으로 용이하다. 물론 페이스북, 트위터와 같은 사회관계망 서비스는 매체 내 검색이 구글이나 네이버 같은 검색엔진 서비스에 비해 제한적이다. 그러나 구매 직전 정보를 수집, 비교 후 구매결정을 내리게 되는 고관여 상품의 구매 의사결정에도 직접적 영향을 끼침으로써 구전의 구매 영향을 구조적으로 높인다. 예컨대, 일주일 전 친구가 카카오톡에 올려 준 추천 맛집 링크는 식당을 결정하는 데 중요한 정보로 작용한다.

2) 구전 영향

기업에서 관리하는 주요 성과지표 중 고객의 추천 의향이 매출증가에 끼치는 영향은 유의미하고 고객만족도 등 다른 20여 개 지표에 비해 설명력도 높다. 그래서 '고객추천 의향'을 기업성장에 영향을 주는 가장 중요한 지표로 정립하여 관리해야 한다는 NPS(*net promoter score*)

관리의 중요성이 대두되었다(Reichheld, 2011).

고객추천은 우선적으로 새로운 고객을 확보하는 데 있어 회사가 할 수 있는 일반적 마케팅 활동보다 훨씬 효과가 높고, 비용이 소요되는 대부분의 마케팅 활동에 비해 비용지출이 필요 없으므로 회사의 수익성도 제고하여 준다. 뿐만 아니라 기존고객 중 추천활동을 열심히 하는 고객은 재구매 및 교차구매도 활발하여 고객 자체의 회사이익 기여도도 높아지는 1석 3조의 효과를 나타낸다.

이와 같은 고객추천의 중요성은 한때 아마존과 쌍벽을 이루었던 온라인 상거래 서비스인 시디나우(CDnow)의 경우에서 확인된다. 이 사이트는 처음 구매한 고객의 유입경로를 살펴보니 비용을 전혀 들이지 않았던 고객추천이 전체 신규고객의 약 30%를 차지했다.

이는 고객추천이 비용이 발생하는 다른 온·오프라인 광고에 비해 규모면에서나 비용 대비 성과 측면에서 모두 월등하게 중요한 경로인 것이 실증적으로 증명된 것이다. 즉, 기존고객의 구전 활성화 방안을 마케팅의 주요 업무로 삼을 필요성이 증명되었다(Hoffman & Novak, 2000). 고객의 추천을 포함하여 회사에 기여하는 가치를 비교해 본 결과, 예상외로 직접 재무적으로 기여하는 바는 적지만 구전을 통한 가치 기여가 높은 집단의 크기가 크게 나타났다(Kumar, Petersen, & Leone, 2007).

3) 구전 관리

구전 관리에서 중요한 점은 먼저 회사에서 제공하는 정보가 타깃 (target) 사용자의 관심을 끌어낼 수 있어야 한다는 것이다. 또한 단순한 노출이 아닌 타깃 사용자가 적극적으로 해당정보를 다른 사용자에게 확산시킬 수 있는 구조를 만들어야 한다. 다행히 모바일 인터넷 확산과 더불어 사용자가 급격히 늘어난 온라인상의 주요 사회관계망 서비스의 경우 공감, 재전송, 댓글달기, 공유 등의 기능이 기본적으로 탑재되어 있기 때문에 본인이 소비한 정보의 원형을 유지하거나 약간의 정보를 추가하여 손쉽게 전달할 수 있는 구조적 장점을 보여준다.

온라인상에서 정보의 생성과 확산 경로를 보다 손쉽게 확인할 수 있어지면서 기관의 마케팅 담당자들은 구전이 단지 중요하다고 인식하는 수준을 넘어 이를 보다 적극적으로 관리하는 것이 가능해졌다. 오프라인의 경우 실시간으로 특정 정보가 생성, 확산되는 과정에 마케팅 담당자가 개입할 수 있는 여지가 굉장히 제한적이다.

반면 온라인에서는 정보를 생성하는 개인이 확인 가능할 뿐만 아니라 생성된 정보가 누구를 통해 확산되는지 중계역할을 하는 개인을 찾아내는 것도 용이하다. 좀더 나아가 온라인에서 판매까지 하는 기업의 경우 확산된 특정 정보로 인해 구매로까지 이어지는 경로를 확인하여 개인별 구매량 기여도를 측정 및 관리하는 것이 가능해졌다.

온라인 구전의 진화는 과거 전설에 영역에 머물렀던 구전 관리를 실제적인 주요 마케팅 활동의 일환으로 구체화시켰다. 예를 들어, 클로저

그림 6-1 **영향력자 파악 (클로저)**

사진	닉네임	성별	연령	친구수	반응수	유입수(▼)	가입
		F	27	595	17	192	2014년 8월 4일
		F	21	272	10	144	2014년 8월 8일
		F	19	1029	null	131	4주 전
		F	25	289	7	122	2014년 8월 7일
		M	41	120	18	122	2014년 8월 8일
		F	16	469	36	113	4주 전
		F	28	261	10	104	2014년 8월 5일
		M	42	238	20	100	2014년 8월 7일
		F	27	149	8	93	2014년 8월 16일

많은 유입을 일으킨 유저 TOP 100

출처: '클로저' 제공.

(kloser. co)와 같은 서비스는 일반 소비자가 많이 사용하는 사회관계
망 서비스를 활용하여 로그인을 용이하게 한 후 개별 사용자가 작성한
내용물의 노출 정도, 해당 내용물을 통해 유입된 사용자 및 그 숫자를
파악한다. 그리하여 구전활동이 다른 소비자의 구매에 미치는 영향을
개인 수준에서 파악한 후 영향력이 큰 고객에게 더 큰 혜택을 제공하
는 구전 관리 서비스를 제공한다.

3. 구전 내용물 특성

앞서 살펴본 온라인상 구전 특징이 정보의 확산성이지만 온라인에서
생성된 모든 정보가 많은 사람에게 확산되는 것은 아니다. 버거
(Berger) 펜실베이니아대 교수에 따르면 전염성이 높은 내용물은 사회
적 내용, 눈길을 끄는 내용, 감성에 호소하는 내용, 공공성, 실용적 가
치, 이야기를 포함하는 성격을 갖는다고 한다(Berger, 2013). 그렇다
면 대표적인 사회관계망 서비스인 트위터와 페이스북에서 널리 확산된
내용물을 살펴보면서 온라인 구전 내용물의 특성을 알아보겠다.

1) 트위터

트위터(Twitter)에서 어떤 내용물이 많이 회자되는지는 재전송 숫자
를 기준을 파악할 수 있고, 해당 내용물이 몇 단계 전송이 되었는지
여부는 단계 숫자(hop)로 알아볼 수 있다. 일반적으로 트위터상에서
생성된 내용물의 77~96%는 재전송 전혀 이루어지지 않고, 94~
99% 내용물은 1단계만 전송되는 아주 짧은 확산을 보여준다(Goel,
Watts, & Goldstein, 2012). 2010년 11월 생성된 트위터 내용물 중
재전송 숫자가 높았던 100개 내용물을 대상으로 그 특징을 살펴보도
록 하겠다.

표 6-1 **리트윗 수 기준 상위 5개 트윗**

리트윗 수	소스 ID	이름	팔로어 수	팔로잉 수	트윗
1563	poppin steper	공석우	385	302	아버지가 교통사고를 당해 돌아가셨습니다. 오전에 원주에서 제천으로 넘어가는 세명대학교 버스를 타셨던 학생분들을 찾습니다. 장남인 제가 타국에 있어서 할 수 있는 게 당장 없습니다. RT 부탁드립니다.
779	khsimin	이경희	565	131	제가 LAM이라는 희귀병에 걸렸습니다. 폐세포가 근육으로 변해가는 병이지요. 트위터에서 LAM을 앓고 있는 분을 만나고 싶네요. 아시는 분 있으면 소개해 주세요. 국내에 20명가량밖에 없다는군요.
714	zinnaplan	서지연	1,539	942	부산의 어느 학교 교장이 하위 30% 아이들을 하교시 매일 교장실에 들르게 했다. 그해 그 학교의 평균성적이 놀랄 만큼 올랐다. 교장이 아이들에게 한 것은 두 가지. 교장실을 찾은 아이들을 한 번씩 안아 주고 사탕을 쥐어 줬다는 것. 사랑과 관심은 동기를 부여한다.
643	samsung tomorrow	삼성전자	31,871	11,040	[알림] 고객 여러분 11월 15일 (월) 20시부터 삼성모바일닷컴을 통해 갤럭시 A, S의 프로요 업그레이드를 받으실 수 있습니다. 프로요 버전에는 플래시 10.1, 외장메모리 어플 설치, 음성입력 지원, 소셜허브 등 새롭고 다양한 기능이 추가되었습니다.
492	Lilydiaa	장윤정	945	901	〈달빛요정 역전만루홈런〉을 알고 그의 노래를 좋아하는 분들 계시면 제발 마음속으로 한 번씩이라도 기도해 주세요. 지금 그 사람이 많이 아파요. 중환자실에서 사투를 벌이고 있어요.

출처: 닐슨 코리안클릭(Nielsen KoreanClick) 제공.

(1) 내용물의 특징: 사회성 대 상업성

〈표 6-1〉에서 볼 수 있듯이 재전송을 많이 기록한 내용물의 경우 특별한 내용이 없는 개인의 감상은 전혀 없다. 그보다는 수신자에게 도움이 될 만한 내용물이나 금전적 내용물을 포함하는 상업적 경우가 소수이고, 남에게 도움이 될 수 있고 널리 알려야 도움이 되는 사회적 내용을 담은 것이 대다수를 차지한다.

이와 같이 사회적 내용을 담은 문건이 많은 사람들 사이에 회자되는 현상은 우리가 온라인 사회관계망 서비스를 통해 사회 구성원으로서 공공선을 구현하고자 하는 강한 의지를 갖고 있고 이를 행동에 옮기고 있다는 사실을 증명한다. 반면 영화예매권, 기프티콘, 아이패드, 상품권 증정 등 일부 상업적 내용물도 많은 사용자가 재전송한 것을 볼 때 제한적이나마 구전의 상업적 활용 효과도 동시에 보여준다.

표 6-2 **상업 트윗의 예**

리트윗 수	소스 ID	트윗
334	LOTTEevent	크리스마스 맞이 롯데백화점의 깜짝게릴라 RT 이벤트 !! 팔로잉 후 RT 하면 선물이 팡팡 !! 1등-올림푸스펜 2(1명), 2등-아이패드(1명), 3등-백화점 5만 원 상품권(10명), 4등-더바디샵세트(10명)(~12.26, 1, 2등 제세공과금 개인부담)
323	giooevent	[예매권이벤트] 영구 왔다! 심형래 감독의 글로벌 프로젝트 〈라스트 갓파더〉 예고편을 감상하신 후 감상평을 남겨 주시면 예매권을 드립니다. http://bit.ly/ebTOxf
248	MSHW_Kr	미이그로소프트 히드웨이 공식드위더 오픈 이벤트! 필로우 맺고 RT해 주시면 12월 5일까지 매일 20명에게 각각 버거킹 와퍼, 스타벅스 기프티콘 증정에 추첨을 통해 노트북과 무선마우스를 드립니다. http://bit.ly/aDkTh4

출처: 닐슨 코리안클릭 제공.

(2) 영향력자 효과

재전송을 많이 기록한 내용물은 누가 생성했을까?

〈그림 6-2〉에서 알 수 있듯이, 팔로어 숫자가 많아 영향력이 큰 사용자가 높은 재전송 숫자를 기록한 내용물을 많이 생성하였다. 즉, 전통적 대중매체와 유사하게 매체의 영향력이 정보전파에 직접적 영향을 준 것이다. 그러나 좌 상단에 위치한 트윗의 경우에 팔로어 숫자가 1천 명 이하로 상대적으로 영향력이 적으나 다음 단계를 통해서 확산이 이루어져 결과적으로는 높은 재전송 숫자를 기록한 내용물로 파악된다.

요컨대, 온라인 사회관계망 서비스의 경우에 영향력자를 통한 정보확산은 오프라인 대중매체와 유사하지만 영향력이 적은 사용자가 생성한 내용물도 많이 확산되는 새로운 구전확산 형태를 보여준다.

그림 6-2 **팔로어 수와 리트윗 수의 관계**

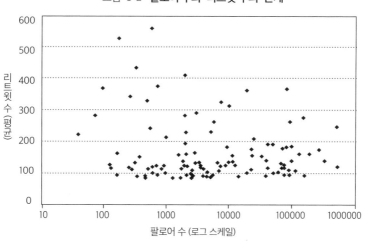

출처: 닐슨 코리안클릭에서 제공한 것을 저자가 재작업한 것이다.

(3) 확산 단계

발 없는 말이 천리를 가려면 과거 자동차와 같은 교통수단이 없을 때 몇 단계들이 거쳐야 서울에서 부산까지 소식이 전해졌을까? 물론 아주 관심도가 높은 내용물의 경우 사람의 입에서 입을 타고 여러 단계를 거쳐 멀리까지 전송될 수 있었을 것이다. 하지만 상당히 활동성이 높은 7개 사용자 커뮤니티에서도 평균적 확산은 1.1에서 1.4단계로 2단계를 넘어간 경우는 1~6%로 파악되었다(Goel, Watts, & Goldstein, 2012).

이는 생각보다 정보가 한 번에 멀리갈 수 있어도 여러 단계를 거쳐 확산되는 것은 어렵다는 사실을 보여준다. 트위터, 페이스북 등의 온라인 서비스가 제공되어 사용자 간 지리적 거리의 한계가 없어진 오늘날은 정보가 멀리 확산될 수 있다. 그러나 오프라인 중심으로 소통하던 시대에는 특정 정보가 지리적으로 멀리 전파되는 데는 큰 한계가 있었음을 확인할 수 있다.

그림 6-3 **방사형 대 연결형 확산 형태**

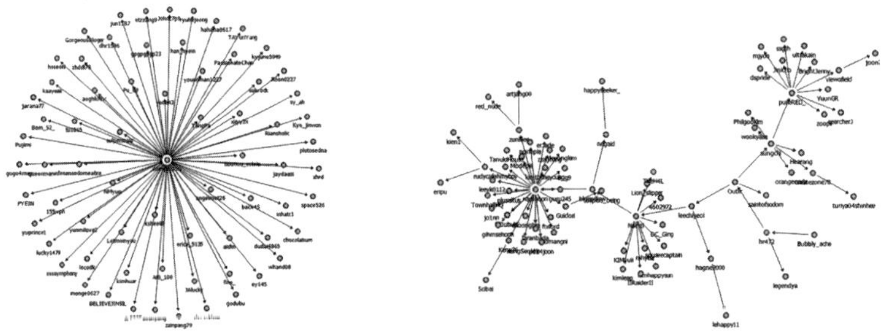

출처: 닐슨 코리안클릭에서 제공한 것을 저자가 재작업한 것이다.

2) 페이스북

페이스북(Facebook)의 경우 트위터와 달리 개인 사용자 간 친구 구성 정보가 일반에게 개방되어 있지 않다. 그렇기 때문에 특정 내용물이 생성된 후 얼마나 전파되는지는 페이스북 계정서비스를 사용할 경우 '접근'(reach) 수치로 우선 파악할 수 있다.

그러나 이는 실제로 해당 내용물이 전달되는지 여부는 확인되지 않는다. 사용자의 친구 숫자를 기준으로 특정 내용물의 '접근' 숫자는 내용물 생성자의 친구 숫자와 단계별 공유한 사용자의 친구 숫자의 합으로 표시된다. 문제는 이 정보는 사용자 외에는 공개되지 않기 때문에 외부에서 확인할 수 있는 다른 사용자의 반응 정도인 '좋아요'(like), '댓글'(comment) 및 '공유'(share) 수치를 기준으로 특정 내용물이 얼마나 많은 사용자에게 전파되었는지 추정해 보았다.

표 6-3 **방사형 대 연결형 확산의 예**

형태	사용자	팔로어*	총 트윗	최대 단계	1단계 리트윗 비중	1단계 리트윗률
방사형	oisoo	392,081	899	2	99.4%	0.2%
방사형	oisoo	392,081	610	3	99.0%	0.1%
방사형	giooevent	8,849	318	2	97.5%	2.6%
방사형	dominostory	18,458	259	2	98.6%	0.4%
연결형	lhyolhy	3,173	459	6	5.5%	0.4%
연결형	bubbly_acha	142	263	8	1.4%	0.7%

주: 2011년 2월 한 달 동안 1회 이상 트윗 발송을 하고 한국어를 20% 이상 구사하는 사용자들이다.

그림 6-4 프랑스 관광청 페이스북 팬페이지

출처: https://www.facebook.com/krrendezvousenfrance/

최근 많은 기업에서는 〈그림 6-4〉와 같은 페이스북 팬페이지를 개설하고 다양한 내용물을 개재함으로써 사용자들의 관심을 이끌어 내고 있다. 특정 사용자가 〈그림 6-4〉와 같이 내용물에 반응하면 '좋아요'와 '댓글'의 경우에 해당 사용자의 친구에게도 노출되어 다른 사용자의 관심을 끌 수 있다. '공유' 기능의 경우에 해당 사용자의 대문 벽에 게시되어서 자연스럽게 그 사용자의 친구들에게 노출될 수 있다.

그러므로 기업은 페이스북을 활용하여 정보를 생성, 여러 사용자의 입을 (사실은 손을) 거쳐서 확산시키려고 노력한다.

(1) 내용물의 형태 특성: 글자 수

내용물의 형태적 특성은 먼저 글자 수를 들 수 있다. 페이스북의 경우 트위터와 달리 내용물의 글자 수를 제한하지 않기 때문에 많은 정보를 제공하기 위해 글자를 많이 쓸 유인이 있다. 그러나 내용이 너무 길어지면 정보수용이 지겨워질 수 있기 때문에 어느 정도 적당한 길이의 문장으로 내용물을 담을 필요가 있다. 〈그림 6-5〉는 비자(Visa)의 307개의 영어로 작성된 내용물을 분석해 본 결과이다. 공란 포함 약 100~200자 수준의 내용물의 경우 글자 수가 더 적거나 더 많은 내용물에 비해 '좋아요' 기준으로 훨씬 많은 반응을 이끌어냈다. 글자 수외에 하이퍼링크, 사진, 동영상 개수 등도 구전확산에 영향을 줄 수 있으나 이번 결과는 글자 수 영향 정도만으로 한정하고자 한다.

그림 6-5 **글자 수와 관심도('좋아요' 수)의 관계**

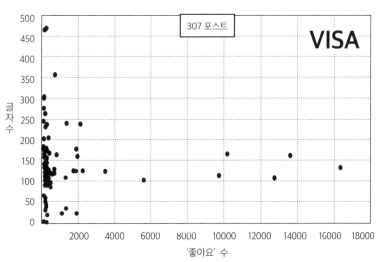

출처: 비자 페이스북의 원본을 저자가 재작업한 것이다.

(2) 보상물 여부

게시된 내용물에 대한 더 많은 관심을 이끌어내기 위한 방법으로 내용물의 형식뿐만 아니라 해당 내용물에 반응(특히 '공유' 또는 '댓글'에 친구 태깅)하는 사용자에게 일종의 상업적 보상을 제공하는 것을 고려해 볼 수 있다. 그렇다면 '내용 공유하시는 30분께 스타벅스 아메리카노 기프티콘 증정'과 같은 보상물 제공이 과연 사용자의 관심과 참여를 더 이끌어낼 수 있을까?

이를 확인하기 위해 2016년 7월부터 3개월간 소니, 캐논, 니콘 등 세 회사가 운영하는 페이스북 팬페이지에 게시된 내용물을 보상물 유무 여부로 분리하여 그 반응을 비교해 보았다. 그 결과 〈표 6-4〉와 같이 보상물을 포함한 내용물이 '좋아요' 평균 113개로 압도적으로 높은 사용자 반응을 이끌어냈다.

(3) 보상물의 특징: 프랑스 관광청(ATOUT France) 사례

앞서 살펴본 바와 같이 보상물 유무는 사용자 반응 정도에 압도적 영향을 끼친다. 그렇기 때문에 페이스북에 내용물을 게시하면서 보상물을 포함시킬 경우 어떤 특징을 갖는 보상물을 설계해야 관심 및 구전반응을 극대화시킬 수 있을지에 대해 많은 마케팅 관계자가 관심을 보였다.

표 6-4 **보상물 여부에 따른 관심도 ('좋아요' 수)의 변화**

관심도	보상물 미제공	보상물 제공
평균	9.5	113.0
표준편차	15.4	190.4
포스팅 수	59	31

출처: 소니, 캐논, 니콘의 팬페이지 자료를 저자가 재가공한 것이다.

우선 반응에 영향을 주는 요인으로 제공하는 보상물의 가치를 들수 있다. 가치는 크게 제공하는 절대가치와 사용자가 보상물 당첨이 될 확률을 포함한 기대가치로 나눌 수 있다. 〈표 6-5〉에서 타히티 왕복 항공권 2매의 절대가치는 항공권 1매의 가치가 약 105만 원이므로 210만 원 정도다. 반면 해당 보상물의 기대가치는 절대가치에 당첨확률을 곱해(210만 원 × 1/5000, 당첨조건이 댓글 단 사용자) 1,500원 정도가 된다. 다른 14개의 보상물의 절대가치와 기대가치를 비교하면 캠페인 13번 '스타벅스 아메리카노 기프티콘 30매'의 경우 당첨조건인 '댓글' 사진 올리기 한 사용자가 4명으로 30명이 되지 않아 100% 당첨이 되어 절대가치가 기대가치와 같게 되고 이 경우 기대가치는 내용물 1, 2, 3, 4번보다도 높아진다.

표 6-5 **프랑스 관광청 페이스북 캠페인**

번호	보상물	참가기준	절대가치*	기대가치*	당첨확률	보상물 수	좋아요	댓글	공유
1	프랑스 왕복 항공권 + 와인	좋아요	2690.0	1.50	0.001	1	5,372	53	165
2	타히티 왕복 항공권	댓글	2108.0	1.30	0.001	2	5,001	1,617	1,147
3	프랑스 레일패스 (1등석, 4일)	댓글	250.0	2.23	0.009	1	698	112	52
4	파리 왕복 항공권	댓글	1300.0	3.78	0.003	1	325	344	120
5	칼리송 세트	댓글	48.4	4.78	0.099	2	248	253	69
6	〈미라클 벨리에〉 영화예매권	댓글	20.0	20.00	1.000	2	70	5	0
7	캐리비안 베이 (테마파크) 입장권	공유	74.0	1.64	0.022	2	176	35	45
8	롯데월드 (테마파크) 입장권	공유	48.0	0.54	0.011	2	307	172	179
9	스타벅스 아메리카노 기프티콘	댓글	4.1	3.51	0.857	1	65	35	3
10	스타벅스 아메리카노 기프티콘	댓글	4.1	3.62	0.882	1	53	34	3
11	바이스 참깨 초콜릿	댓글	23.3	0.31	0.013	1	222	150	45
12	팔로 디종 머스타드	댓글	9.8	0.18	0.018	1	292	110	126
13	스타벅스 아메리카노 기프티콘	댓글	4.1	4.10	1.000	1	73	4	53
14	스타벅스 카페라떼 기프티콘	댓글	4.6	0.33	0.071	1	956	423	363

주: 절대가치와 기대가치의 단위는 천 원이다.
출처: https://www.facebook.com/krrendezvousenfrance/

반면 '좋아요' 및 '댓글' 관심과 '공유' 구전활동을 비교하면 절대가치
가 높은 상위 3개의 내용물이 훨씬 높은 것을 알 수 있다. 즉, 사용자들
은 당첨확률까지 고려하여 '기대가치'를 기준으로 관심 및 구전반응을
하는 것이 아니라 보상물의 '절대가치'를 기준으로 반응 행동을 보임을
알 수 있다. 이는 기존 복권 서비스에서 당첨금액이 클수록 더 많은 소
비자가 복권을 사는 행동과 유사하다. 예컨대, 많은 미국인들이 당첨금
액이 다른 복권보다 10배가 높은 파워볼 복권을 사려고 몰려든다.

다음으로 반응에 영향을 주는 요인은 제공하는 보상물이 가진 희소
성이다. 보상물의 희소성을 객관적 기준으로 구분하기는 힘들다. 하
지만 〈표 6-5〉를 보면 '타히티 왕복 항공권', '프랑스 왕복 항공권',
'프랑스 레일패스'와 같이 평소 쉽게 접하기 힘든 보상물의 경우 더 큰
관심과 구전반응을 보였다. 이에 비해 '스타벅스 카페라떼 기프티콘'
이나 '스타벅스 아메리카노 기프티콘'과 같이 일상적으로 자주 접할 수
있는 보상물의 경우 반응이 상대적으로 약한 것을 볼 수 있다. 한편,
칼리송 세트나 바이스 참깨 초콜릿과 같이 희소성은 높으나 인지도가
낮은 경우에는 높지 않은 반응을 보였다.

마지막으로 반응에 영향을 주는 요인은 제공하는 보상물의 숫자이
다. 일반적으로 고객참여를 이끌어내기 위해서 보상물을 포함한 내용
물을 공지하는 경우 대부분 보상물을 1인 1개 제공한다. 그러나 2개
이상을 제공하는 경우 가까운 지인에게 당첨된 보상물을 선물로 제공
할 수 있는 기회가 있기 때문에 당첨자가 느끼는 가치는 훨씬 높아진
다. 뿐만 아니라 보상물을 나누어 줄 최적의 지인을 선택할 수 있기 때
문에 보상물의 가치 또한 극대화되어 추가적 구전을 이끌어낼 수 있다

(Berger, 2013). 이와 같은 복수 보상물의 효과는 '타히티 왕복 항공권'이나 '캐리비안 베이 입장권'의 경우에서 목격할 수 있다.

4. 나가며

이 장에서는 온라인상에서 더욱 쉽게 발생하고 전파되는 구전의 특징, 구매에 실질적으로 영향을 주는 구전의 관리 방안, 효과적으로 구전을 확산시키기 위해 필요한 내용물의 특징 등을 살펴보았다.

그 결과, 보다 더 많은 반응을 이끌어내기 위해서는 내용물의 문장 길이는 너무 길지 않게 조절하고 가능하면 상업적 내용보다 다른 사람도 쉽게 공감을 할 수 있는 사회적 가치를 포함해야 한다는 것을 알 수 있었다. 또한 정보만 전달하는 것보다는 보상물을 제공할 경우 공감의 정도가 상당히 많이 늘어나고, 보상물은 절대가치를 기준으로 인지도 있는 희소한 보상물로 가능하면 두 개 이상 제공할 경우 그 효과를 극대화할 수 있음을 확인하였다.

이와 같은 사회관계망 서비스를 통한 사용자와의 소통은 특히 상품을 간접 판매하는 제조회사나 직접적 고객 접점은 있지만 고객 식별이 어려운 대부분의 서비스 회사에서 신규고객 확보, 기존고객의 충성도 향상 측면에서 효과적으로 활용할 수 있다. 특히 전통적 매체에 비해 온라인 매체를 활용하는 사용자 및 사용 시간이 늘어나는 오늘날의 상황에서는 온라인 구전의 성공적 관리가 회사 마케팅의 성패를 좌우할 가능성이 갈수록 높아진다는 사실을 명심해야 할 것이다.

참고문헌

Bae, J. H., Lee, J. H., Baik, S. C., Kang, S. K., & Noh, H. (2013). Long-distance diffusion and strongly tied bridges. *Strategic Organization*, 11(2), 156-179.

Berger, J. (2013). *Contagious: Why things catch on.* Simon and Schuster.

Burt, R. S. (1992). *Structural holes: The social structure of competition.* Harvard University Press.

Court, D., Elzinga, D., Mulder, S., & Vetvik, O. J. (2009). The consumer decision journey. *McKinsey Quarterly*, 3, 1-11.

Godes, D. & Mayzlin, D. (2004). Using online conversations to study word-of-mouth communication. *Marketing Science*, 24(4), 545-560.

Goel, S., Duncan, J. W., & Daniel G. G. (2012). The structure of online diffusion networks. In *Proceedings of the 13th ACM Conference on Electronic Commerce* (EC'12, pp. 622-638).

Granovetter, M. S. (1973). The strength of weak ties. *American Journal of Sociology*, 78(6), 1360-1380.

Hoffman, D. L. & Novak, T. P. (2000). How to acquire new customers on the web. *Harvard Business Review*, 78(3), 179-188.

Kapferer, J. N. (1990). *Rumors: Uses, interpretations and images.* NJ: Transaction Publishers.

Kumar, V., Petersen, J. A., & Leone, R. P. (2007). How valuable is word of mouth. *Harvard Business Review*, 85(10), 139-146.

Nielsen (2015). 한국 소비자, '지인의 추천'과 '온라인에 게시된 소비자 의견' 유형의 광고 가장 신뢰. Available: http://www.nielsen.com/kr/ko/press-room/2015/press-release-20151012.html.

Reichheld, F. (2011). *The ultimate question.* Harvard Business School Press.

07
혁신의 사회적 형성과 수용

강수환

1. 들어가며

우리는 항상 새로운 것들을 접하게 된다. 새로운 기술, 상품, 정책, 조직 등이 지속적으로 등장하기 마련이다. 이러한 새로움은 혁명적, 급진적, 파괴적인 변화를 통해 '기존의 틀'로부터 벗어나려는 혁신 (*innovation*)으로 나타난다.

약 3억 4천만 년 동안 끈질긴 생명력을 자랑하는 곤충이 있다. 바퀴벌레이다. 대부분의 다른 곤충들은 급격히 변해가는 새로운 환경에 적응하지 못하고 사라졌다. 바퀴벌레가 살아남을 수 있었던 이유는 끊임없는 변화 덕분이다. 심지어 자신의 산란관까지 버리는 변화를 하기도 했다. 이러한 혁신 속에서 바퀴벌레는 석탄기에 곤충 개체 수의 40%를 차지한 것으로 추정된다. 그러나 이제 바퀴벌레의 혁신은 멈추었고 이와 함께 찾아온 것은 개체 수의 감소이다. 현재는 곤충 개체 수의 1% 정도에 불과하다. 왜냐하면 생명력에 긍정적 영향을 미쳤

197

던 혁신이 사라졌기 때문이다.

이와 같은 혁신과 생명력 간의 긍정적 관계는 기업조직에도 적용된다. 기업조직의 소멸은 환경변화와 외부충격에 잘 대응하지 못한 경우에 발생한다. 요동치는 환경에 적응하고 대응하기 위해서는 기업도 기존의 것을 고수할 뿐만이 아니라 새로운 것을 만들어내고 변화할 수 있는 혁신이 필요하다. 이처럼 혁신은 우리에게 긍정적 영향을 가져다주는 존재이다.

그렇다고 해서 모든 혁신이 쉽게 만들어지고 받아들여지는 것은 아니다. 왜냐하면 혁신은 진공상태에서 만들어지는 것이 아니라, 사회 내 기존질서를 유지하려는 관성과 저항에 직면할 수밖에 없기 때문이다. 모차르트(Wolfgang Amadeus Mozart)는 5살에 작곡을 시작해 8세에 첫 교향곡을 완성했으며, 35세에 세상을 떠나기 전까지 25년 동안 48개의 교향곡을 남겼다. 그러나 그는 대부분의 삶을 구직생활로 시간을 보냈다. 왜 이렇게 되었을까?

사회학자 엘리아스(Norbert Elias)는 모차르트가 천재 또는 신동이 아닌 궁정사회의 시민음악가였다는 점에 주목했다. 당시는 유럽 계급사회의 전통이 여전히 지배적이었고 귀족의 지원을 받지 않고는 음악활동을 할 수 없었다. 시민계층으로 태어난 모차르트는 가부장적 아버지와 당시 사회체제에 반발하여 실험정신을 갖고 혁신적으로 움직였다. 음악 형식 면에서는 오페라가 설명 위주의 극으로 진행되는 형식을 거부했고, 내용 면에서는 귀족사회에 대한 풍자를 담아냈다. 결국 모차르트는 사회로부터 지지를 받지 못하고 거듭되는 흥행실패로 죽기 직전까지 쓸쓸한 삶을 보냈다.

이것은 새로움을 추구하는 혁신을 기술개발과 발명과 같은 기술적 측면에서만 고려하는 것이 아니라, 사회질서에서 형성되고 수용되는 문제로 다뤄야 함을 의미한다. 혁신은 하나의 사물, '대상'(things) 으로서 볼 것이 아니라 '과정'(processes) 으로서 봐야 한다. 혁신과정은 변칙적 행위(anomalous activity) 의 등장부터 기존 관례(practices) 에 대한 문제제기, 새로움에 대한 사회적 인정(social recognition), 그리고 권력자(incumbents) 에 대한 저항으로 구성된다.

대부분의 혁신에 관한 기존 연구들은 새로운 관례가 확산을 통해 정착될 수 있는지의 가능성 여부에 주로 주목했다. 비교적 최근에 몇몇 연구들이 행위자를 중심으로 사회질서 내 새로운 논리의 확산과 수용에 관한 움직임에 주목하기 시작했다. 하지만, 변화에 성공한 개인의 천재성이나 소수 초월적 영웅의 능력에만 주목한 채, 어떻게 새로운 종류의 활동들이 등장하고 그것이 가능할 수 있었던 사회적 조건은 무엇이었는지는 대부분 분석에서 배제되었다.

이 글은 두 가지 간단한 질문에 대한 답으로 구성되어 있다. 첫째로, "혁신이 사회질서 내에서 형성되고 수용되기 위한 조건은 무엇인가?" 즉 혁신의 '사회적 형성'(social formation) 과 '사회적 수용'(social acceptance) 에 관한 내용이다. 혁신의 등장과 변화에 관한 보다 나은 설명을 위해서는 관습, 규범, 규제와 같은 사회문화적 요소들과 거기에 배태되어 있는 행위자들의 움직임을 고려해야 한다. 이를 통해 사회환경과 사회관계의 특성에 따라 혁신의 수행과정과 수용과정이 달라질 수 있음을 확인해야 한다. 이 글에서는 문화상품(cultural products) 을 중심으로 사회질서 내에서 혁신이 형성되고 수용되는 과정을 살펴보고자 한다.

둘째로, "혁신확산 과정에서 발생하는 갈등과 충돌을 어떻게 설명할 것인가?" 앞서 살펴본 것처럼 기존에 혁신의 확산과정에 관한 내용은 사회과학 분야에서 연구대상으로 많이 다루어졌다. 그러나 기존 접근들은 혁신을 사회개혁, 경제발전, 기업의 경영성과, 조직생존, 학교의 교육목표 등과 같이 반드시 이루어야 할 긍정적 대상으로만 인식했다. 이에 혁신과정에서 혁신에 저항하는 움직임은 하나의 장애 또는 방해요소로만 취급받았다. 그러나 기존질서를 고수하려는 사람들은 질서에서 벗어난 새롭고 낯선 혁신을 부정적 존재로 인식하기 마련이다. 이 글에서는 전염(contagion)과 면역(immunity)이라는 의학적 개념을 차용하여 혁신확산만이 아니라 혁신을 거부하는 움직임도 함께 고려하고자 한다.

2. 혁신을 다시 사회적 맥락 속으로

혁신은 새로운 것을 만들어내는 작업이다. 그렇다면 새로운 것을 만들기만 하면 되는 것일까? 사회적 영향 안에서 새로운 것을 만들어내고 선보이는 일이란 생각보다 어려운 일이다. 이 글에서는 우리에게 친숙한 영화, 도서, 디자인, 패션 그리고 음악 등을 일컫는 문화상품을 중심으로 살펴보고자 한다. 문화상품은 소비자가 원하는 미적인 것과 취향을 만족시키기 위해 끊임없이 새로워져야 한다. 이러한 문화상품은 생산과정과 소비과정에 이르기까지 사회적 맥락 안에 놓여 있다. 과거와 달리 문화상품이 만들어지는 것은 천재적인 개인 한 사람의 예술적 역량만으로 불가능하다. 생산과정에는 조직적 측면, 하나의 시스템, 그리고 외부환경의 영향이 존재한다.

또한 문화상품이 참신하다고 해서 사회적으로 주목받으리라는 보장도 없다. 사회적으로 선택되어 받아들여질 때만 그것의 가치를 인정받고 경제적으로 성공할 수 있다. 오히려 친숙한 고전적 작품들이 혁신적 작품들에 비해 사람들에게 쉽게 다가갈 수 있다. 문화상품은 혁신적인 것, 새로운 것을 추구하는 동시에, 사람들이 쉽게 인식할 수 있게끔 친밀성도 확보해야 한다는 딜레마에 직면하게 된다(Peltoniemi, 2015). 이에 따라 문화상품에 있어 새로움은 사회를 고려할 수밖에 없다. 문화상품의 혁신성과 사회적 지지 간의 관계에 관해 고민할 수밖에 없다.

1) 혁신의 형성과정: 조직내부와 사회환경

왜 오케스트라 단체의 연주곡 목록에는 새로운 현대작곡가들의 곡이 잘 등장하지 않는 것일까? 고전작품만 선호하는 대신 새로운 작곡가들의 작품을 연주하는 단체는 어떠한 특징을 갖고 있을까? 왜 어떤 극장에서는 다른 극장들보다 새로운 곡들로 구성된 연주회가 자주 열리는 것일까?

〈그림 7-1〉은 오케스트라별로 혁신의 정도가 상이함을 나타낸다. 왼쪽은 오케스트라별로 한 시즌에 소개된 새로운 작곡가의 평균숫자를 나타낸 것이고, 오른쪽은 첫 공연에서 새로운 작곡가의 곡이 소개된 뒤 연주목록에서 사라진 정도를 나타낸 것이다. 즉, 혁신의 수행 정도와 더불어 혁신에 대한 성공과 실패 정도를 나타내는 그림이다.

그림 7-1 미국 오케스트라의 혁신성 비교

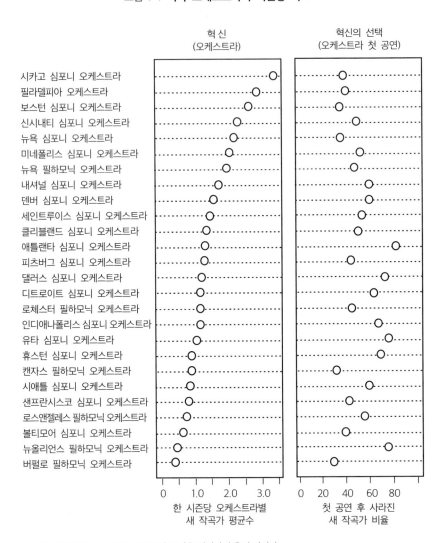

출처: 크렘프(Kremp, 2010: 1059)의 그림을 번역하여 옮긴 것이다.

202

현대음악이 아닌 고전음악이라는 친숙한 곡을 연주하는 데는 연습 시간과 리허설 횟수를 줄여 경제적 비용부담을 낮추려는 것 외에 다양한 사회적 요인들이 존재한다. 기본적으로 이 연주단체들은 바흐, 헨델, 모차르트, 베토벤 등과 같이 클래식이라 불리는 고전음악들이 재생산되는 곳에 존재한다. 그만큼 연주환경 자체가 새로움을 위한 변화보다는 몇몇 작곡가들의 친숙한 음악만을 고집하는 보수성이 만연한 곳이다. 이외에도 다양한 원인들이 존재한다. 조직 내 분위기와 그 조직을 둘러싼 사회환경이 있다. 먼저 조직 내 분위기를 살펴보자.

첫째로, 조직의 제도화(institutionalization) 정도이다. 조직의 규모 (size), 연령(age), 관료화 정도(bureaucratization) 등이 조직의 제도화 정도를 높여 새로운 것을 시도할 수 있는 동력을 상실하게 만든다 (DiMaggio & Stenberg, 1985). 조직 내에는 시간이 지나면 관료제에서 벗어났다 할지라도 조직의 비전과 가치에 대한 합의, 형성된 규범과 규칙에 대한 수용과 복종, 규범과 규칙의 공식화 단계를 거쳐서 합리적 통제 기반의 더 강력한 쇠우리(iron cage)가 만들어진다(Barker, 1993). 그리고 조직의 규모가 클수록 관료제의 영향으로 조직 내에서 새로운 것을 시도하는 활동은 감소하게 된다. 또한 조직이 오래될수록 과거에 형성된 조직문화가 일상화되어 새로운 활동을 시도하기 위해서는 이직을 선택할 수밖에 없게 된다(Sørensen, 2007).

둘째로, 조직 내 리더의 성향과 협력방식이다. 조직 내 비전과 목표가 예술적 측면보다 행정적 측면이 강조되는 경우에는 혁신보다 안전한 선택에 안주할 가능성이 높다(DiMaggio & Stenberg, 1985). 또한 조직 내 리더가 사회 내에서 평판이 높거나 많이 알려진 인물이라면 일을 혁신적으로 진행하려 하지 않는다. 왜냐하면 과거에 성공을 경험한 사람은 기존질서에서 벗어나기보다 지키려는 경향이 강하기 때문이다(Kremp, 2010). 조직 내에서 문화상품 생산에 필요한 협력하는 방식도 중요하다. 매 연극공연마다 새로운 배우들과 함께 하는 일회성 시스템(one-shot system) 극단구조와 동일한 배우들이 여러 연극을 공연하는 레퍼토리 극단구조(repertory theater)는 작품을 만들어내는 방식에 차이가 있다(Peterson & Anand, 2004). 뉴욕 브로드웨이에서 뮤지컬을 만들어내는 방식을 살펴보자. 뮤지컬 제작에는 작곡가, 작사가, 대본작가, 안무가, 감독, 프로듀서 등의 관계자들이 참여한다. 그런데 이들 사이에 흐르는 연대감의 깊이가 혁신정도를 결정한다. 협력관계를 통해 최고의 창의력을 얻어내려면 적당한 친밀감을 형성하는 것이 중요하다. 비평가들로부터 예술적 호평을 얻은 작품들과 티켓이 많이 판매된 공연들은 서로 공통점이 있었다. 이처럼 성공한 공연의 제작진이 서로 친분이 돈독한 사이도 아니었고 그렇다고 전혀 모르는 사이도 아니었다(Uzzi & Spiro, 2005).

셋째로, 직업경력(occupational careers)이다. 문화상품 생산자들이 자신들의 경력을 어떻게 정의하고 받아들이느냐에 따라 생산물의 성격이 달라질 수 있다. 음악녹음실에서 복잡한 전자장비를 다루는 사람들의 직업경력이 문화생산물에 미치는 영향을 살펴보자. 음악녹음실에는 스튜디오 엔지니어(studio engineer)와 사운드 믹서(sound mixer)가 있다. 스튜디오 엔지니어는 자신들을 장인(craftsman)으로 여기며 노동조합(craft union)에 가입되어 있다. 이들은 시스템 내에서 '관료제적 성격'을 보여준다. 그런데 사운드 믹서는 자신들을 음악가의 동료로서

녹음실 도구를 다루는 사람으로 여긴다. 이들의 목표는 소리를 생동감 있게 만드는 것이 아니라 대중성 있는 음악을 만드는 것이다. 그들은 프리랜서로서 어딘가에 얽매여 있지 않아 스튜디오 엔지니어들보다 혁신적 성향을 보여준다(Kealy, 1979).

조직 내부만이 아니라 조직의 외부환경도 혁신을 만드는 과정에 영향을 미친다. 조직의 외부는 "유사한 서비스와 상품을 생산하는 주요 공급자, 소비자, 규제기관 그리고 타 조직들로 구성된 제도적 삶(*institutional life*)의 공간"(DiMaggio & Powell, 1983: 148)이다. 이러한 환경에서 조직들은 타 조직들과 관계를 맺음으로써 서로를 제약하는 관습들을 공유하게 된다. 타 조직의 관습에서 벗어나기 위해서는 자원동원(*resource mobilization*) 문제가 중요하다. 새로운 음악제작 지원이 가능한 작곡가 협회와 모금단체(Kremp, 2010), 대학과 같은 음악 전문교육기관(Dowd, Liddle, Lupo, & Borden, 2002) 등이 혁신을 가능하게 해준다. 주변으로부터의 지원이 적고 극장 내 관객들로 채워야 할 좌석 수가 많을 경우 새로운 것보다는 기존의 것을 수용하게 된다(DiMaggio & Stenberg, 1985). 경제적 수익으로부터 자유롭고 재정적 압력으로부터 자유로울 때 새로운 것을 시도할 가능성이 높은 것이다(Dowd et al., 2002; Kremp, 2010).

산업구조(*industry structure*)도 혁신적 생산에 영향을 미친다. 산업구조는 산업을 구성하는 조직들의 특성으로 크게 세 가지로 분류할 수 있다. 소규모 경쟁기업들이 다양한 상품들을 생산하는 구조, 소수 독과점 기업 중심으로 상품을 생산하는 구조, 그리고 이익지향적 독과점 기업과 혁신적이고 전문성(*specialty*)을 강조하는 기업들이 공존하는 구조이다. 첫 번째 구조에서는 경쟁기업들이 많이 존재하여 문화적 혁신이 일어날 수 있다. 두 번째 구조에서는 소수의 독과점 기업으로만 구성되어 안정적이고 '상상력이 부족한'(unimaginative) 문화상품들을 만들게 된다. 그리고 마지막 구조에서는 다양성이 존재하지만 독과점 대기업이 주류시장을 장악함에 따라 문화적 혁신이 일어나기는 어렵다(Peterson & Anand, 2004: 315~316). 시장집중도(market concentration)가 음악산업 내 혁신을 줄이는 것이다. 대중음악 산업 내에서도 기업 간 경쟁이 혁신을 가져올 수 있다. 싱글 앨범의 증가와 기존 아티스트 대비 새로운 아티스트의 비율과 같은 혁신의 증가가 산업 내 생산자 사이에서의 변화로 발생하는 것이다. 시장을 장악하는 소수 기업의 독주체제가 무너지기 전에는 혁신정도가 회복되지 않는 것이다(Peterson & Berger, 1975; 1996).

2) 혁신의 수용과정 : 사회 분위기와 확산의 움직임

(1) 사회 분위기: 규제, 규범, 관습

혁신의 생산적 측면과 함께 고려하게 되는 것은 '사회적 수용'이다. 혁신이 만들어졌다고 해서 모든 과정이 끝난 것은 아니다. 만들어진 모든 혁신의 결과물은 사회로부터 선택을 받느냐 마느냐의 기로에 서게 된다. 모든 혁신적이고 참신한 상품이 꼭 사회적으로 주목받으리라는 보장은 없다. 혁신이 사회적으로 선택되어 받아들여질 때만 그것의 가치를 인정받고 경제적으로 성공할 수 있다.

혁신이 아무리 효율성이 높고 사회발전을 도모하기에 적합한 새로움일지라도, 사회적으로 부적절한 혁신(inappropriate innovations)이라고 판단되면 사회 내 확산은 어렵다(Croidieu & Monin, 2010). 혁신이 사회적으로 형성된 범주와 기준에 속하지 못하면 그것의 가치는 낮게 평가될 수밖에 없는 것이다. 혁신은 사회발전에 기여하는 정도를 떠나 사회환경의 분위기와 특성에 따라 그 가치가 결정된다고 할 수 있다. 혁신은 사회적으로 수용된다는 것에 주목할 필요가 있다. 사회적으로 수용된다는 것은 관습, 규범, 그리고 법·규제 등과 같이 '사회적으로 형성된(socially constructed) 기준'에 따른 평가와 결정을 의미한다.

혁신의 수용과정도 문화상품을 중심으로 살펴보자. 소비자들은 문화상품의 음악, 글, 이미지, 동영상과 같이 '해석 가능한 텍스트'를 놓고 자신들이 속한 사회적 관습, 규범, 규제 등을 기반으로 '해석'을 하고 상품의 가치를 판단한 뒤 최종적으로 소비를 결정한다(Lawrence & Philips, 2002). 따라서 문화상품은 폭넓은 사회적 맥락과 연결되어 있다. 어떠한 '사회적 상황'에서 문화상품이 소비에 이르게 되는지 볼 필요가 있다. 허쉬는 문화상품이 문화산업시스템(the culture industry systems)이라는 생산에서부터 소비에 이르는 체계적 과정 속에서 존재한다고 했다(Hirsch, 1972).

문화산업시스템에는 네 가지 행위자와 세 가지 필터가 존재한다. 첫 번째 행위자는 예술가, 문화상품 생산자들이다. 두 번째 행위자는 출판사와 음반사 같이 문화상품을 만들어내는 조직이다. 세 번째 행위자는 문화상품을 홍보하는 미디어이다. 마지막으로 네 번째 행위자는 소비자다. 그리고 각 행위자들 사이에는 세 가지 필터가 존재한다. 이 필터를 통해 문화상품의 생산과 사회로의 확산 여부가 결정된다. 첫 번째 행위자인 예술가와 두 번째 행위자인 문화상품 생산조직 사이에 존재하는 필터는 오디션에 뽑혀 선발되는 방식이 일반적이다. 두 번째 행위자와 세 번째 행위자인 미디어 사이의 필터에는 디스크자키, 토크쇼 진행자, 도서·영화평론가 그리고 문화부 기자 등이 존재한다. 미디어에서 소비자로 넘어가는 세 번째 필터는 소비자 설득과정이다. 사람들은 영화평론가들이 높은 별점을 부여한 영화에 관심을 갖게 된다. '홍상수 감독의 새 영화', '박찬욱 감독의 추천작' 또는 '아카데미 작품상 후보작' 등의 문구와 같이 다른 작품으로 얻은 성공과 평판이 사람들의 관심을 불러일으키기도 한다.

문화상품은 문화산업시스템에서의 필터를 거쳐 소비자들의 소비행위를 유도해야 한다. 문화상품의 소비를 유도하기 위해서는 소비자가 원하는 미적인 것과 취향을 만족시켜야 한다. 문화상품에 담겨 있는 해석 가능한 상징적 내용(symbolic content)도 중요하다. 문제해결을 위한 기능이 제대로 작동하느냐의 실용적 문제가 아니라, 그 상품이 지닌 상징과 의미가 어떻게 해석되느냐가 중요한 것이다(Hirsch, 1972; Lampel, Shamsie, & Lant, 2006). 문화상품의 수용은 그것이 지닌 의미가 법, 규제, 규범, 관습 등의 사회적 기준과 비교했을 때 적합한지로 결정된다. 이러한 과정이 문화상품에만 적용되는 것은 아니다.

그림 7-2 문화산업시스템의 구조

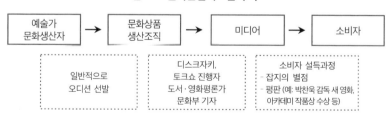

출처: 허쉬(Hirsch, 1972)가 말하는 문화산업시스템 내용을 그림으로 도식화한 것이다.

그림 7-3 **쿼티 배열과 드보락 배열**

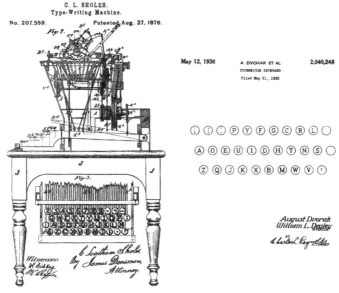

컴퓨터를 쓰는 대부분의 사람들은 쿼티(QWERTY) 컴퓨터 키보드 배열에 익숙해져 있다. 과거 1890년대에 쿼티 배열의 자판기가 시장을 지배하면서부터 사람들은 이 자판배열에 익숙해졌다. 쿼티 배열이 나오게 된 배경은 타자기를 연속으로 빠르게 쳐 타자기의 바(bar)가 엉키는 경우를 최소화시키기 위해서였다. 이러한 이유 때문에 쿼티 배열은 비효율적 형태로 이루어져 있다. 좀더 빠르게 타자를 칠 수 있는 형태를 원한다는 목소리가 나오기 시작했다. 기존에 보급되어 있는 쿼티 배열이 아니라 혁신적으로 다르게 만들어진 배열의 자판이 등장했다.

〈그림 7-3〉은 크리스토퍼 레이섬 숄즈(Christopher Latham Sholes)가 발명한 1878년 당시 초기 형태의 쿼티 배열의 타자기 그림(왼쪽)과

오거스트 드보락(August Dvorak) 박사가 복잡하게 배열된 쿼티 방식을 단순화한 그림(오른쪽)이다. 드보락 박사는 비효율적 쿼티 배열을 바꾸고자 새로운 키보드 배열을 개발했다. 이것은 속도와 정확성 면에서 쿼티 배열보다 실제로 효과적이었다. 1935년 타이핑 생산업체의 후원으로 열린 타이핑 대회에서 드보락 박사가 발명한 스타일로 타이프를 친 사람들 대부분이 상을 받았다. 1937년 대회에서는 드보락 박사가 발명한 타자기로 너무 많은 사람들이 상을 받아 대회 관계자들이 드보락 박사가 발명한 타자기로는 대회에 참가할 수 없다고도 했다.

그러나 여전히 타자기 시대를 지나 컴퓨터의 시대인 지금도 비효율적인 쿼티 방식의 키보드를 사용하고 있다. 그 이유는 무엇인가?

쿼티 방식에 익숙해 있던 타자전문가들과 쿼티 방식으로 타자기를 생산해왔던 생산자들의 반발이 거셌던 것이다. 이러한 사실은 아무리 기술적으로 효율적이고 혁신적 제품이 등장하여도 잠재적으로 비효율적인 기술이 지속적으로 유지되어온 질서를 깨뜨리기 어렵다는 것을 보여준다. 이것은 사람들이 한 번 형성된 경로에 익숙해지면 기존의 경로가 비효율적인 것을 알아도 쉽게 바꾸지 못한다는 경로의존성 (path dependency)의 대표적인 사례이다. 기존 사회질서의 특징과 사회질서를 유지하려는 행위자들에게 주목해야 하는 것이다.

에디슨(Thomas A. Edison)의 발명품인 백열등도 단순히 기술적 혁신으로만 사회적으로 확산된 것이 아니다. 에디슨의 백열등이 확산될 수 있었던 이유는 혁신적 기술 때문만이 아니라, 이 혁신적 기술을 사회질서 내에서 받아들였다는 사실 때문이다. 에디슨이 전기로 불을 밝히는 백열등을 만들었을 당시에 사람들이 익숙하게 받아들이고 사용하고 있었던 것은 가스가 원료인 램프였다. 에디슨은 이러한 사회적 분위기와 충돌하지 않기 위해 백열등을 제작할 때 가스램프의 특징을 '모방'함으로써, 극적 변화보다는 기존의 가스램프 사용자들도 쉽고 친근하게 사용이 가능하도록 만들었다(Hargadon & Douglas, 2001).

에디슨의 백열등 확산현상에는 기술적 성공만이 아니라 새로운 혁신적 기술을 사회에서 수용했다는 사실이 담겨 있다. 1900년 11월 24일자 〈사이언티픽 아메리칸〉(Scientific American) 지에 실린 에디슨 전구광고를 보면 전구가 가스램프보다 안전하게 사용할 수 있음을 강조하기도 했다. 1920년대 에디슨 전구광고의 경우에는 에디슨 전구가 더 나은 일상생활을 가능하게끔 만들어 준다는 것을 강조했다. 에디슨은 백열등이 가스램프보다 기술적으로 우위에 있다는 실용적 측면만을 강조한 것이 아니라, 낯설게 느껴질 수 있는 신기술의 존재를 사람들로 하여금 친근하게 받아들여지도록 노력했다.

기술적 혁신은 기존에 형성되어 있는 사회질서에 부딪힐 수밖에 없다. 그렇다고 해서 새로운 것을 만들어내는 혁신가들과 기업가들(起業家, entrepreneurs)이 기존 사회적 조건과 질서에 "이것은 나의 운명이겠지?!"라고 읊조리며 넋을 놓고 가만히 순응만 하는 것은 아니다. 사회적 조건 내에서 혁신을 위해 분위기 전환과 확산을 가능하게 하는 행위자들의 움직임이 존재한다. 그들은 기존 사회질서에 대한 반응과 충돌에 대비한 전략과 전술들을 수행하게 된다. 새로운 것이 어떻게 등장하느냐의 문제와 더불어 새로운 혁신으로 부딪히게 되는 기존 사회질서를 어떻게 변형시키느냐의 문제에도 주목해야 한다.

(2) 혁신의 수용을 위한 움직임

행위자가 규칙, 판단, 사회적 기대 등으로 구성된 사회질서의 압력으로부터 벗어나기란 어려운 일이다. 왜냐하면 시간이 경과할수록 행위자 내면에는 사회적으로 형성된 판단기준이 어느 순간 자리잡기 때문이다. 이에 따라 사회적 지배 담론에 얼마나 일치하는지 말하는 일치성(*congruence*) 또는 순응성(*conformity*)이 조직의 생존, 성장, 성공과 연결되기도 한다. 이러한 순응의 과정은 조직형태의 동형화로 이어진다(DiMaggio & Powell, 1983; Meyer & Rowan, 1977; Zimmerman & Zeitz, 2002). 그런데 이 관점에는 행위자의 역할과 영향이 없다. 왜냐하면 행위자를 "문화적으로 규정된 대본대로 짜인 인형"(*puppets programmed with culturally determined scripts*)으로 만들어 버렸기 때문이다(Aldrich, 2010: 339).

그러나 사회질서는 유지의 과정만이 아니라 행위자로 인한 생성과 파괴의 과정도 존재한다. 행위자들은 혁신적인 것들이 사회적으로 널리 받아들여지도록 기존의 믿음체계와 해석체계에 변화를 주는 것이다(Munir & Philips, 2005). 이때 기존의 해석체계가 재조정되거나 파괴됨으로써 새로운 존재의 생존영역이 확장될 수 있다.

라오와 그의 동료들(Rao, Monin, & Durand, 2003)은 "어떻게 프랑스 엘리트 요리사들이 고전요리 방식을 버리고 누벨퀴진(*Nouvelle Cuisine*) 방식을 택하게 되었는가?"라는 질문에 네 가지 원리를 제시했다. 첫째로, 운동가의 권위이다. 변화를 주도하는 운동가들에게 사회적 권위가 없다면 그들이 전하는 말은 소음이 될 뿐이며, 과거 논리와 정체성을 폐기하는 데에 영향력이 없다. 당시에 누벨퀴진을 주도하는 사람들은 프랑스 요리사 전문가 협회(Maitres Cuisiniers de France) 내에서 영향력이 있는 위치에 있었다. 둘째로, 새로운 역할의 이론화(*theorization*)이다. 새로운 아이디어가 퍼지기 위해서는 이론화 작업을 통해 공유되는 상징성을 만들어야 한다. 당시 누벨퀴진 운동가들은 새로운 요리풍에 대한 10계명(*10 commandments*)을 발표했다. 셋째로, 주변 동년배들의 영향이다. 행위자들은 자신들과 비슷한 처지, 유사한 사람들로부터 강한 영향을 받게 된다. 넷째로, 변화를 통해 얻는 혜택이다. 행위자들은 새로운 것을 받아들여 얻는 혜택, 요리사로서의 명성이나 요리에 대한 긍정적 평가를 받을 수 있는지 따지는 것이다.

교육기관과 전문가 네트워크가 새로움을 추구하는 행동에 힘을 실어 주기도 한다. 오늘날 대부분의 사업자와 회계·세무를 담당하는 사람들은 거래내용과 재산변동을 확인하는 복식부기(*double entry bookkeeping*)에 익숙하다. 그러나 이 복식부기 방식은 초기에 등장했을 때에는 낯설고 부정적인 존재로 사람들로부터 거부되었다. 이러한 방식이 확산될 수 있었던 것은 교육기관과 전문가 네트워크가 형성되었기 때문이다.

중세시대 이후부터 이탈리아 북부지역에 상업학교와 인턴십 제도가 구축되었고, 회계관련 교과서의 급증, 교과서 번역서 등장, 그리고 당시 출판산업의 활성화가 맞물림에 따라 체계적 교육내용이 유럽 전 지역으로 확대되었다. 그리고 집중적 훈련과 교재는 정교한 수학 지식 갖춘 전문가와 상인의 등장을 가능하게 해줬다. 전문성을 갖춘 사업가들 간의 네트워크가 구축되고 이러한 네트워크에 속한 사람들은 전문성을 갖췄다는 이미지와 평판으로 긍정적 효과를 누릴 수 있었다(Carruthers & Espeland, 1991). 이러한 평가를 받고자 사람들은 복식부기를 사용하기 시작했다.

이와 같이 새로운 것이 등장하여 받아들여지는 데에는 사회 내 수용자와 그 수용자의 태도가 변화하게끔 만드는 과정이 존재한다. 경제적 동기만이 아니라 사회적 맥락에 따라 자신의 행동을 채택하고 수용되는 과정을 설명하기 위해서는 대상을 둘러싼 의미가 어떻게 변화하고 있는지 확인해야 한다. 이를 위해선 텍스트에 주목해 볼 필요가 있다. 벤처기업과 같은 신생조직은 스토리텔링(storytelling)을 통해 낯선 이미지에서 친숙한 이미지로, 부정적 이미지에서 벗어나 긍정적 이미지를 얻고자 수용자들이 갖고 있던 기존의 인상을 재구성하기도 한다 (Hills et al., 2013). 과거의 부정적인 것을 감추고 긍정적 측면을 부각시키는 것이다.

체계적인 담론(organized discourse)은 문화상품을 구매하려는 소비자들에 영향을 미친다. 사람들에게 전달되는 텍스트가 어떤 단어들을 구성하느냐에 따라, 상이한 언어적 프레임(linguistic frame)이 형성되고 긍정적 효과도 얻게 된다(Bielby & Bielby, 1994). 무니르와 필립스 (Munir & Philips, 2005)에 따르면, 사진필름 회사인 코닥(Kodak)은 필름카메라를 처음 선보인 1882년부터 언어와 이미지를 통해 당시 사람들에게 생소했던 사진기술을 사람들의 일상생활에 접목시킬 수 있도록 했다. 기존의 관습에 사진기술을 집어넣어 사람들로 하여금 친근한 인상을 갖게끔 만든 것이다. "코닥 없는 휴가는 헛된 휴가"(A vacation without a Kodak is a vacation wasted)와 "코닥에게 이야기를 간직할 수 있도록"(Let Kodak keep the story) 같은 것이 있다. 코닥은 휴가, 추억 이야기, 기념일 등과 같은 일상적 존재들을 필름카메라와 연결시키는 광고를 한 것이다. 처음에는 카메라가 단순히 재미를 위한 도구였지만 광고 이후에는 일상생활에서 빠져서는 안 되는 도구라는 점이 강조되어졌다.

3. 전염과 면역을 통해 본 혁신확산

지금까지 논의된 내용으로 알 수 있는 것은 무엇인가? '혁신이라는 대상이 사회질서 내에서 만들어진다는 것'과 '그 혁신이 사회적 맥락 속에서 확산된다는 것'이다. 첫째로, 혁신의 형성에는 조직차원에서 조직의 규모와 연령, 조직 내부 분위기, 직업경력, 그리고 조직외부인 외부기금과 산업구조 등이 영향을 준다. 둘째로, 혁신이 사회적으로 수용되는 데에는 기존 사회질서와 행위자의 대응이 존재한다. 사람들이 하나의 혁신을 수용할지 말지는 사회 내 형성되어 있는 법, 규제, 규범, 관습 등의 기준으로 판단하게 된다. 그리고 혁신가나 기업가들은 이러한 사회적 기준에 수동적으로만 반응하는 것이 아니라 능동적으로 기존의 믿음체계와 논리를 변화시켜 사람들이 새로운 존재를 받아들이게끔 노력한다.

그런데 여기에 한 가지 추가적으로 고려해야 할 내용이 있다. 혁신으로 인한 새로운 존재가 사회질서에 진입하여 문화 간 충돌, 사회 내 갈등을 불러일으킬 수도 있다는 것이다. 사회질서 내에서 새로운 것에 익숙해지게끔 만드는 움직임, 새로운 것이 사회적으로 확산되는 과정만이 아니라, 새로운 것을 거부하고 저항하는 행위자들의 움직임

역시 존재한다는 것이다. 새로운 것에 대한 확산의 움직임과 새로운 것에 대한 저항의 움직임이 동시에 발생하는 것이다. 새로운 것의 등장은 서로 다른 제도적 프레임(*different institutional frames*) 간 충돌을 일으킨다(Djelic & Quack 2003 : 18). 이것은 외부존재를 거부하는 사람들과 외부의 새로운 존재를 확산시키려는 사람들 간의 충돌이다.

이러한 충돌은 변화(*change*)와 거기에 대한 저항(*resistance*), 새로운 경로를 만들려는 움직임(*path-creation*)과 기존 경로를 따르려는 움직임(*path-dependence*), 기존의 제도를 해체하여 새로운 제도를 형성하려는 움직임(*deinstitutionalization*)과 기존 제도질서에 따르려는 움직임(*institutionalization*), 새로운 것을 발견하려는 움직임(*exploration*)과 기존의 것을 이용하려는 움직임, 차이(*difference*)를 강조하려는 움직임과 기존 사회질서 내에 통용되는 것과의 유사성(*similarity*)을 지향하는 움직임 등으로 나타난다. 그리고 이러한 두 가지 움직임에 대한 결과가 혁신의 수용범위를 결정하게 된다.

위 내용을 보다 구체화하기 위해서는 '전염'과 '면역'이라는 의학적 현상을 사회적 현상에 적용하여 생각해 보는 것이 필요하다. 전염이라는 현상과 원리는 단순히 병리적 현상에만 국한되지 않는다. 아직까지 전염이라는 용어 자체는 병리적 현상에만 주로 사용된다. 보통 메르스, 조류독감, 구제역과 같은 것이 창궐할 때 많이 사용한다. 그러나 전염의 사전적 정의에는 "병이 남에게 옮는다"는 뜻 외에도 "다른 사람의 습관, 분위기, 기분 따위에 영향을 받아 물이 들다"는 의미도 있다. 이러한 의학적 개념을 인간활동의 산물인 사회질서에 적용해 보고자 한다.

새로운 존재의 확산은 병원체에 전염이 되는 것으로, 그리고 새로운 것에 대한 저항은 병원체가 퍼지는 것을 막는 면역체계로 생각해 볼 수 있다. 혁신이라는 새로운 것이 들어가 확산되어 퍼뜨리고 퍼지는 전염과정과 그것을 받아들이지 않고 거부하는 면역반응이 나타나는 것이다. 의학적 현상과 사회적 현상 간에 차이가 있다면 단지 사회 내 혁신의 확산은 자연적, 자생적인 것이 아니라 행위자가 의도를 가지고 확산 또는 저항의 움직임에 개입한다는 것이다. 기존 혁신연구에서의 접근들에 이러한 전염과 면역의 메커니즘을 연결시키는 것은 학술적 기여와 더불어 정책적으로 창조와 혁신을 통한 사회발전을 유도하는 데에도 도움이 될 것이다.

전염과 면역의 과정은 '감염사슬'(chain of infection) 체계로 확인할 수 있다. 일반적으로 감염사슬은 '감염원(infectious agent) → 병원체가 생존하는 저장소(reservoir) → 출구(portal of exit) → 전달방식(transmission mode) → 입구(portal of entry) → 연약한 숙주(vulnerable host)'로 이루어져 있다. 이러한 과정이 사회적으로는 '특정 행동 → 인간 → 행동하기 → TV, 영화, 신문 등을 통한 전달 → 시각, 뇌에 입력 → 민감한 인간에 영향'이라는 과정으로 이어지게 된다. 외부로부터 투입되는 혁신적 존재가 미디어, 전문가, 교육 등의 학습효과를 통해 전달되고 익숙해지는 과정, 그리고 그것이 사회 내에 정착하는 과정까지를 전염이라는 개념으로 설명할 수 있다. 그러나 반대로 여기에 저항하고 거부하는 반응 역시 동시에 존재한다. '면역반응'이 존재하는 것이다.

신체 안으로 들어오는 '항원'(antigen)이 있으면, 그것을 인식하고 쫓아내려는 '항체'(antibody)가 있다. 들어오는 것이 어떠한 특징을 갖고 있는지, 그리고 그것을 쫓는 파수꾼의 세기가 어느 정도인지에 따라 몸 안에서의 바이러스 확산정도와 속도, 면역력은 달라진다. 그런데 면역은 선천적으로만 일어나는 것이 아니라 후천적으로도 발생한다. 후천적으로 발생하는 면역은 주사와 같은 것을 통해 백신을 투입함으로써 항원에 대한 정보를 기억하게 하고 거기에 적절한 항체를 만들어내는 것이다.

개미들 사이에서 이러한 면역체계의 학습과 확산이 일어난다. 곰팡이에 병든 개미는 집단적으로 개미들이 곰팡이에 전염되도록 한다. 그러나 건강한 개미들이 집단적으로 곰팡이에 병든 개미들을 치료하면서 곰팡이의 감염농도를 빠르게 낮추고 곰팡이의 전염에서 벗어난다. 개미들의 경우 집단 내 특정 개미가 병원체에 처음 노출되면, 감염되지 않은 수많은 개미들이 전파된 극소량의 병원체에 반응하고 면역체계를 학습시켜 순식간에 집단면역을 이루는 것이다(Konrad et al., 2012). 이처럼 면역이 학습되고 확산되는 과정이 사회적으로도 존재할 수 있다.

이러한 의학적 현상에서 한 가지 더 흥미롭게 주목하게 되는 부분은 바이러스의 '서식지'(reservoir)가 우리 몸속에 존재하고 있다는 것이다. 전 세계는 에이즈 퇴치를 위해 끊임없이 새로운 백신을 개발하고 있다. 그러나 에이즈가 완치되기가 어려운 이유는 신체 내 수많은 서식지에 바이러스가 남아 있기 때문이다. 심지어 우리의 뇌 속에도 신경세포에도 서식지가 대량으로 존재한다. 이러한 수많은 서식지로 인해 치료할 당시에는 바이러스가 등장하지 않지만 약 투여를 멈추는 순간에 다시 등장하게 되는 것이다. 투여되는 약이 수많은 서식지 속에 숨어 있는 모든 바이러스에 영향을 주는 데에는 한계가 있는 것이다. 그리고 바이러스는 잠재상태에서 번식을 진행하게 된다. 그러므로 에이즈 치료에 있어 중요한 것은 서식지를 축소시키는 데에 있다고 한다. 에이즈 치료에 있어 중요한 것은 완치(cure)가 불가능하다면 지속적 완화(sustainable remission)로 가는 것이다.

이러한 의학적 메커니즘은 혁신에 관한 연구에서 추가적으로 고려할 것을 알려 준다. 항원의 특성, 감염방식(transmission mode), 항원이 투입되는 공간적 특성, 면역력의 정도, 바이러스 서식지 등이다.

첫째로, 항원은 혁신의 특징으로, 혁신의 정도, 혁신이 갖고 있는 사회적 이미지 등이 된다.

둘째로, 감염방식은 항원이 퍼지는 방식으로 인터넷, 미디어의 특징, 언론 노출, 사람들의 입소문 등이 여기에 해당된다.

셋째로, 항원이 들어가게 되는 공간적 특성은 혁신이 진입할 수 있는 사회적 분위기, 사회 내 경직성 정도, 법 규제의 강도, 벤처혁신 교육과 지원의 활성화 정도 등이 여기에 해당된다고 볼 수 있다.

넷째로, 면역력의 정도는 항체의 강도, 백신의 강도, 백신주사 투여 여부를 나타내는 것으로, 혁신에 대한 저항운동, 규제의 등장과 강화 등을 의미하게 된다.

다섯째로, 바이러스 서식지는 혁신이 잠재적으로 존재할 수 있는 인큐베이터와 같은 역할을 하는 공간이다. 지금 사회적 분위기가 혁신을 반기지 않을지라도 이후에 혁신을 발휘할 수 있게끔 만드는 공간인 것이다. 창업지원을 하는 마루180(MARU 180)과 구글창업지원팀(Google for Entrepreneurs) 등과 같은 존재이다.

이처럼 의학적인 전염과 면역체계를 사회적으로 석용하는 시도는 혁신의 확산과정을 보다 다양한 요소들로 상상하게끔 만들어 준다.

참고문헌

Aldrich, E. H. (2010). Beam me up, Scott(ie)! Institutional theorists' struggles with the emergent nature of entrepreneurship. *Research in the Sociology of Work*, 21, 329-364.

Barker, J. R. (1993). Tightening the iron cage: Concertive control in self-managing teams. *Administrative Science Quarterly*, 38(3), 408-437.

Bielby, T. W. & Bielby, D. D. (1994). 'All hits are flukes': Institutionalized decision making and the rhetoric of network prime-time program development. *American Journal of Sociology*, 99(5), 1287-1313.

Carruthers, B. G. & Espeland, W. N. (1991). Accounting for rationality: Double-entry bookkeeping and the rhetoric of economic rationality. *American Journal of Sociology*, 97(1), 31-69.

Croidieu, G. & Monin, P. (2010). Why effective entrepreneurial innovations sometimes fail to diffuse: Identity-based interpretations of appropriateness in the saint-emilion, languedoc, piedmont, and golan heights wine regions. *Research in the Sociology of Work*, 21, 257-286

DiMaggio, P. J. & Walter, W. P. (1983). The iron cage revisited: Institutional isomorphism and collective rationality in organizational fields. *American Sociological Review*, 48(2), 147-160.

DiMaggio, P. J. & Stenberg, K. (1985). Why do some theatres innovate more than others?: An empirical analysis. *Poetics*, 14(1/2), 107-122.

Djelic, M. L., & Quack, S. (2003). Theoretical building blocks for a research agenda linking globalization and institutions. In M. L. Djelic & S. Quack (Eds.). *Globalization and institutions: Redefining the rules of the economic game* (pp. 15-34). Edward Elgar.

Dowd, T. J., Liddle, K., Kim, L., & Borden, A. (2002). Organizing the musical canon: The repertoires of major US symphony orchestras, 1842 to 1969. *Poetics*, 30(1/2), 35-61.

Google Patents Search. Available: https://patents.google.com.

Hargadon, A. B. & Douglas, Y. (2001). When innovations meet institutions: Edison and the design of the electric light. *Administrative Science*

Quarterly, 46(3), 476-501.

Hirsch, P. M. (1972). Processing fads and fashions: An organization-set analysis of cultural industry system. *American Journal of Sociology*, 77(4), 639-659.

Kealy, E. R. (1979). From craft to art: The case of sound mixers and popular music. *Work and Occupations*, 6(1), 3-29.

Konrad, M., Vyleta, M. L., Theis, F. J., Stock, M., Tragust, S., Klatt, M., Drescher, V., Marr, C., Ugelvig, L. V., & Cremer, S. (2012). Social transfer of pathogenic fungus promotes active immunisation in ant colonies. *PLoS Biol*, 10(4), e1001300.

Kremp, P. A. (2010). Innovation and selection: Symphony orchestras and the construction of the musical canon in the United States (1879-1959). *Social Forces*, 88(3), 1051-1082.

Lampel, J., Shamsie, J., & Lant, T. K. (2006). Toward a deeper understanding of cultural industries. In J. Lampel, J. Shamsie & T. Lant (Eds.). *The business of culture: Strategic perspectives on entertainment and media* (pp. 3-14). Lawrence Earlbaum.

Lawrence, T. B. & Phillips, N. (2002). Understanding cultural industries. *Journal of Management Inquiry*, 11(4), 430-441.

Meyer, J. W. & Rowan, B. (1977). Institutionalized organizations: Formal structure as myth and ceremony. *American Journal of Sociology*, 83(2), 340-363.

Munir, K. A. & Phillips, N. (2005). The birth of the 'Kodak moment': institutional entrepreneurship and the adoption of new technologies. *Organization Studies*, 26(11), 1665-1687.

Peltoniemi, M. (2015). Cultural industries: Product-market characteristics, management challenges and industry dynamics. *International Journal of Management Review*, 17(1), 41-68.

Peterson, R. A. & Anand, N. (2004). The production of culture perspective. *Annual Review of Sociology*, 30, 311-334.

Peterson, R. A. & Berger, D. G. (1975). Cycles in symbol production: The case of popular music. *American Sociological Review*, 40(2), 158-173.

Rao, H. , Philippe M. , & Durand, R. (2003). Institutional change in Toque Ville: Nouvelle cuisine as an identity movement in French gastronomy. *American Journal of Sociology*, 108(4), 795-843.

Sørensen, J. B. (2007). Bureaucracy and entrepreneurship: Workplace effects on entrepreneurial entry. *Administrative Science Quarterly*, 52(3), 387-412.

Uzzi, B. & Spiro, J. (2005). Collaboration and creativity: The small world problem. *American Journal of Sociology*, 111(2), 447-504.

Zimmerman, M. A. & Zeitz, G. J. (2002). Beyond survival: Achieving new venture growth by building legitimacy. *Academy of Management Review*, 27(3), 414-431.

08
경제위기의 전염
이종훈

1. 무너진 국경 : 경제의 세계화

2017년 3월 15일, 미국의 중앙은행인 연방준비제도(Federal Reserve System, Fed, 이하 연준)[1]는 통화정책결정회의인 연방공개시장위원회 (FOMC)를 열고, 현재 0.50~0.75％인 기준금리를 0.75~1.00％로 0.25％p 올리는 금리인상을 단행했다(연합뉴스, 2017). 2008년 말부터 2015년 말까지 0.00~0.25％ 수준에서 연방기준금리를 동결했던 연준은 2015년 12월 16일의 0.25％p 인상을 기점으로 기존 금리정책의 변화를 암시했다. 2016년 12월 14일 약 1년 만에 0.25％p를 인상하는 시점에서 이미 2017년 내 세 차례의 금리인상을 예고했던 연준

---

1 미국의 중앙은행(Fed)은 연방준비제도위원회(Board of Governors of the Federal Reserve System), 연방공개시장위원회(Federal Open Market Committee), 12개 지역의 연방준비은행(Federal Reserve Banks), 연방준비은행이사회(Board of Directors) 등을 주요기관으로 한다.

이 불과 3개월 만에 3차 인상을 단행함에 따라, 각국의 정책당사자들과 관련 전문가들은 향후 연준의 인상행보가 어떤 폭과 속도를 갖고 이루어질지 촉각을 곤두세우고 있다. 실제로 언론에서도 연준의 금리인상이 한국경제에 미칠 영향을 전망하는 기사가 인상 이후 연일 쏟아져 나왔다.

대관절 우리는 왜 연준의 금리인상에 이토록 민감하게 반응하는 것일까? 다른 나라의 기준금리 인상이 우리에게 어떤 의미를 지니기에 우리 사회 각급의 관계자들이 금리인상의 여파를 가늠하며 대책마련에 고심하는 것일까? 시쳇말로 "남의 집안 살림"을 걱정하는 것이 왜 '오지랖'이나 '기우'(杞憂)가 아니라 "우리 집안 살림", 즉 자국의 경제 운용상 핵심적인 부분이 된 것일까?

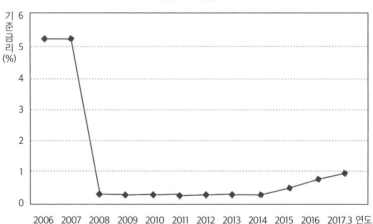

그림 8-1 **미국 기준금리 변동 추이(2006~2017)**

주: 기준금리 인상은 동결 이후 최초 인상부터 지금까지 같은 폭(0.25%p)으로 이루어졌다.
   하지만 연준이 갈수록 인상과 그 이후 인상 간 시간을 짧게 두면서 인상속도는 점증했다.
출처: http://www.federalreserve.gov/

오늘날 이상의 질문에 대한 답을 내리지 못하는 사람은 없을 것이다. 약간의 상식과 관심만 있어도 충분히 알 수 있는 부분이다. 다시금 세간의 말을 빌리자면, "남 일이 그저 남 일에 그치는 것이 아니다"라는 점이 핵심이다. 당면한 시대의 국가경제에서는 '남'과 '나'(우리)를 구분하는 '국경'의 의미를 찾기가 어렵다는 것, 다시 말해 국경이 무너져 버렸다는 것이다.

정치학자 로버트 길핀(Robert Gilpin)이 규정한 바와 같이 세계화가 "개별 국가의 경제에서 무역·금융·거시경제 정책의 상호의존성 증대"를 의미하는 것이라면(Gilpin, 1987: 389), [2] 우리가 목도한 현상을 '세계화'의 결과로 규정하는 데 큰 무리는 없을 것이다. 그렇다면 우리는 어떤 연유로, 어떤 경과를 거쳐 이러한 시대를 맞이하게 되었는가? 경제의 세계화는 언제 어떻게 시작되어 지금에 이르게 되었는가? 이에 대한 답을 찾기 위해서는 제2차 세계대전을 전후한 자본주의 역사를 개괄할 필요가 있다. 작금의 세계화는 자본주의의 지구적 확산 및 재편 과정 — 즉, 지구자본주의(global capitalism)의 발전과정— 의 산물이라고 해도 과언이 아니기 때문이다.

제2차 세계대전을 통해 세계 유일의 패권국가 지위에 올라선 미국은 1944년 영국과 함께 브레턴우즈 체제(Bretton-Woods System)를 구축했다. 이는 대공황 이후 붕괴된 국제금본위제도를 대신해 달러를 기축통화로 하며 각국 통화와 달러의 교환비율을 고정함으로써 (국제)

---

2 원문은 다음과 같다. "(globalization is) increasing interdependence of national economies in trade, finance, and macroeconomic policy."

경제의 불안정성을 줄이고, 각국 정부에서는 각국에 맞는 경제정책을 원활하게 펼칠 수 있도록 어느 정도 폐쇄성이 담보된 경제체제를 만들기 위함이었다. 다시 말해 자국 중심의 자본주의 질서에 안정과 균형을 추구하고자 했던 것인데, 체제의 출범과 함께 설립되었던 '국제부흥개발은행'(International Bank of Reconstruction and Development, IBRD) 과 '국제통화기금'(International Monetary Fund, IMF) 등의 본질적 목적 또한 여기에 있었다.

이때를 기점으로 자본주의는 지구적 팽창을 경험하게 된다. 당시의 냉전질서와 맞물려 미국의 비호 아래 안정적 경제성장을 구가하고자 했던 제3세계 국가들이 대거 미국의 '초대'에 응하며 자본주의 체제에 가담, 이를 확산시켰던 것이다. 이처럼 세계 최대 시장이자 자본주의 진영의 선도국가로서 미국이 서구국가들을 넘어 제3세계 국가들까지 적극 포섭할 수 있었던 것은 물론 경제력이 뒷받침되었기 때문이었다.

미국이 포드주의·테일러주의에 입각한 대량생산 체제를 통해 "대량생산 → 이윤율 증가 → 투자율과 생산성 증가 → 실질임금 증가 → 소비 증가 → (재차) 이윤율 증가"의 선순환 구조를 구축해 자본주의 패권국가 면모를 갖추었기에 가능한 일이었다. 결과적으로 전후 재건과정 이후 미국을 필두로 한 자본주의 국가들은 공동의 성장을 경험하며 1970년대 중반까지 전에 없는 경제호황을 이어갈 수 있었다. 이 호황의 시기를 흔히 '자본주의의 황금기'라 일컫는다.

하지만 1960년대 후반부터 이윤율 하락이 본격화됨에 따라 자본주의 황금기의 선순환 구조는 그 경로 그대로 '악순환 구조'로 전환되었다.

226

이윤율이 하락하자 투자율이 하락했으며, 이 영향으로 산출과 고용까지 하락하여 유효수요 ─ 소비자들의 구매력 ─ 의 저하로 이어졌고 이는 다시 이윤율의 하락을 가중시켰다. 이윤율 하락의 연쇄구조는 스태그플레이션으로 구체화되어 나타났다. 생산성이 둔화되고 현금화의 위기가 불거져 상품이 화폐로, 그리고 자본으로 전환되는 과정 전반에서 난관에 봉착하게 된 것이다. 이러한 세계 자본주의의 불황은 미국 헤게모니를 쇠퇴시키는 원인 중 하나로 작용했다(김경필, 2017).[3]

이런 흐름 속에서 선진자본주의의 자본가 세력은 흔히 "자본의 반격"(Dumenil & Levy, 2006) 혹은, "(자본) 소유자의 반란"(Mizruchi, 2010)이라는 은유로 지칭되는 일련의 변화들을 시도한다. 정치영역에서 자본의 대변가를 지원하는 한편(Clawson et al., 1998; Prasad, 2006), '금융'과 '생산'을 지구화함으로써 이윤창출 기회를 넓혔다(쉐네, 1998; 고완, 2001).

상품생산 분야에서의 경쟁이 전 지구적 수준으로 확대됨에 따라 기업들은 가격경쟁력 확보를 위해 임금삭감과 노동의 수량적·기능적 유연화를 통한 비용절감에 나섰다. 금융 분야에서는 자본시장 개방 및 탈규제 ─ 더 정확하게 말하자면, 자유로운 자본의 이동 및 투자를 위한

---

[3] 당시 자본주의 국가의 이윤율이 저하된 원인을 두고 펼쳐진 논의를 크게 다음의 세 가지로 집약해 볼 수 있다. 첫째, 많은 노동인구, 높은 임금수준, 복지국가의 등장과 발전 등의 계급타협으로 인해 노동자들의 몫이 많아져 '이윤압박'이 가중되었다(Glyn & Sutcliffe, 1972). 둘째, 기술진보가 저하되어 끊임없는 기술혁신을 통해 호황을 추동하지 못했다(Duménil & Lévy, 2002). 셋째, 유효수요 수준을 넘어서는 과잉설비와 과잉생산으로 인해 자본축적에 실패하면서 이윤율이 저하되었다는 것이다(Brenner, 2006). 이와 관련된 보다 세부적인 논의는 각각에 인용된 연구를 참고할 것.

'재규제' ― 를 통한 시장자유화가 추진되었다. 결과적으로 투자를 목적으로 하는 자본의 초국적 이동이 가능해지면서 금융자본이 축적을 주도하는 '금융화'(financialization)가 보편화되었다. 이윤을 좇는 '동질적' 자본이 너무나도 쉽게 국경을 넘나들 수 있게 된 것이다.[4]

실제로 미국의 경우 자국은 보호무역주의로 회귀하면서 타국에 대해서는 자유무역을 강화하기 위해 시장 개방과 경제 자유화를 시행하도록 압박했다. 미국은 무역·통상과 관련하여 수입품목의 개방을 압박함과 동시에 자국으로의 수출품에 대해서는 수입억제 조치를 취하거나 반덤핑관세를 부과하면서 보호무역주의의 태세를 취했다(윤상우, 2002: 139~142; 2005: 130). 미국의 영향을 받는 IBRD, IMF 등은 각국의 경제계획 및 재정운용에 관여하면서 외환 수입과 통제의 자유화, 환율의 평가절하, 재정과 금융의 긴축, 임금상승의 억제 등을 요구했다.

이전에 보였던 경제대국으로서의 '포용적 면모'가 완전한 과거가 되는 순간이었고, 미국의 영향력으로부터 자유로울 수 없었던 국가들은 차츰 미국이 원하는 방향으로의 전환을 추진했다. 일련의 전환은 '신자유주의'(neo-liberalism)로 규정되었고, 오늘날 우리에게 익숙한 형태의 '국가 간 상호의존'이 차츰 완성되었다. 이렇게 우리는 다른 국가의 경제상황에 민감할 수밖에 없는 시대를 맞이하게 되었다.

---

4 신자유주의 금융화는 개별화된 산업·상업·금융자본의 이해관계를 결합시켰다(Crotty, 2005; Krippner, 2005). 자본을 투자해 수익을 창출하는 축적방식이 자본형태를 막론하고 보편화되면서 개별자본 간 차이가 축소됐기 때문이다(하비, 2007: 52).

2. 경제우위의 시대

살펴본 바와 같이 경제의 세계화를 통해 특정 국가의 경제변동이 다른 국가에 영향을 미칠 수밖에 없게 된 시대에 접어들었다 할지라도 여전히 의문점이 한 가지가 존재한다. 한 사회에서 '경제'가 갖는 의미가 무엇이기에 우리는 경제(문제)에 그 사회의 관심과 역량을 집중시키는가 하는 점이다. 요컨대 우리에게 경제는 왜, 그리고 어떻게 중요해졌는가?

굳이 '경제(혹은 생산관계)'가 ― 국가, 시장과 구분되는 좁은 의미의 '(시민)사회'가 아닌 넓은 의미에서의 ― 사회(구성체)의 '물적 토대'라는 마르크스의 시각을 차용하지 않더라도, 이것이 국가 혹은 사회 전체의 근간(根幹)을 이루고 있다는 점은 분명하다. 공동체 구성원 개개인의 이른바 '먹고사는 문제'로부터, 그들이 일반적으로 먹고사는 수준을 결정하는 공동체 차원의 복리후생(福利厚生)의 문제에 이르기까지 '경제'의 외연(外延)은 그 의미와 대상을 한정짓기가 어렵다. 경제라는 개념이 모호하기 때문만은 아니다. 그보다는 국가별·사회별·시기별 편차에도 불구하고, 경제영역이 하나의 공동체에서 차지하는 비중이 그만큼 지대함을 방증한다고 보는 게 옳을 것이다.

특히 정치권력의 분산과 일상적·의식적 차원의 탈주술화(혹은 세속화)[베버], 임노동의 등장[마르크스]과 기술발전 및 사회분화[뒤르켐]에 힘입은 자본주의화·산업화 과정으로 점철되는 '근대'로의 역사적 흐름 속에서 경제영역의 중요성은 전에 비해 증대되었다. 어느 순간부턴가 우리는 개인적 차원과 공동체적 차원을 막론하고 경제적 이슈가 의사결정 과정에서 다른 이슈에 비해 큰 영향력을 갖는 것을 낯설다고 느끼지

않게 되었다. 시대는 그렇게 우리를 '경제우위의 시대'에 가로놓았다.[5]

그러나 우리의 시대를 경제우위의 시대로 규정하는 것은 다분히 '논쟁적'일 수 있다. "경제가 여타 사회영역에 대해 우위를 점하는가?"라는 질문을 두고도 많은 논쟁이 촉발될 수 있으며[6] 경제우위를 인정한다 할지라도 그것이 비단 우리 시대만의 일인지, 우리 시대만의 일이라면 우위가 시작된 시점이 언제며 무엇을 통해 가능해졌는지[7] 등을두고도 상충하는 견해가 존재할 수 있기 때문이다. 결부된 다양한 논쟁들을 하나하나 살펴보는 것도 큰 의미가 있겠지만, 이어지는 내용에서는 사회 제 영역에 대한 경제영역의 우위를 전제하며 그 우위가두드러지는 경험적 사례들을 살펴보고자 한다. 이 사례는 또한 앞서다루었던 '경제의 세계화'도 실감할 수 있었던 경우다. 세계의 경제가상호 연관되어 있고, 다름 아닌 그 경제가 우리의 삶을 크게 좌우할 수

---

5 물론 '경제우위'는 다분히 이데올로기적인 것일 수 있다. 우리 시대의 경제우위가 어떤 이데올로기로부터 비롯한 것일 수 있다는 얘기다. 어째서인가? '자본의 원활한 축적을 목적으로 하는 사람'과, '경제의 운용과 작동을 설명함에 있어 법칙을 정립하는 것'을 목적으로 하는 사람은 경제영역에서 예측과 통제가 불가능한 부분을 최소화하는 데 공통의 이해관계를 갖는다. 요컨대 양자 모두 경제영역에 내재된 불확실성을 줄이고 싶어 한다는 것인데, 일단 서로의 목적을 인지하면 이를 달성하기 위한 수단에 대해서는 의외로 간단하게 합의를 도출해낸다. 경제에 영향을 미치는 모든 것들을 통제할 수 없다면, 경제가 그 모든 것들에 — 우선적으로 — 영향을 미치도록 만들면 그만이다. 근대 이후 경제영역에 결부된 체제·제도·규범·법률·정책 등은 이 수단을 성교하게 만들어내는 과정의 산물이자, 이 수단의 실제적 표출형태라 할 수 있을 것이다. 경제영역은 사회 일반의 '펀더멘털'(*fundamental*)을 이루는 것에서 나아가 사회 제 영역에 대한 우위를 점하게 된 것일지도 모른다.

6 경제결정론과 관련한 마르크스주의 안팎의 논쟁을 참고하라.

7 자본주의 이행 논쟁, 자본주의 다양성 논쟁을 참고하라.

있음을 보여줬던 사례라는 것이다.

논의의 대상이 되는 '사례'는 1994~1995년부터 감지되었던 위기의 전조가 1997년 본격화되면서 여러 동아시아 국가들이 연쇄적으로 겪었던 '외환위기'와 2008년에 촉발되어 2010년까지 세계경제를 침체 국면 속에 몰아넣었던 '미국발 글로벌 금융위기' 두 가지다. 왜 다름 아닌 '경제위기' 사례에 집중하는가? 우리 시대, 우리 사회를 관통하는 '경제우위'가 인류역사 이행의 필연적 결과이든, 사회 구성원들의 상호작용이 만들어낸 우연의 산물 혹은 의도치 않은 결과(unintended consequences)이든, 아니면 특정집단의 분명한 목적과 의도를 반영한 계획에 의한 것이든 간에 그 우위는 위기국면에서 가장 잘 드러나기 때문이다.

사회조직 및 운영의 원리가 경제의 우위에 의거한다고 해도 이 우위가 언제나 피부에 와 닿는 형태로 드러나는 것은 아니며 때로는 이와 무관해 보이는 형태로도 표출될 수 있다. 국가정책을 결정함에 있어 경제적 투입·산출보다는 정치적 세력관계가 중요하게 작용할 수도 있으며, 개인의 선택이 때로는 경제적 합리성이 아니라 종교적·주술적 요소를 근거로 이루어질 수도 있다. 오히려 경제가 여타의 사회영역에 의해, 경제행위가 여타의 사회적 요소에 의해 결정되는 것이다.

이럴 경우 우리는 우리의 생활 전반이 경제적 요소에 의해 결정된다는 점을 실감하기 어렵다. 경제우위에도 '불구하고' 일련의 국면적 특수성으로 인해 그 우위가 은폐되기 때문이다. 또한 '일반적으로' 경제우위를 반영해 이루어지는 대다수의 의사결정과 사회적 상호작용의 경우는 응당 그러한 것이고, 그래왔던 것이고, 이미 보편적인 것이기 때문에 우리로 하여금 '인식론적 한계'를 갖게 만든다.

하지만, 경제영역에서 비롯한 부정적 효과가 사회 전반으로 파급되는 '경제위기'의 상황에서 우리는 비로소 상술한 '은폐'와 '한계'로부터 벗어나 경제우위의 시대, 경제우위의 사회를 체감할 수 있게 된다. 경제위기가 비단 경제영역에서의 위기에만 그치지 않고, 개인의 삶과 그 삶의 공간인 사회를 총체적 위기 속으로 몰아넣는 것을 목도하는 바로 그 순간에 말이다. [8]

그렇다면 "왜 하필 위의 두 경제위기인가?" 이 질문은 첫 번째 질문에 대한 답을 통해 어느 정도 답변 가능하다. 가장 최근이며, 가장 익숙하고, 가장 직접적으로 경험했던 경제위기로서 앞서 언급한 '은폐'와 '한계'에도 불구하고 경제우위의 현실을 가장 잘 체감할 수 있었던 위기상황이기 때문이다. 그리고 무엇보다 전 지구적 자본시장에서 한데 묶인 국가들이 한 국가에서 다른 국가로 파급되는 위기의 실상을 경험했던 대표적 사례이기도 하다.

1997년에 촉발된 동아시아 국가들의 연쇄적 외환위기는 우리에게 'IMF 사태'라는 이름으로 익숙하며, 위기를 경험한 우리 사회는 — 미시적 부분에서 거시적 부분에 이르기까지 사회의 — 모든 층위에서 급

---

8 물론 경제영역에서 발생한 위기가 경제영역의 내재적 역학에 의한 것인지, 아니면 외재하는 여타의 사회영역으로부터 부과된 영향력에 의한 것인지 또한 논쟁적이다. 경제위기가 정치적 이해관계 · 권력관계를 바탕으로 한 사회세력 간 각축의 과정에서 '소상'될 수도 있다는 시각 또한 상당수준의 경험적 증거를 통해 뒷받침되기 때문이다. 하지만 이때의 정치적 이해관계 · 권력관계의 기원을 다시금 경제영역에서 찾을 수 있다〔혹은 찾아야만 한다〕는 주장도 제기되는바, 이 글에서는 모종의 환원론에 천착하게 되는 것을 경계하고자 경제위기를 "행위자들이 수행하는 경제활동의 필연적, 혹은 우연적 산물"로서 규정하고자 한다.

격한 변화를 겪었다. 2008년의 금융위기 또한 마찬가지다. '서브프라임 모기지 사태'라는 이름으로 더 친숙한 당시의 경제위기는 작금의 체제에 내재된 한계와 모순이 국내외 금융시장의 울타리를 넘어 사회 구성원 개개인의 생활세계에까지 어떻게 영향을 미치는지, 그리고 전 지구적 파국을 초래한 작금의 체제가 역설적으로 얼마나 견고한 것인지 적나라하게 드러내 주었다.

3. 두 개의 위기

1) 동아시아 외환위기

1985년 미국과의 '플라자 합의'(Plaza Accord)[9]로 인해 자국 수출상품의 가격경쟁력 하락을 겪게 된 일본은 자본축적의 돌파구 마련을 위해 고심하게 된다. 대자본의 경우 일본의 수출시장이었던 선진자본주의국가에 직접 진출, 생산설비를 갖춤으로써 현지생산체제를 구축했다. 이러

---

9 1985년 9월 22일, 미국·독일·일본·프랑스·영국의 재무장관들은 미국의 뉴욕에 위치한 플라자 호텔에 모여 달러화 대비 일본 엔화와 독일 마르크화의 평가절상에 합의했다. 불황 이후 더욱 심화된 '쌍둥이 적자'(무역적자와 재정적자)를 해결하고자 했던 미국의 의도에 따라 '플라자 합의'가 채택된 이후, 엔화·마르크화의 가치는 오르는 한편 달러화의 가치는 급락하여 미국기업이 시장에서 갖는 가격경쟁력이 상승했다. 이를 통해 미국은 막대한 무역적자를 극복해냈고, 불황에 허덕이던 경기는 1990년대 들어 회복세로 돌아섰다. 반면 일본의 경우 그간의 호황이 만들어낸 '버블'이 붕괴하며 이른바 "잃어버린 20년"이라 불리는 장기간의 불황에 접어든다.

한 방식으로 '엔고'의 부담을 회피하는 한편, 금융·부동산 투자를 통한 이윤창출을 꾀했던 자본은 대거 동남아로 진출했다(Hart-Landsberg & Burkett, 1998: 91; 고완, 2001). 이제 막 아시아 분업구조 속에서 일본과 같은 선도국가의 '하청'을 담당하게 된 동남아 국가들은 태생적으로 자본부족 상태에 놓일 수밖에 없었다. 이들에게 일본의 차관이나 직접투자(Foreign Direct Investment, FDI)를 유치하는 것은 경제성장의 활로 개척을 위해 필수적이었다.

실제로 동아시아 외환위기의 시발점이었던 태국의 경우, 유치한 자금을 토대로 외환위기 이전까지 수년간 높은 경제성장률을 기록했다.[10] 하지만 문제는 바로 그 유례없는 경제성장에 있었다. 경제성장이 생산성 증가보다는 투자자금 유입에 의한 부동산 가격 상승과, 인건비 상승에 따른 소비지출 증가에 의존하고 있었기 때문이다(김용덕, 2010: 32). 단기이익 창출을 주목적으로 하는 금융자본의 특성상 투자가 장기적으로 생산성 증대를 가져오는 부문이 아닌, 배당과 현금화에 용이한 증권·부동산 등에 집중되는 것은 당연한 일이었다. 또한 태국은 1980년대 말부터 경상수지 적자 보전을 위해 자본시장 개방과 금융자유화를 상당수준으로 진척시켜 놓은 상황이었다. 이러한 배경에서 일본을 비롯한 해외의 단기 투자자본이 공격적으로 유입된 것이다.

---

10 외환위기가 빌생하기 전 1985년부터 1995년까지 10여 년 동안 태국경제는 연평균 9%대의 높은 성장을 지속했다. 특히 1988년에는 연간 성장률이 13.2%를 기록하는 등 과열 조짐마저 보였다. 그러나 1996년에 성장률이 5.9%로 하락하면서 경기 둔화 움직임을 보이던 태국경제는 이듬해인 1997년 갑작스럽게 외환위기를 맞게 되었다(김용덕, 2010).

투기자본에 의한 부동산 시장 과열을 의식한 태국정부는 1995년 '금융긴축'을 단행하는데, 그 여파로 부동산 가격이 폭락하고 관련업계와 이들에게 투자·대출을 실행했던 금융기관들이 연쇄적으로 도산했다. 지속되던 경상수지 적자[11]와 부동산 시장에서 시작된 금융시장 불안이 태국경제에 미칠 악영향을 우려한 투자자본은 빠르게 태국으로부터 이탈했다. 외환유출이 가속화됨에 따라 태국 바트화의 평가절하 압박이 가중되면서 금리차익과 환차익을 목적으로 유입되었던 '엔 캐리'(Yen Carry) 자금 또한 회수되었다. 경제지표가 악화되자 태국의 채권국들은 단기외채의 상환만기 연장을 거부했고, 자금회수 압력이 가중되었다. 결국 1997년 8월 11일, 태국은 지급불능 상태를 모면하고자 IMF로부터 172억 달러 규모의 구제금융을 지원받기에 이른다.

태국의 사례를 통해 동아시아 국가들의 '리스크'에 대한 인식이 투자자들 사이에서 확산·고조됨에 따라, 태국과 마찬가지로 자본시장을 개방하고 금융 자유화를 추진했던 인도네시아·말레이시아·필리핀·한국 등에서도 급속도로 해외 투자자본이 유출되었다. 이들 국가에서도 태국과 마찬가지로 단기 차입한 외환을 해외의 장기채권이나 장기 투자상품에 투입함으로써 단기차입 연장 실패에 따른 장·단기 자금의 '만기불일치', 투자회수에도 불구하고 외환을 조달하기 어려운

---

11 투자자본이 지속적으로 유입되면서 태국의 바트화는 지속적으로 고평가될 수밖에 없었고, 이는 태국 상품의 가격경쟁력 약화로 이어졌다. 게다가 동아시아의 분업구조 속에 중국이 적극적으로 가담하면서 동남아 국가들이 전담했던 '하청' 및 기초 공산품 생산을 빠르게 대체하기 시작했다. 그 결과, 동남아 국가들의 경상수지 적자가 지속적으로 심화되는 양상이 나타났다.

'통화불일치'의 위기가 고조되었다. 외채의 규모와 구조 모두가 악화되고 만 것이다(지주형, 2013: 143~144).[12]

한국 또한 IMF의 구제금융을 지원받음과 동시에 IMF의 구조개혁안을 받아들이게 되었다.[13] 부실기업 퇴출 및 구조조정, 노동유연화 과정 중에 한국의 실업률은 1999년 2월 기준 9%까지 치솟아 1966년 이래 최고수준이 이르렀다. 고용불안으로 인해 소비는 위축되었고, 경기침체는 장기화될 수밖에 없었다. 평생직장을 잃었다는 데서 오는 상실감과 무기력감, 좌절감 등으로 인해 자살률이 급증하기 시작했다. 부모들의 절망을 두 눈으로 목격한 아이들은 점차 안정적으로 고용이 보장되는 직업을 장래희망으로 삼게 되었다. 안정과 생존을 위한 경쟁은 사회 전반에서 격화되었다.

단기간의 외환부족이 불러온 위기의 결과가 너무나도 가혹한 형태

---

12 한편 기업은 이미 포화된 사업부문에 대한 '과잉 중복투자'를 감행했다. 삼성은 자동차를, 현대는 제철소를, 기아는 특수강회사를 설립했으며 이 밖에도 한보, 진로 등 대기업은 자기자본의 5배에서 20배에 달하는 과도한 부채를 빌려 수익성 없는 사업에 투자했고, 투자에 요구되는 자금의 대부분을 외자로, 외자의 대부분을 단기차입으로 충당했다(지주형, 2011; 2013).

13 김영삼 정부에서는 OECD 가입 요건을 충족시키기 위해 이전부터 점진적으로 진행되던 자본시장 개방과 금융 자유화에 박차를 가했다. 하지만 여기에 시장경제로의 이행을 위한 적절한 제도적 장치의 병행 발전은 수반하지 않았다. OECD 가입으로 자본유입에 대한 규제가 철폐됨으로써 금융기관의 해외자금 조달이 급증하여 국내 금융시스템이 국제 금융시장에 내재된 고유한 불안성성에 직접적으로 노출되었지만, 이에 대한 규제와 감독체제는 오히려 더 약화되어 금융기관의 부실화 경향이 더 심해졌다. 따라서 당시 실물경제는 비교적 건전한 상태였음에도 불구하고, 단기적인 외환부족과 이로 인한 금융권의 연쇄적 도산을 극복하지 못하고 IMF 구제금융을 신청하게 된 것이다(박길성, 2003: 131~133).

로 국민들의 일상에 내려앉았다. 아니, 국민들의 일상을 짓눌렀다는 표현이 더 옳을지도 모르겠다.

2) 미국발 글로벌 금융위기

본디 일반적 주택담보 대출시장에서는 25~30년 만기의 장기 대출이 주를 이루며, 은행은 장기간 채권을 보유하면서 채무자들로부터 받는 이자수익을 이윤창출의 원천으로 삼는데 미국 역시 마찬가지였다. 하지만 1970년대 말부터 신자유주의적 금융화와 함께 미국 산업 및 경제 전반에서 금융활동이 이윤의 원천으로 부상하게 됨에 따라,[14] 이전과는 다른 흐름들이 관측되기 시작했다.

　미국 내에서 은행이 대출을 조기에 현금화하고, 이를 다시 대출에 활용하기 위해 여러 개의 주택담보 대출을 결합시켜 유가증권 형태로 투자자에게 판매하는 '유동화 증권'의 규모가 증가하기 시작했다.[15] 대출의 결합이 통상 '채무불이행'(*default*, 이하 디폴트)의 리스크를 줄이고자 하는 목적에서 시행되었던 것과는 달리, 은행들이 이 리스크

---

14 금융영역에서 발생하는 이윤은 1950~1960년대 미국경제 전체이윤의 15% 수준에서 2001년 40% 이상으로 증가했다(Mizruchi, 2010).

15 유동화 증권은 은행의 부동산 등 여러 가지 자산에 대한 대출을 증권화한 금융상품을 말한다. 구조화 증권이라고도 하며 자산담보부 증권(*asset-backed securities*, ABS), 모기지담보부 증권(*mortgage-backed securities*, MBS), 부채담보부 증권(*collateralized debt obligation*, CDO), 대출채권담보부 증권(*collateralized loan obligation*, CLO) 등이 여기에 해당한다. 모기지를 기초자산으로 하는 미국 내 유동화 증권 규모는 2006년 말 기준 총 6조 달러로, 이 중 서브프라임 모기지 관련 유동화 증권 규모는 1조 달러 이상으로 추정되었다(김용덕, 2010: 143~144).

를 적극적으로 사용(*exploitation of risk*)하면서 금융이익을 극대화시키고자 했던 결과였다. 이를 통해 채권자는 채권을 보유하는 것이 아니라 팔아 버림으로써 디폴트 리스크를 고려할 필요가 없게 되었고, 결과적으로 디폴트 리스크가 큰 사람들에게 대출이 가능해졌다. 오히려 '고위험·고수익'(*high risk, high return*)의 논리에 따라 디폴트 리스크가 크다고 평가되는 사람들에게 높은 이자율을 책정함으로써 이들에 대한 주택담보 대출시장을 수익성 좋은 투자시장으로 변모시켰다.

한편 신자유주의가 확대되면서 기업에 대한 단기이익 평가가 주식시장에서의 기업가치를 좌우하게 됨에 따라, 기업들은 임금비용 절감을 위해 노동 유연화 및 정리해고를 단행했다. 결과적으로 미국 내 부의 불평등은 더욱 심화되었다. 자본소유자와 임금노동자 사이의 소득 격차가 더욱 확대된 데 더해, 임금노동자 사이에서도 '저숙련·반숙련 노동자들'과 '전문직·숙련 노동자들' 간 고용지위·임금수준의 차이가 큰 폭으로 벌어졌기 때문이었다. 이러한 '상대적 저임금'에 더불어 신자유주의 정책 기조에 입각하여 국가의 공공서비스·복지 지출이 제한, 혹은 축소됨에 따라 이것의 가장 큰 수혜자였던 저소득층의 취약성은 더욱 가중되었다.

낮은 임금으로 인해 가계수지는 적자, 혹은 가까스로 적자를 면하는 수준이었기에 자산형성은 엄두도 내지 못하는 상황에서 고용지위마저 불안정한 사람들은 시중금융기관으로부터 낮은 신용등급을 부여받게 된다. 이러한 저신용자 혹은 '비우량자'들의 경우 으레 금융서비스에 대한 접근성이 극도로 제한된다. 하지만 끊임없는 자기증식을 목적으로 하는 (금융)자본은 이들이 지닌 리스크로부터 높은 수익의 가능성을 확인했고 비록 높은 대출금리가 책정되기는 했지만, 이들에게도 주택담보 대출을 통해 자가주택을 보유할 기회를 제공했다. 우리에게 익숙한 '서브프라임 모기지'(sub-prime mortgage)가 탄생하는 순간이었다.

금융경제에서 개인의 신용등급이라는 것은 개인의 자산·소득규모와 그간의 거래실적을 토대로 '채무상환 능력'을 객관적으로 평가하기 위해 고안된 지표이다. 이 신용등급이 낮다는 것은 상대적으로 채무상환 능력이 떨어져 원리금 상환의 연체 혹은 채무불이행의 가능성이 높음을 의미한다. 물론 신용등급이 낮은 '비우량자' 또한 나름의 합리적 판단 하에 대출상품을 이용하며 애초부터 연체·파산을 계획하지는 않는다. 하지만 그들이 가계경제의 취약성을 가중시킬 경제적 변화 — 물가상승, 실질임금 하락, 금리상승 등 — 까지 모두 그들의 예측과 통제범위 안에 둘 수는 없다. 그리고 이러한 경제변화를 마주하는 순간, 안 그래도 높은 대출금리를 감당해야만 하는 '비우량자'들의 상환연체·채무불이행은 더 이상 '가능성'의 수준에만 머무는 일이 아닌 '현실'이 된다.

주택가격이 지속적으로 상승할 것이란 전망에 의존해 작동하던 주택담보 대출시장은 2004년 이후 금리가 상승하고 주택가격이 하락하면서 연체·압류가 급증하고, 압류매물이 시장에 과잉 공급되면서 다시 주택가격 폭락으로 이어지며 빠르게 부실화됐다(Mizruchi, 2010). 2007년 3월 말에 서브프라임 모기지 연체율은 약 14%, 연체액은 1,800억 달러에 육박하는 것으로 추산되었다(김용덕, 2010: 144). 채무자의 채무불이행이 채권자의 도산으로 이어지고, 이것이 다시 투자자의 도산으로 이어지는 악순환의 고리 속에서 관련 유동화 증권에 투자했던 투자은행·보험회사, 헤지펀드, 연기금 등은 대규모 손실을 입게 되었다.

서브프라임의 부실화가 추세가 심화되면서 미국의 유명 투자은행 또한 파산이나 매각을 피할 수 없게 되었다. 2008년 3월 15일에는 세계 제5위의 투자은행인 베어스턴스가 파산했고, 이어서 9월 14일에는 미국 제3위의 투자은행인 메릴 린치가 뱅크오브아메리카(Bank of America, BOA)에 매각되었으며, 다음날 미국 제4위의 투자은행인 리먼 브라더스가 파산을 신청했다(김일섭, 2009).

　자본주의의 심장과도 같은 미국에서 발생한 금융위기는 전 세계로 일파만파 퍼져나갔다. 투자를 목적으로 신흥시장에 투입되었던 미국의 자본이 본국의 유동성 위기 해소를 위해 회수되면서, 신흥시장에도 유동성 위기를 초래했으며 이들 국가의 주가가 급락했다. 또한 금융위기로 인한 신용경색은 곧장 실물경제의 위기를 초래했다. 국가 자체가 세계시장에 다름 아닌 미국의 위기로 인해 미국으로의 수출 비중이 높았던 신흥국들의 실물경제 또한 연쇄적 타격을 입었다.

　각국 정부가 마치 도미노가 쓰러지듯 이어지는 은행의 파산 릴레이를 막기 위해 투입한 천문학적 규모의 공적 자금을 두고, 시민사회의 거센 반발이 빗발쳤다.[16] 투자자본의 무절제한 탐욕이 초래한 위기를 진화하기 위해 말 그대로 '국민의 혈세'를 들이붓는 와중에도 투자은행의 임직원들이 '성과급·퇴직금 파티'를 벌였다는 사실이 알려지자, 분개한 시민들은 "월가를 점령하라(Occupy Wall Street)!"라는 구호를

---

16 FRB의 기간물 입찰대출에 1조 5백억 달러, 회사채 매입에 2조 4천억 달러, 모기지 시장과 가계 및 중소기업 대출시장 안정에 8천억 달러, 연방예금보험공사의 은행 간 보증에 1조 4천억 달러, 재무부의 부실자산인수 프로그램에 7천억 달러 등 미국에서만 금융위기 이후 약 7조 4천억 달러의 공적자금이 투입되었다(김일섭, 2009).

내걸고 대대적 시위를 벌였다. '복지의 과잉'을 비판하며 공공지출의 축소를 주장했던 이들에게 역사상 유례없는 공적자금이 지원되는 아이러니를 목도한 시민들의 이유 있는 저항이었다.

4. 전염의 시대 : 경제위기를 '전염'의 시각에서 바라보다

살펴본 두 가지 사례를 통해서 우리는 첫째, 일국의 경제위기는 해당 국가에만 국한되는 것이 아니며, 둘째, 그 경제위기가 비단 경제적 측면의 위기에만 머무는 것이 아니라는 점을 적시할 수 있다. 요컨대 경제위기는 국가와 사회를 넘나들며 '전염된다'는 것이다. 일국의 금융위기가 타국의 금융 및 경제위기로 전염되는 것을 '국가 외적 전염'(*external contagion*)이라 한다면, 금융시장의 위기가 실물경제의 위기로, 그리고 국가경제 전반의 위기로 전염되면서 국민의 삶 전반에 악영향을 초래하는 것은 '국가 내적 전염'(*internal contagion*)으로 규정할 수 있을 것이다. 상술한 두 가지 사례에서 알 수 있듯이 오늘날 이러한 경제위기의 내·외적 전염은 어느 한 차원만이 아닌, 복합적 형태로 나타난다.

농·축산의 자본주의적 상품화 과정 속에서 상품성 높은 품종으로의 획일적 개량이 전염병에 대한 취약성을 증폭시켰다는 점을 상기해 보자. 이와 마찬가지로 자본축적 논리에 입각한 세계체제적 경제구조·분업구조 속에서, 유사한 지위 및 역할을 부여받아 결과적으로 유사한 거시경제적 기초를 갖게 된 국가들이 국가 간에 파급되는 경제위기의 위험성을 공유한다는 주장은 일견 타당해 보인다(박대근, 1999).

비슷한 수준의 경제규모, 경상수지, 대외무역 의존도 및 수출입 구조를 가진 국가들 사이에서 한 국가의 경제위기를 초래한 문제는 비단 그 국가만의 문제에 그치지 않을 것이기 때문이다.

실제로 1997년의 동아시아 외환위기의 경우, 위기를 초래한 공통의 근본적 원인은 동아시아 신흥국들이 만성적 자본부족 및 경상수지 불균형의 문제를 해결하기 위해 해외자본을 — 관련 제도나 규제가 완비되지 못한 상태임에도 불구하고 — 적극적으로 유치했다는 데 있다. 공격적으로 유입된 투기자본은 경제의 '거품성장'을 주도하다가도 '버블붕괴'의 우려가 현실화될 조짐이 보이자마자 일거에 후퇴함으로써 각국에 단기적 유동성 위기를 초래했던 것이다.

하지만 이 '거시경제적 기초의 유사성'만으로는 2008년의 글로벌 금융위기를 설명하는 데 한계가 있다. 당시의 위기는 자본주의의 첨단에 서 있던 미국으로부터 미국과 모든 면에서 현격한 차이를 지닌 (후)후발주자들에게까지 전이되었기 때문이다. 뿐만 아니다. 위기의 발원지인 미국에서는 '비우량' 대출자들이 직면한 가계경제 위기가 투자은행 및 금융시스템의 위기로, 이것이 다시 사회 전반의 위기로 이어졌다. 서로 다른 경제주체들을 가로지르며 위기가 촉발된 것이다. 바로 여기에 우리가 상이한 경제행위자 및 국가들을 한데 묶어 놓은 오늘날의 (경제) 네트워크와, 이 네트워크에 올라타 종횡무진하는 '자본'의 성격에 주목해야 하는 이유가 있다.

다양한 층위의 경제행위자 및 국가가 상호의존성에 근거해 결집한 네트워크상에서 이윤을 좇아 이동하는 자본은 '유동적'이다. 이러한 자본의 유동성을 일국, 혹은 국제적 차원의 제도 및 규제 메커니즘이 적절한 수준으로 통제할 수 없을 때, 자본은 사회 전방위적·국제적 '과잉유동성'을 갖게 되며 성장이 아닌 투기를 목적으로 사용된다.

이것은 일종의 '병원체'이며 투기자본이 자리잡은 행위자·국가 간 네트워크는 병원체가 침투한 '물리적 신체'와 같다. '면역작용'으로서의 관리감독과 규제가 없다면 머지않아 경제위기라는 '전염병'을 초래하겠지만, 반대로 적정한 조치를 취한다면 그 발병을 막을 수도 있다. 이것은 현상에 대한 비유 이상의 의미를 갖는다. 경제의 세계화 시대·경제우위의 시대를 살아가는 우리에게, '전염'은 경제위기의 촉발과 파급을 아우르는 본질적 '논리'〔원리〕에 다름 아니라는 것이다. 두 차례의 경제위기를 교훈 삼는다는 것은 곧 상술한 경제위기의 전염성을 인식하고 이해한다는 것을 의미한다.

이제 우리의 역량을 그 면역작용에 집중할 때다. 우리는 '전염의 시대'의 경제위기가 사회적 취약계층, 저발전국가뿐만 아니라 투자자본의 모처인 투자은행과 선진자본주의 국가에까지도 파급되며 그 영향은 경제영역을 넘어 사회 전반에 예외없이 전달됨을 확인했다. 지난 경제위기에서 그러했듯이 앞으로 찾아올 경제위기 속에서도 우리 모두는 '당사자'이다. 물론 이것은 우리가 다시금 관련 제도와 규제·감독체제를 갖추지 못한 채 또 다른 경제위기를 자초했을 때의 일이다.

국적을 막론한 경제 및 정책 실무자 집단, 지식사회, 시민사회의 공조가 필요한 시점이다. 다각적·초국적 협력을 통해 촉발된 위기의 피해를 최소화하기 위한 방안을 강구하는 데서 나아가 그 촉발 자체를 미연에 방지할 수 있는 체제를 구축할 수 있게 되기를 희망하며 글을 맺는다.

참고문헌

고완, 피터 (2001). 《세계 없는 세계화: 금융패권을 통한 미국의 세계지배 전략》. 홍수원 (역). 시유시.

김경필 (2017). 《한국재벌의 자본축적전략에 관한 연구》. 고려대 대학원 사회학과 박사학위 논문.

김용덕 (2010). 《반복되는 금융위기: 두 개의 위기, 하나의 교훈》. 삼성경제연구소.

김일섭 (2009). 2009 새로운 희망, 위기는 기회다. 인간개발연구원 (Human Development Institute, HDI) 경영자 연구회 발표자료 (2009. 1. 8, 제1485회).

박길성 (2003). 《한국사회의 재구조화: 강요된 조정, 갈등적 조율》. 고려대 출판부.

박대근 (1999). 연구논문: 아시아 금융위기의 전염효과. 〈응용경제〉, 1 (1), 49-78.

쉐네, 프랑수아 (1998). 금융 지배적인 세계적 축적체계의 출현. 이병천·백영현 (편). 《한국사회에 주는 충고》 (144-182쪽). 삼인.

연합뉴스 (2017. 3. 16). 美 기준금리 0.75-1.00%로 … 트럼프 정부 출범 후 첫 인상 (2보).

윤상우 (2002). 《동아시아 발전국가의 위기와 재편: 한국과 대만 비교연구》. 고려대 대학원 사회학과 박사학위 논문.

_____ (2005). 《동아시아 발전의 사회학》. 나남출판.

지주형 (2011). 《한국 신자유주의의 기원과 형성》. 책세상.

_____ (2013). 한국의 국가 발전: 개발주의에서 신자유주의로. 《한국사회학회 2013 전기사회학대회 논문집》 (203-211쪽). 한국사회학회.

하비, 데이비드 (2007). 《신자유주의: 간략한 역사》. 최병두 (역). 한울아카데미.

Brenner, R. (2006). *The economics of global turbulence: The advanced capitalist economies from long boom to long downturn, 1945-2005*. Verso.

Clawson, D., Neustadtl, A., & Weller, M. (1998). *Dollars and votes: How business campaign contributions subvert democracy*. Temple University Press.

Crotty, J. (2005). The neoliberal paradox: The impact of destructive product market competition and 'modern' financial markets on nonfinancial corporation performance in the neoliberal era. In G. A. Epstein (Ed.). *Financialization and the World Economy* (pp. 77-110). Edward Elgar.

Duménil, G. & Lévy, D. (2002). The profit rate: Where and how much did it fall? Did it recover? (USA 1948-2000). *Review of Radical Political Economics*, 34(4), 437-461.

Glyn, A. & Sutcliffe, R. B. (1972). *Capitalism in crisis*. Pantheon Books.

Gilpin, R. (1987). *The political economy of international relations*. Princeton University Press.

Hart-Landsberg, M. & Burkett, P. (1998). Contradictions of capitalist industrialization in East Asia: A critique of 'flying geese' theories of development. *Economic Geography*, 72(2), 87-110.

Krippner, G. R. (2005). The financialization of the American economy. *Socio-Economic Review*, 3(2), 173-208.

Mizruchi, M. S. (2010). The American corporate elite and the historical roots of the financial crisis of 2008. In M. Lounsbury & P. M. Hirsch (Eds.). *Markets on trial: The economic sociology of the US financial crisis* (pp. 103-139). Emerald Group Publishing Limited.

Prasad, M. (2006). *The politics of free markets: The rise of neoliberal economic policies in Britain, France, Germany, and the United States*. The University of Chicago Press.

팬덤 연구와 전염의 인식론
자발적 전염과 관용적 면역

김민형

1. 들어가며

'좋아요', '싫어요'의 비격식적이고 일상적인 인간의 감정이 가장 빈번하게 표출되는 영역 중의 하나가 바로 대중문화일 것이다. 대중문화의 콘텐츠와 대중스타를 향하여 우리는 호불호의 감정을 발산하고 종종 그 감정을 타인과 공유한다. 그렇게 공유된 감정은 때때로 사회적 진폭을 형성하며 일정한 공명을 만들어내기도 한다. 이처럼 대중문화의 특정대상을 향한 개인과 사회의 정서적 공진현상이 다름 아닌 팬덤(*fandom*)의 1차적 정의이다. 특히 디지털 매체와 소셜 네트워크 서비스를 통해 감정의 공유가 날로 증폭되는 오늘날, 팬덤이 대상화하는 범위는 대중문화의 경계를 넘어 정치인, 일반인, 심지어는 사물이나 동물에게로까지 확산되고 있다.

이 장은 감정전염의 대표적 현상인 팬덤에 주목하여 팬덤 연구를 개괄하고, 이로부터 전염(contagion)의 인식론을 위한 하나의 단초를 마련하고자 한다. 전염과 팬덤은 개념적 스펙트럼이 부정적 차원으로 치우쳐 있다는 점에서 인식론적 유사성을 지닌다. 일종의 위험한 집단 히스테리 증상 정도로 치부되던 팬덤은 대중문화의 층위가 다양해지고 관련 연구가 확장되면서 새로운 긍정성의 축을 발견했다. 마찬가지로, 통합전염학의 성립을 위해서는 전염개념에 대한 인식론적 전환(epistemological shift)이 선행되어야 할 것이다. 또한 메타 인식론으로서 전염의 에피스테메(épistémè)는 향후 팬덤 연구의 방향성에도 시사하는 바가 클 것으로 기대된다.

이를 위해 본 연구는 먼저 팬덤 연구의 주요 흐름을 살펴보고 방법론적 쟁점과 주요 논점을 검토한 후, 팬덤 연구와 전염의 인식론의 가능성을 가늠해 보고자 한다.

2. 팬덤 연구의 짧은 역사

1) 기원

오늘날 팬덤은 수많은 대중문화의 장르에서 자연스럽게 분출하는 현상으로서 점차 자리매김하고 있다. 본래 팬덤의 '팬'(fan)은 종교적 광신도나 헌신적 열성파를 의미하는 'fanatic'의 줄임말로서, 어원적으로는 신에 종속되고 도취되어 절대적으로 경외함을 뜻하는 라틴어 '파나

티쿠스'(*fanaticus*)로부터 유래했다. 즉, 팬은 대중매체와의 긴밀한 연결을 지속적으로 유지하고, 이에 대한 열정적 개입을 통해 대중문화의 콘텐츠를 통달함으로써 자신의 정체성을 드러낸다. 더 나아가 팬은 독특한 취향과 애호의 감정을 집단적으로 공유함으로써 사회적 소속감을 경험하는 개인으로 폭넓게 정의된다.

한편, 팬덤이란 특정 장르나 스타에 대한 자신들의 선택과 지지를 가시화하기 위해 자발적 집단행동을 취하고, 적극적인 스타상품 소비를 통해 문화주체로서의 권력을 행사하며, 공통의 기호를 향유하는 팬 커뮤니티의 발생과 구성, 양태 등을 하나의 큰 틀로 묶어 정의한 개념이다. 팬덤은 대중문화와 대중매체, 명성과 권력의 작동 및 근대 소비사회 등과 연관된 사회문화적 현상을 총체적으로 일컫는다.

사실 팬덤이 본격적인 연구대상으로서 광범위한 관심을 끌게 된 것은 비교적 최근의 일이다. 팬덤이란 단어의 등장은 근대적 매체가 급격하게 확산된 19세기 후반에서 20세기 초로 파악된다. 초기의 팬덤은 열광하는 야구 관중의 행태를 묘사하기 위한 저널리즘의 용어로 사용되다가 점차 영화나 대중음악의 충성스러운 수용자들을 가리키게 되었다. 기본적으로 일정 수준의 정서적 배타성을 기반으로 삼는 팬덤은, 대상에 대한 과도한 추종과 폐쇄적이고 편향적인 성향 때문에 이후 줄곧 비정상적이고 맹목적인 저급한 하위문화의 본보기로 여겨졌다. 그러나 부정적 시각 일색의 팬덤 문화는 대안적 의미작용과 그 특유의 생산성에 주목하는 선구적 연구들을 통해 오늘날 새로운 관점에서 재조명되고 있다.

요약하면, 팬덤 연구는 팬들의 관심사를 형성하고 관련활동을 지원하는 사회적 인프라와 그로부터 파생되는 문화적 양상을 연구하는 데 중점을 둔다. 팬과 팬덤에 대한 최근 논의들은 미디어와 수용자 및 소비에 대한 관심을 확장하여, 정체성, 수행, 젠더, 인종, 민족성과 민족주의와 같은 문화연구(*cultural studies*)의 핵심적 질문들을 다시금 돌아보게 했다.

팬덤 연구의 기원은 문화연구의 대부 격인 영국 버밍엄학파의 전통에서 관객과 수용자 연구(*audience research & reception studies*)에 주목하는 초창기로 거슬러 올라간다. 팬덤 연구는 1980년대 이후 진행된 문화연구의 큰 자장권 안에서 매체학(*media studies*), 하위문화 이론(*subculture theory*), 젠더 연구(*gender studies*) 등의 학문적 성과를 자양분 삼아 태동했다.

팬덤 논의를 촉발하는 전기를 마련하는 데는 1992년 출간된 리사 루이스(Lisa Lewis)의 《경배하는 관객들: 팬 문화와 대중매체》(*The Adoring Audience: Fan Culture and Popular Media*)와 헨리 젠킨스(Henry Jenkins)의 《텍스트 밀렵꾼들: 텔레비전 팬과 참여문화》(*Textual Poachers: Television Fans and Participatory Culture*), 두 권의 저서가 기념비적 공을 세웠다. 전자가 팬덤 연구의 기초가 되는 시기에 등장하여 관객과 수용자 이론으로부터 진화한 개념들과 방법론 개발에 초석을 놓았다면, 후자는 팬덤에 대한 기존의 스테레오 타입에 도전하여 팬들을 사려 깊고 생산적이며 창조적인 주체로 그려내는 인식의 전환을 촉구했다.

특히 저서의 제목에서도 드러나듯이, 젠킨스는 프랑스의 문화연구자 미셸 드 세르토(Michel de Certeau)가 대중문화의 능동적 수용과 창조적 변용을 강조하며 주창한 '텍스트 밀렵'(*text-poaching*)의 개념을 토대로 일종의 병적 집착으로 치부되는 팬덤에 대한 고정관념을 넘어서 팬 문화의 복합성과 다양성을 고찰하는 방향으로 인식의 축을 재설정했다. 팬덤에 대한 젠킨스의 전략적 묘사는 탁월한 성취를 거두어 바야흐로 팬덤을 문화연구의 의제에 포함시키는 데 성공했을 뿐만 아니라, 대중문화 수용자 주권의 토대를 확립하고 대중문화 연구자로서 존재론적 분열의 요소를 극복하여 학자(*academia*)이면서 팬(*fan*)으로서의 정체성을 유지하는 이른바 '아카팬'(*aca-fan*)의 출발을 선언했다.

2) 전 개

현재까지 전개되어온 팬덤 연구는 크게 개인 팬에 초점을 맞춘 연구와 팬 커뮤니티를 고찰하는 연구로 나누어진다. 여기에서 주목할 점은 팬덤 연구가 지향하는 전통적인 관객 및 수용자 연구와의 차별점이다. 전자는 후자를 모태로 삼기는 하지만, 대중문화 콘텐츠와 비교적 느슨하고 우연한 관계 속에 놓인 관객이 아니라 스스로를 팬으로서 적극적으로 규정하는 개인이나 공동체에 초점을 맞춘다.

　무엇보다 최근 팬덤 연구의 가장 큰 특징은, 참여형 실천의 본질을 더욱 가시적으로 드러내는 디지털 문화의 새로운 형태들을 폭넓게 수용하며 팬의 문화적 생산양식을 긍정적으로 부각시키는 방향으로 빠르게 이동하고 있다는 점이다. 물론 대부분의 팬들은 미디어 커뮤니케이션 기술을 진취적으로 받아들이는 얼리 어댑터(*early adopter*)의 성향을 나타내기 때문에 지리적 근접성보다 정서적 친밀감에 기반을 두는 팬들의 전통적 성향이야말로 이미 가상의 온라인 커뮤니티를 예견하는 강력한 징후였다는 반론도 있다. 그러나 팬덤 연구의 대전환을 구분짓는 변곡점은 바로 디지털 시대의 등장이라는 것이 주지의 사실이다.

1세대 팬덤 연구에서 2세대 팬덤 연구로 이행하는 거대한 흐름의 방향성은 결국 디지털 문화의 보편적 특징으로 수렴한다. 다시 말해, 팬덤 연구의 최전선은 '온라인 커뮤니티'(online community)와 '디지털 경제'(digital economy)의 연합지대에 놓여 있고, 그 경계를 넘나들며 다양한 변주가 거듭된다고 할 수 있다. 물론 아날로그 매체의 특성과 소통을 갈망하는 팬들의 양상이 디지털 팬덤 시대의 단초를 제공한 것은 엄연한 사실이다. 그럼에도 불구하고 팬덤 현상과 관련 연구의 폭발적 성장은 분명 인터넷의 대중화를 거치며 실현되었다. 새로운 매체 기술에 예민하게 반응하며 선구적 실험을 주저하지 않는 성향을 지닌 대중문화의 팬들은 디지털 미디어 시대를 활짝 연 주역이었다. 이들은 온라인 커뮤니티 공간에서 팬으로서의 정체성을 재구성하는 과정을 통해 국적, 성별 및 대중문화의 생산자와 수용자의 간격을 좁히는 데 크게 기여했다.

무엇보다 디지털 팬덤은 크라우드 소싱(crowd sourcing) 및 사용자 생성 콘텐츠(user-generated content)의 원칙을 기반으로 번성하는 웹 2.0의 디지털 경제 안에서, 대중문화의 생산과 소비의 경계를 해체하며 '팬 생산'(fan production)의 범주를 확장했다. 특히 팬들의 자발적 무상노동으로 작동하는 웹 2.0 플랫폼의 속성을 고찰하거나, 시장상품에 대한 대안적 개념으로 참여자들 간의 윤리적 관계에 기인하는 도덕경제(moral economy) 및 시장 내의 상품유통을 초월하여 팬들 사이에서 이루어지는 선물교환(gift exchange) 등을 탐구함으로써, 팬덤 연구는 디지털 경제의 본질에 대한 논의 역시 풍성하게 만들고 있다.

3) 주요 경향

2세대 팬덤 연구, 즉 팬덤 연구 2.0의 주요 경향은 크게 세 가지로 요약할 수 있다. 첫째, 역사적 접근법으로 팬덤의 기원과 변천 과정을 추적하는 작업이다. 근대 유럽 초기에 발생한 작가와 독자 사이의 관계성 변화나 20세기 초 공상과학 소설의 창발을 둘러싼 팬 문화를 탐구하는 등 특정 역사시대의 팬 실천을 설명하는 일련의 의미 있는 연구들이 그 예이다. 아직 팬덤의 역사를 관통하는 계보학이 제대로 성립된 바는 없다. 그러나 팬덤 현상이 어떠한 역사적 관행으로부터 발전했으며, 팬덤 연구가 관객 및 하위문화 연구 등의 선행연구와는 어떠한 관계 속에서 전개되었는지에 대한 탐구가 주로 이루어졌다.

팬덤 연구의 두 번째 경향은 해석과 평가, 생산의 장소로서 팬 커뮤니티를 설정하고 그 안에서 행해지는 다양한 사회 경제적 교환의 내용을 분석하는 것이다. 이로써 영화, 텔레비전뿐만 아니라 대중음악, 소설, 게임, 스포츠에 이르기까지 더욱 확장된 팬의 개념화를 시도하고, 전시, 수용, 소비, 유명인 문화(celebrity culture), 트랜스미디어(transmedia) 등의 주요 개념에 초점을 맞춘다. 또한 팬 커뮤니티의 분석은 일본의 오타쿠(otaku) 문화와 같이 특정지역에서 생성되는 팬덤의 고유성을 포착하고 보편성을 고찰하는 연구로도 나아가고 있다.

마지막으로 오늘날의 팬덤 연구는 대중문화의 외부에서 정치행동과 시민운동 등으로 확장하는 팬덤의 잠재적 기여도와 사회적 의미를 측정하고 평가하는 데로 나아가고 있다. 역사적으로 볼 때 팬들은 공통의 관심사를 두고 강하게 집결하는 경이로운 역량을 보여주었으며, 이 과정에서 다양한 전략을 구사하여 네트워크를 형성하고 자신들이 선호하는 대중문화의 대상에게 막대한 영향력을 행사했다. 그로부터 일부 팬들은 특유의 조직력과 표현력을 활용해 자신들의 발언권을 행사하고 현실을 변화시키는 대안을 꾸준히 모색했다. 시민참여의 주제를 중점적으로 다루는 연구자들은 이러한 팬들의 실천적 관행이 정치과정에 적극적으로 개입하는 자발적 시민성과 참여문화(*participatory culture*)를 이해하는 데 있어 새로운 인식의 틀을 제공할 것이라는 기대감과 신뢰를 표출한다.

3. 팬덤 연구의 현재: 방법론적 쟁점과 주요 논점

1) 방법론적 쟁점

(1) 보편 이론

앞서 서술한 팬덤 연구의 간략한 역사를 토대로 여기서는 팬덤 연구의 현주소를 방법론적 쟁점과 주요 논점으로 나누어 살펴보도록 하겠다. 첫 번째 방법론적 쟁점은 팬덤 연구를 위한 보편적 이론의 가능성이다. 팬덤 연구는 이른바 비정상적으로 집착하며 때로는 과격한 행동을 일삼기도 하는 팬을 오히려 창의적 독자나 정치적 행위자로 규정하며 출발했다. 즉, 오랫동안 주변화되고 타자화되었던 팬을 어떻게 학술적 논의의 공간으로 소환할 수 있을지에 대한 방법론적 도전이라 볼 수 있다.

사실 팬덤은 매우 까다로운 연구대상이다. 팬의 개념은 맥락에 따라 동일시, 열광, 욕망, 강박, 신경증, 소비주의, 정치적 저항 등 그

의미작용을 방대하게 발산한다. 팬덤은 결코 단일한 사물이나 장소로 규정되지 않으며 전형적인 팬 집단 또한 존재한다고 보기 어렵기 때문에, 개별 팬덤은 제각각 서로 다른 담론과 연결되기 마련이다. 따라서 일부 연구자들은 단일한 팬덤에 대해 이야기하는 것이 불가능하고 다양한 팬 문화들은 서로 분리하여 개별적으로 다루어져야 하기 때문에, 보편적 이론의 구축은 현실성이 없다고 주장한다.

이에 대해 팬덤 연구의 선구자들은 방식과 정도의 차이가 있을 뿐 우리 모두는 그 무언가를 향한 팬으로 살아간다는 측면에서, 문화인류학적 접근을 바탕으로 팬덤이 발휘하는 일상적 실천의 의미를 적극적으로 해석하는 작업을 시도했다. 그들은 동일한 대상의 팬들이 공유하는 동일한 관심 혹은 서로 다른 대상의 팬들이 수행하는 유사한 행동이야말로 팬덤이 일관성과 안정성을 지닌 대상임을 증명한다고 논증한다(더핏, 2016: 45~46). 단일한 미디어나 하나의 팬 문화에만 초점을 맞춘다면 팬덤의 보편적 방법론은 성립되기 어렵겠지만, 팬덤 연구는 팬덤 자체를 일반화하는 작업이 아닌 유사 맥락이나 연관 대상을 아우르는 일종의 '방법론적 공유지'(methodological commons)로서 그 의의가 있다는 것이다.

(2) 문화기술지

팬덤 연구를 둘러싼 두 번째 방법론적 쟁점은 문화기술지(ethnography) 방법론의 적용 가능성이다. 전통적으로 문화기술지 연구는 연구자가 대상이 되는 특정집단의 문화적 세계를 경험하기 위해 스스로를 그 안에 위치시키는 것을 의미한다. 이론상으로 연구자는 현지조사를 통해 대상의 유형화를 시도하고 결론을 도출하는 과정으로 나아가야 한다. 그러나 현실적으로 문화기술지 연구는 연구자 자신에 의해 선험적으로 매개되기 때문에, 연구자를 대상으로부터 완벽하게 분리할 수도 없고 연구과정이 완벽하게 귀납적일 수도 없다.

특히 팬덤 연구는 대중적 인기와 문화적 가치를 혼동하고 학술적 권위를 실추시킨다는 비판에 맞서 대중문화에 대한 애착과 신뢰를 공개적으로 선언한 학자 세대의 부상을 특징으로 한다. 즉, 문화기술지 연구의 차원에서 보면 팬덤 연구자들은 이른바 내부자이기 때문에 본질적으로 자신의 연구를 추동하고 자신의 공동체를 정당화하며 대변하려는 지향성을 띤다는 비판으로부터 자유롭기 어렵다. 그 결과, 연구자들은 부분적으로 자신을 숨기거나 임의대로 대상을 조작하는 경우가 발생하기도 한다.

이에 대해 최근의 팬덤 연구는 공개적으로 팬임을 밝힌 학자와 팬이면서 동시에 아마추어 연구자인 양측 모두를 비판하며 보다 '책임 있는 이론'(accountable theory)의 필요성을 주장한다(더핏, 2016: 388~389). 여기에서 관건은 연구자가 팬이든 팬이 아니든 간에 자신의 연구대상을 공정하게 재현하기 위해 스스로의 위치를 어떻게 설정하고 유지할 것인지의 문제이다. 팬덤 연구자가 팬 커뮤니티의 지식과 가치를 학문적 실천에 적용하면서도 학술적 가치체계를 특권화하고 팬들의 공간을 식민화하는 우를 범하지 않는다면, 연구자와 팬이 서로 존중하며 협업하는 방식을 통해 자기 성찰적인 문화기술지 연구의 확립을 성취할 수 있을 것이다.

더 나아가 이와 같이 팬덤 연구가 직면한 현실적 도전은 연구자 자신의 권력관계와 편향성, 도덕적 이중성을 간과하고 인종주의자와 소수자 혐오와 같은 '퇴행적 대상'으로부터 탈정치화하기 쉬운 문화연구의 전통에도 시사한 바가 크다.

(3) 대항 담론

이 연구가 다루는 마지막 방법론적 쟁점은 '대항 담론'(counter-discourse)으로서 팬덤 연구의 정체성 확립과 팬덤 연구를 통한 문화적 '대항 실천'(counter-practice)의 가능성이다. 지금까지 약 2세대에 걸쳐 다양한 학자와 비평가들이 수행했던 근대 대중문화에 대한 연구는 비판이론이 전개될 수 있는 사회적 자율공간을 확보하는 한편, 수용자를 저속한 취향의 소유자이자 유아적인 물신숭배자들로 비하하는 이론적 편협성을 드러내기도 했다.

이와 같이 엘리트주의에 경도된 대중문화 연구자들에게 어디에나 편재하는 팬덤이야말로 이해하고 받아들이기도 어려울 뿐더러, 청소년, 여성, 노동계급, 성소수자 같은 근대 사회의 취약한 영역을 파고드는 질병의 한 유형이었다. 같은 방식으로 젠더, 인종, 몸, 가치, 선, 윤리학의 성립 속에 담지된 권력효과가 '정상성'(normality)의 담론으로 한 시기를 지배하는 동안, 팬덤은 집착적이며 과잉된 감정을 분출하는 비정상의 영역이자 회피하고 교정되어야 할 대상으로 다루어졌다.

의미와 이데올로기, 기호, 의례, 상징과 상상력을 질료로 하여 빚어진 담론은, 사회의 물리적 요인들 및 제도적 실행들과 긴밀하게 결합된 채 일상을 가로지르며 개별주체에게 영향을 미친다. 필연적으로 담론은 복수로 형성되며, 다양하고 이질적인 요소들이 결부된 '담론

구성체'(discursive construct) 를 형성한다. 이때의 담론 구성체는 항구적인 것이 아니라 특정한 맥락 속에서 우발적(contingent) 요인들의 작동에 의해 결정되며, 여기에는 반드시 권력작용이 개입하게 된다.

창발하는 팬덤 연구가 잠재적 스토커나 어리석은 열광자로 폄하되어 음지에 머무르던 팬들에게 합당한 자리를 부여하고 이들을 대중문화 논의의 중심으로 소환한다면, 그러한 과정 자체가 대항 담론의 형성으로서 큰 의의가 있을 것이다. 또한 팬덤 연구는 문화연구가 전통적으로 강조해온 과도한 의미중심(meaning-centered) 의 해석 작업을 비판적으로 성찰하고, 이른바 개입의 전술(interventionary strategy) 을 통해 대항 실천이 성취할 수 있는 가능성과 역할을 모색하는 계기를 마련할 수 있을 것이다.

2) 주요 논점

(1) 병리

이 연구에서는 팬덤 연구를 구성하는 가장 첨예한 논점으로서 병리(pathology), 수행성(performativity), 공동체를 살펴보도록 하겠다. 첫번째 논점인 병리는 팬덤 연구의 출발과 밀접하게 맞닿아 있으면서 여전히 많은 논쟁을 양산한다. 팬덤은 평범하고 보편적인 대중문화의 참여형태이지만 흔히 이성과 대비되는 개인의 감정적 과잉이나 군중의 집단적 비합리성과 연결되며 종종 불온한 대상이 되었다. 최악의 경우 팬덤은 취약한 자아를 유혹하거나 우매한 집단 내부에 잠재된 사회적 광증으로 표현된다. 즉, 오랫동안 팬덤의 해석을 지배해온 병리학적 전통은 평범하게 시작된 팬덤이 광기와 사회적 일탈을 거쳐 극단적 행위에 이르는 왜곡된 여정을 필연적으로 경험한다고 가정한다. 한번 빠져들면 다음 단계로의 인과적 메커니즘이 걷잡을 수 없이 진행된다는 '비탈길 논증'(slippery slope argument)에 기대어, 팬덤은 연쇄적으로 진행되며 정상적 개인을 기괴한 존재로 바꾸어 놓는 일종의 죽음 충동으로서 재현되었다(더핏, 2016: 137~138).

이와 같은 병리학적 전통은 초창기 팬덤 연구자들에게 가장 명시적 비판의 대상이 되었고 팬을 부적절한 사회 구성원으로 바라보는 편견은 지속적으로 공격받았다. 가령, 팬덤 연구자들은 대중문화의 스타를 치명적으로 가해한 범죄에 대해 이들이 광기의 팬이라기보다는 팬인 척하는 정신질환자라고 논증하며, 고립된 일부 사례로부터 일반화를 도출하는 오류를 경계한다(더핏, 2016: 170).

그럼에도 불구하고 정도의 차이는 있으나 팬덤을 문제가 있는 심리 상태로 전제하고 분석을 시도하는 접근법은 여전히 유효하며, 팬 문화를 설명하는 병리학적 용어와 정신분석학적 접근은 일반대중에게 쉽게 통용되고 많은 호응을 얻는다. 일부 팬덤 연구자들은 팬덤의 병리를 밝혀내기 위해서가 아니라, 팬덤 현상이 일상적인 정신과정임을 설명하기 위해 정신분석을 활용하기도 한다. 팬들을 위험한 타자로 설정하는 병리학적 전통이 엘리트주의의 전형이라는 비판과는 별도로, 팬덤 연구에 남겨진 도전은 온전하고 이상적인 '건강상태'(sanity)를 전제로 하는 병리 개념의 규범성과 당위성을 탈피하는 일이다.

(2) 수행성

팬덤 연구의 두 번째 논점은 수행의 문제이다. 문화연구의 수용자 논의에서 팬덤 연구로의 이행은 팬들은 일반관객과 달리 보다 능동적으로 즐거움을 추구한다는 인식에서 비롯되었다. 팬들의 자발적 실천, 즉 수행성은 팬덤이 수동적으로 형성되기 때문에 부정적이라는 오래된 고정관념에 대한 반증으로 작용한다. 팬덤의 수행성은 텍스트의 읽기와 쓰기의 구분을 모호하게 만들면서, 정전(canon)과 팬본(fanon) 사이의 새로운 권력관계를 창출한다. 팬덤의 실증적 연구에서 가장 활발하고 광범위하게 전개된 양상이 바로 수행성이다. 팬들이 자신만의 창의적 시도를 통해 개별 작품의 서사세계를 재구성하고 허구화하여 만든 팬픽(fanfic)이 대표적 사례이다.

이미 다양한 하위장르를 양산해내고 있는 팬픽은 핵심장면을 재맥락화하거나 조연에 주목해 이야기를 재초점화(refocalization)하며, 등장인물의 재배치나 장르 전환을 통해 원본 텍스트를 자유롭게 변화시킨다. 대중문화의 생산자 입장에서는 팬픽이 주변적이며 합법적이지 않다고 여기는 경우가 많으나, 비공식적으로 팬픽을 창작하거나 배포하는 활동은 팬덤의 지속성과 불가분의 상관관계를 갖는다. 한편 팬덤의 수행성에 대한 연구는 읽기·쓰기에 해당하는 텍스트의 전통적 경계를 넘어 대중문화의 원본 생산물뿐만 아니라 예고편, 논평, 마케팅의 2차 자료 등 광범위한 파라텍스트(paratext)로 확장된다.

여기에는 대중문화의 의미를 일상생활의 자원으로 활용하는 비가시적 참여에서부터, 물리적 수집행위, 디지털 저장물과 생산물을 스트리밍하는 등의 각종 온라인 활동, 영상물에 비공식적으로 자막을 달아 배포하는 팬서빙(*fan-subbing*)과 패러디 영상물을 창작하는 팬비드 (*fan-vid*) 및 대중문화 주인공의 의상착용을 모사하는 코스프레(*costume play*) 등이 속한다. 팬덤의 수행성 연구는 일방적 집착이 아닌 매혹과 헌신의 감정을 과감하게 드러내며 텍스트의 즐거움을 향유하는 양상들을 다채롭게 포착한다. 그러나 한편으로, '팬경영'(*fanagement*)이라는 신조어에서도 볼 수 있듯이 가장 이상적인 소비자이기도 한 팬의 자율성이 상업적으로 호도되고 악용되는 사례에 대한 비판 역시 도출되고 있다.

(3) 공동체

본 연구가 제시하는 팬덤 연구의 마지막 논점은 공동체에 관한 것이다. 모든 팬덤이 반드시 사회적인 것은 아니며, 특정한 관심사와 경험을 공유했다고 하여 곧바로 팬이 되는 것도 아니다. 공개적으로 팬의 정체성을 드러내기보다는 매우 내밀한 차원에서 자신만의 사적인 열정을 추구하는 경우도 다반사이다.

그러나 디지털 기술과 인터넷은 팬덤 현상 전체에 대규모의 변화를 야기했다. 디지털 아카이빙과 소셜 네트워크 덕분에 팬들의 정보 접근성은 고도로 향상되었고, 팬으로 입문하는 진입장벽은 한결 낮아졌다. 무엇보다 인터넷은 물리적 거리를 초월하여 매개된 친밀감을 보다 일상적이고 대중적인 형태로 만들면서 면대면 상호작용의 경계를 느슨하게 한다. 물론 전통적으로 팬 커뮤니티는 개인의 팬덤을 지속하고 특별한 정체성을 제공하는 데 중요한 역할을 담당했다.

오늘날 디지털 문화 안에서 생성되는 팬 커뮤니티는 기존의 국지적 문화나 주기적 의례를 벗어나 탈영토화된 상호작용으로 끊임없는 사회적 열광을 창출하고 다양한 팬 현상의 탄생과 소멸의 주기를 가속화했다. 이제 팬으로서의 의미생산은 확장된 세계 안에서 이루어지는 공적 과정이라는 측면이 부각되며, 그 중심에는 공동체가 존재한다. 인터넷이 팬덤의 부흥에 있어 결정적 자양분의 역할을 했다면, 오늘날의 팬덤은 초지역적 공동체를 기반으로 인터넷 문화를 선도하고 혁신한다. 또한 집단지성을 원천으로 작동하는 온라인 팬 커뮤니티는 거대한 글로벌 미디어 권력에 대한 대안으로도 부상하고 있다.

4. 팬덤 연구와 전염의 인식론

1) 개념적 접근

일견 구제불능의 반항아처럼 치부되는 팬은 여전히 논란이 많은 범주다. 동시에 팬덤은 다양한 미디어 텍스트를 재해석하고 전유하는 수단이자, 수동적 군중(*mass*)에서 참여적 대중(*popular*)으로 문화생산의 주체를 전환시키는 방식이기도 하다. 결국 팬덤은 매혹과 좌절이 상호침투하며 힘의 평형을 지향하는 지점에서 탄생한다. 대중문화의 콘텐츠에 매혹된 팬들이 참여의 욕망을 발산하면서도, 일정부분 좌절하지 않는다면 비판적 해독과 재구성의 충동은 생겨나지 않을 것이다 (Jenkins, 2006: 247). 앞으로 팬덤 연구는 대중문화의 상품화에 대한 저항과 강화 사이, 권력작용에 대한 숭배와 성찰 사이, 사적 집착과 공동체적 해독 사이를 오가는 갈등적 존재로서 팬을 재규정하는 작업으로부터 출발할 필요가 있다.

앞서 살펴본 방법론적 쟁점과 주요 논점을 토대로 본 연구는 '정동' (affect) 개념을 핵심으로 향후 팬덤 연구의 방향성을 설정할 것을 제안한다. 촉발과 변용의 두 가지 차원을 내포하는 정동은 현상학적 논의를 계승하여 주체와 객체의 위치가 서로 뒤바뀌고 용해되는 신체성을 논한다. 특히 브라이언 마수미 (Brian Masumi) 는 자신이기도 하고 곧 타자이기도 한 '이미지 없는 신체'(the body without an image) 를 바탕으로 정동 개념을 정립했다. 절반은 주체적이고 절반은 수동적인 운동이 생성되는 특권적 공간이자 지속성이 제거된 순간을 마수미는 '사건'(event) 이라 부른다(마수미, 2011, 106~108; 이토, 2016: 146~148). 이때의 신체운동을 특징짓는 것이 '촉각적 감각'(tactile sensibility) 과 '내장적 감각'(visceral sensibility) 이다. 전자가 대상과 신체의 만남과 경험이 근력의 기억으로 전환되어 기능, 관습, 마음가짐 등으로 누적된 것이라면, 후자는 자극과 반응의 회로에서 벗어나 부지불식중에 신체가 이미 반응하는 상태를 가리킨다.

결과적으로 이미지 없는 신체가 구성하는 운동은 자연적 시간의 흐름을 끊어내고 기대되는 행동과 연기를 배신하며, 예상 밖의 운동을 촉발하는 '절단'의 계기를 내포한다(마수미, 2011, 111~112; 이토, 2016: 150~152). 이 촉발과 변용의 순간을 목격하는 관찰자의 신체는 순식간에 전염되어 정동의 한복판에서 환희하고 도취된다. 거기에서 생성되는 운동은 어떤 하나의 목적을 향하지 않기 때문에, 수동적인 것도 능동적인 것도 아니며 공명과 공진에 의해 충족될 뿐이다. 다만 신체에서 일어나는 촉발과 변용은 단순히 생리적인 반응이 아니며, 관념적이고 문화적인 맥락과 함께 기억되고 되먹임 하는 사회적 요소를 내포한다. 따라서 정동이 만들어내는 사건이 수용되는 공간을 끊임없이 재생산하는 사회적 규칙과 규제는 단지 부정적 기능만 하는 것이 아니라 사건의 강도를 조정하거나 절단을 유발하여 다른 사건으로의 극적 이행을 촉매하는 중요한 작용을 한다(이토, 2016: 153, 166, 170~173).

주체와 객체의 상호침투를 골자로 하는 정동 개념은 갈등적이고 경계적 현상인 팬덤 연구에 시사하는 바가 크다. 더 나아가 팬덤을 감정전염이라는 상위차원에서 다룬다면, 정동 개념을 핵심으로 팬덤 연구를 재구축하는 작업은 본 연구진이 진행하는 통합전염학의 인식론에도 많은 기여를 하게 될 것이다. 팬덤의 기제와 매우 유사하게도 전염역시 면역과의 단일한 대립관계만으로는 이해될 수 없는 다층적이고양가적인 개념이다. 특히 사회문화적 맥락에서 발생하는 각양각색의전염현상을 다룬다면, 병리학적 이분법을 넘어 전염의 다양한 대상및 복합적 작동에 대한 고찰을 바탕으로 하는 대항 담론의 성립이 필수불가결하다. 이를테면, 완벽한 전염도, 완벽한 면역도 존재하지 않으며, 이 둘 사이의 끊임없는 삼투작용이 있을 뿐이다.

따라서 〈그림 9-1〉과 같이 전염-면역의 단일한 축에 정동 개념의 주체/살(flesh) - 객체/세계(world) 축을 결합하여 전염과 면역의 속성을 각각 두 가지씩 총 네 가지로 설명한다면 보다 입체적인 전염학의 매트릭스에 근접할 수 있을 것이다. 일반적인 전염-면역의 위상학은 병원체(객체/세계)의 공격과 이에 대한 신체(주체/살)의 대응으로 구성되며, 전자가 후자를 압도하는 경우를 전염으로 그 반대의 경우를 면역으로 인식한다. 즉, 전염이 객체가 주체에 대해 취하는 '도발적' 태도를 강조한다면, 면역은 주체가 객체에 대해 지니는 '억압적' 자세를 우선시했다.

그러나 확장된 전염학의 매트릭스에서 살펴본다면, 이러한 접근은 나머지 두 차원을 누락하는 단편적 인식에 그치고 있음이 드러난다. 왜냐하면 주체의 역할이 강조되는 전염이나 객체의 존재가 존중되어야 할 면역의 경우가 현저하게 누락되었기 때문이다. 가령, 혁신이나 기부와 같이 긍정적 가치가 자발적으로 전염되는 현상이 발생하는가 하면, 강대국 주도의 세계화가 야기한 면역화의 과잉으로 빚어진 '테러와의 전쟁'을 비판하며 타자에 대한 관용을 제고하기도 한다.

이와 같이 사회 전반에 만연한 혼종적인 전염-면역의 현상들을 설명하기 위해서는 기존의 인식론 위에 최소한 '자발적' 전염과 '관용적' 면역의 차원이 보완되어야 하며, 이때 비로소 통합전염학의 기본틀 또한 성립할 것이다. 팬덤 현상의 다양한 의미를 발견하고 새로운 가치를 부여하는 작업 역시 확장된 전염의 인식론을 통해 보다 구체적으로 전개될 수 있다.

그림 9-1 **통합전염학을 위한 인식론의 매트릭스**

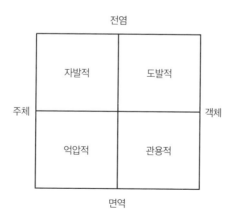

2) 개념적 확장

팬덤은 사회와 시대를 관통하는 대중문화의 생산물에 대한 매혹과 관련되어 있지만, 개인의 내재화 과정을 반드시 동반한다. 동시에 팬덤은 팬으로서의 자기 선언이 지니는 정치성과 지속가능한 수행의 전략을 통해 일정한 공동체를 지향한다. 최근 문화연구에서 활발하게 논의되는 정동의 개념 역시 자아와 공동체 사이에서 확장성을 모색하고 있다. 부연하면 정동은 외부로부터 부여된 '조우의 힘'(*a force of encounter*)으로 파악되는데, 신체와 세계의 사이에서 발생하는 일시적이거나 혹은 좀더 지속적인 관계의 부딪침이며, 때로는 유혹적이고 때로는 강압적인 성격을 띤다(더핏, 2016: 210).

앞서 제시한 통합전염학의 매트릭스를 자아-공동체 축에 기반을 두어 팬덤의 인식론에 적용한다면 〈그림 9-2〉와 같다. 팬덤 역시 감정의 전염과 감정의 면역이 서로 열려 순환하는 구조이다. 즉, 팬덤은 자아와 공동체 사이의 소통과 갈등, 경쟁을 유발하는데, 개인적 차원에서 팬덤은 대상에 대한 수용과 변용의 변주를 통해 자각되며, 사회적 차원에서는 공진과 공생의 기제를 순환하며 지속된다.

팬덤 문화가 일상화된 오늘날, 팬덤의 새로운 문화적 기능에 대한 관심 또한 날로 증대하고 있다. 특히 인터넷과 뉴미디어의 영역에서 팬덤은 참여문화의 개념을 전방위로 확장하는데, 다수의 학자들이 팬 커뮤니티의 구조적 특징을 바탕으로 현대 사회의 시민성에 대한 새로운 방식을 탐색하는 연구를 진행 중에 있다. 즉, 팬 커뮤니티의 정치적 효과는 단순히 텍스트에 대한 비판적 해독을 통해 생성되는 것이 아니라, 집단지성이나 참여문화와 같이 새로운 사회구조 및 문화생산 모델에 근접함으로써 발생한다는 것이다. 한편, 팬덤의 집합적 행위성에 대한 강조는 개인 팬덤의 내재적 과정과 중요성을 간과한다는 비판에 직면하기도 한다. 결국, 전염-면역의 축과 자아-공동체의 축으로 구성된 팬덤의 인식론은 향후 연구방향에 의미 있는 단초를 제공할 것으로 기대된다.

팬덤의 통합적 인식론이 적용될 수 있는 하나의 사례로서, 본 연구는 최근 동아시아의 정치변동에서 관찰되는 대중문화 팬덤의 역할을 지적하고자 한다. 최근 2~3년간 우리는 한국과 일본 등지에서 다채로운 형식으로 분출하는 '시민참여 문화'(civic participatory culture)를 목격했다. 대규모의 거리시위로까지 확대된 대표적 사례로 2015년 일본 아베 정부의 안전보장관련법 제정에 반대하며 전쟁을 금지하는 평화헌법 수호를 주장한 대학생과 시민들의 집단행동과 2016년 10월부터 2017년 3월까지 지속되며 대통령 탄핵을 이끌어낸 한국의 '촛불집회'를 들 수 있다.

그림 9-2 **팬덤 현상의 통합적 인식론을 위한 매트릭스**

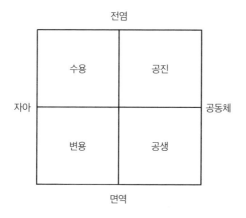

이들 두 가지 사건은 현안의 시급함과 중대함에 있어 각각의 사회에 커다란 파장을 몰고 왔을 뿐만 아니라, 주변국과의 지정학적 사안과도 맞물려 동아시아 지역은 물론 세계 정치의 차원에서도 많은 주목을 받았다. 한일 양국이 지난 20세기를 관통하며 겪어낸 격동의 근대사적 관점에서 본다면, 작금의 현상은 성장하는 시민사회의 지속성과 변화를 포착할 수 있는 통시적 차원 그리고 두 나라가 밀접하게 공유하는 정치·경제·사회·문화의 공시적 차원을 동시에 드러내는 범시성(*panchronicity*)이 매우 높은 일련의 사건이라 평가된다.

이 두 현상은 참여자의 구성과 조직, 참여방식 등이 기존의 시민 정치운동과는 뚜렷하게 구별된다는 점에서 긴밀한 유사성을 지닌다. 즉, 이들 사례는 청년세대를 중심으로 하향식 조직체계를 탈피하는 참여와 연대의 대안적 형식을 보여주었을 뿐만 아니라, 대중문화적 공감대를 통해 형성된 다양하고도 혼종적인 고도의 유희적 감성으로 정치적 엄숙함의 상징이던 광장의 집회를 신명나는 하나의 거대한 축제로 촉발시켰다.

전통적인 사회과학적 관점에서 본다면, 이와 같은 변화는 상당히 이질적이고 생경하며 경우에 따라서는 시민정치의 고매한 가치에 도전하는 사뭇 불경스러운 사태로서 비쳐지기도 한다. 전자의 경우 '실즈'(SEALDs, 자유와 민주주의를 위한 학생긴급행동)가 주도했던 투쟁의 현장에는 힙합의 리듬이 울려 퍼졌고, 후자의 경우 1,500개의 시민단체들의 연대체로 구성된 '박근혜 정권 퇴진 비상국민행동'이 진행했던 촛불집회에서 수많은 패러디와 문화 이벤트가 등장했다.

그러나 한편 1990년대 이후 이른바 미국식 문화제국주의에 대한 비판을 단초로 서구중심 일변도의 대중문화에 아시아의 지역적 색채가 가미되며 대규모로 유통되기 시작했다. 이처럼 동일한 대중문화 콘텐츠를 소비하며 아시아적 감수성이 형성되고 확장된 문화적 맥락을 이해한다면, 지금의 현상은 결코 예외적이거나 돌발적인 상황이 아니라고 할 수 있다.

두 사례 모두 서구중심의 대중문화 유입기를 지나 1990년대 이후 자생적 아시아 스타일의 대중문화 영향 속에서 성장한 젊은 세대의 자발적 참여가 두드러진다는 점에서 높은 수준의 상동성(*homogeny*)이 발견된다. 즉, 대중문화의 일상적 코드에 친숙하다는 공통의 감각 위에 J-pop, 한류의 성장 속에서 형성된 문화적 자긍심을 바탕으로, 디지털 매체에 의한 원거리 친밀감과 고도의 수행성이 주축이 되어 대규모의 집회를 이끌었다.

이를테면 능동적으로 즐거움을 추구하는 팬덤의 수행성은 위계적 조직력 없이 자발적 참여로 생성되는 시민운동의 변화양상과 비교될 수 있다. 탈영토화된 상호작용으로 끊임없는 사회적 열광을 창출하며 작동하는 온라인 팬 커뮤니티와 집단지성을 원천으로 하는 시민참여 문화는 인터넷과 디지털 미디어라는 물질적 토대를 공유한다. 이와 동시에 기존의 정치행동과는 차별적으로, 하나의 위계로 묶이지 않는 광장의 느슨한 구성은 문화 공동체로서의 팬덤의 구조 안에 개인성 역시 공존함을 보여준다.

결론적으로 이 두 가지 사례는 대중문화 팬덤이 개인과 공동체 사이에서 '자발적 전염'(수용)과 '관용적 면역'(공생)을 가로지르는 하나의 대항 담론으로서 작동할 수 있다는 잠재력을 보여준다.

5. 나가며

이 연구가 지향하는 팬덤 연구와 전염의 인식론의 가능성은, 마수미의 개념을 인용하여 설명한다면, '역동적 통합체'(*dynamic unity*) 로서 통합전염학의 성립을 전제로 한다. 즉, 전염은 자연적 현상과 문화적 현상을 동시에 내포하며, 엄밀한 의미에서 양자를 구별할 수 없는 자연과 문화의 연속체이다. 전염을 구성하는 자연-문화의 연속체는 상호운동 관계에 있으며, 따라서 이를 둘러싼 긍정-부정의 인식론은 공명 (*resonance*) 과 상호침투(*interference*) 를 반복한다.

향후 남은 과제는 이러한 통합체의 세부를 활성화하여 역동성을 고양시킬 '특이한'(*singular*) 예증작업을 지속하는 일일 것이다. 오늘날 증폭하는 대중문화의 현상 속에서 팬덤 연구가 통합전염학의 토대구축에 일정한 기여를 하리라고 기대한다.

참고문헌

더핏, 마크 (2016). 《팬덤 이해하기》. 김수정 외 (역). 한울아카데미.
마수미, 브라이언 (2011). 《가상계: 운동, 정동, 감각의 아쌍블라주》. 조성훈 (역). 갈무리.
이토 마모루 (2016). 《정동의 힘: 미디어와 공진하는 신체》. 김미정 (역). 갈무리.

Duffett, M. (2013). *Understanding fandom: An introduction to the study of media fan culture*. Bloomsbury.

Gregg, M. & Seigworth, G. J. (Eds.). (2010). *The affect theory reader.* Duke University Press.

Hills, M. (2002). *Fan cultures.* Routledge.

Jenkins, H. (2012). Fan studies. In *Oxford bibliographies.* Oxford University Press.

_____ (2006). *Convergence culture: Where old and new media collide.* NYU Press.

_____ (1992). *Textual poachers: Television fans and participatory culture.* Routledge.

Lewis, L. A. (Ed.). (1992). *The adoring audience: Fan culture and popular media.* Routledge.

Massumi, B. (2015). *Politics of affect.* Polity.

_____ (2002). *Parables for the virtual: Movement, affect, sensation.* Duke University Press.

10
오토마톤의 감성전염 고찰
인간에서 기계로
지승학

1. 들어가며

'오토마톤'(*automaton*) 과 '전염'이라는 키워드의 생경한 만남은 '정서와 감성의 전이 문제'를 사회적 이슈로 바꿔 놓는다. 그렇다면 왜 한 인간의 감성에 불과한 것이 하나의 기계에 전이되면 사회적 의미를 갖는가? 그리고 이러한 일은 어떻게 가능하며 어디서 일어나는가? 이 질문은 '한 인간의 감성이 하나의 기계로 전이되면 왜 대중선동이 가능한가?'로 바꿔 말할 수 있다.

　이것은 현실에서 가능한 일은 아니지만 한 가지 분명한 것은, 특히 영화에 표현되기로는, 하나의 감성을 전달받은 기계는 한 개인의 정서 혹은 감성의 문제를 군중에게 광범위하게 확산시킬 수 있는 능력을 갖게 된다는 것이다. 그렇게 인간의 감성을 주입받은 기계장치는 또 다른 주체로서 인간이 할 수 없는, 혹은 인간의 심연 깊은 곳의 욕망이 치밀어 오르는 대리인으로서 한 개인이 아닌 군중과 여론형성에 큰 역할을 하는 지도자 혹은 선동자로서 활약한다.

이러한 설정이 작동하는 영역은 영화나 현실이나 마찬가지다. 다만 인간의 형상을 한 기계장치라는 측면에서 보면 현실에서는 한낱 망상에 불과해 보이지만, 영화 속에서는 현실의 은유로 자주 등장하고 그로 인해 더욱 호소력은 짙어진다. 어떤 면에서 영화는 심리학적 현상만으로 재단할 수 없는 인간의 특성을 안드로이드라는 기계장치를 통해 사회적 이슈 속에 성공적으로 안착시켰다고 볼 수 있다. 짧은 영화 역사 속에서 초기에 발생한 이 문제가 2017년 이후에도 여전히 소비된다는 것은 한편으로 이런 성공이 현실을 지속적으로 반영하고 있음을 증명한다.

그렇다면 이 이상한 현상을 진단하기 위해서 무엇을 고민해야 하는가? 우선 필자는 '전이'의 문제를 생물학적 특성이 담긴 '전염'의 의미와 연동하여 고민해 보고자 한다. 왜냐하면 이러한 전이의 문제를 전염현상으로 상정하여 사회현상을 다루는 학자의 통찰이 주효하기 때문이다. 이를 위해서는 안드로이드로 대표되는 초기의 인간기계의 표현, 즉 오토마톤이라는 불리는 기계적 특성 역시 살펴보아야 할 것이다.

오토마톤은 사람이 의도한 동작을 기계적으로 제어 또는 출력하는 장치로서 '자동기계'라고 번역되기도 한다. 일반적으로 19세기 이후부터 기계식으로 작동하게 만든 자동인형이나 동물, 혹은 모든 정교한 기계장치(예를 들면, 시계와 같은 것)를 의미하는 말로 굳어졌다. 이 장치는 마치 당시에 고귀하게 여겨졌던 인간의 합리적 사고에 철저히 부합하여 탄생한 기계혁명의 연장선에 있는 것으로서 또 다른 차원의 기계혁명, 이를테면 컴퓨터의 모체가 되는 장치의 출발을 알리는 서막이기도 하다.

특히 오토마톤은 인간의 상상력을 자극하여 당시 새로운 매체였던 영화에서 최초로 미학적 의미와 과학적 의미를 동시에 품을 수 있는 캐릭터, 안드로이드를 출발시키기도 했다. 영화 속 안드로이드는 당대에 기계문명과 유토피아를 꿈꾸는 상상력에 직간접적으로 관여하게 되는데, 그 상상력 속에는 인간의 감각이 마치 기계에 주입되듯이 전염되는 과정이 포함된다. 이 글에서는 이러한 특징을 '감성전염'이라는 개념으로 상정하여 그 특징을 살펴보고자 한다.

오토마톤이란 오토마타의 단수형의 표현으로서 그리스어의 '자동'을 의미하는 단어에서 유래했다. 이때 '자동'의 의미는 계산능력을 의미하는 것이며 바로 이러한 계산능력을 갖춘 오토마톤은 자연스럽게 추상능력에 국한되어 사용되기 시작했다. 실제로 오토마톤이란 수학적 계산을 자동화하려는 시도에서 시작했지만 외부의 자극, 다시 말해 입력신호에 대응하여 세밀한 구분 동작으로 출력하는 것을 통칭한다. 따라서 오토마톤은 단순한 자동기계라는 의미 이전에 이미 '입력과 내부 출력의 상호관계를 표현한 장치'라고 할 수 있다. 이러한 특징을 통해 오토마톤은 유한상태 오토마톤, 스택 오토마톤, 튜링머신, 셀룰러 오토마타로 분류되기도 한다.[1]

---

[1] 유한상태 오토마톤은 장치 내부에 정보 저장공간을 갖고 있지 않은 오토마타를 의미한다. 저장공간이 없으므로 입출력은 직접적으로 이루어진다. 이러한 특징 때문에 알고리즘을 구조화하는 데 효과적이다.

스택 오토마톤은 유한상태 오토마톤과 달리 저장공간을 가진 오토마톤을 의미한다. 이때 저장공간에 입력된 정보의 내용을 지우거나 새로 쓸 수 있다. 특히 스택 오토마타는 결정적 스택 오토마톤과 비결정적 스택 오토마톤으로 나뉘는데 여기서 비결정적 스택 오토마타는 가용적 폭이 광범위하여 매우 유용하게 쓰일 수 있다.

이러한 오토마톤은 수학적 계산기계로 시작하기는 했지만, 17세기 유럽에서는 유희장치, 즉 재미를 위해 만들어지기 시작했다. 이를테면 태엽과 톱니바퀴로 구동하는 정교한 공예품으로 인식되기 시작한 것이 이를 증명한다. 그 이유는 17세기 무렵에는 기계식 시계의 등장과 함께 아주 복잡한 움직임도 정교하게 재현할 수 있는 공학기술이 발전하게 되는데, 여기에 데카르트의 사상이 더해져 기계장치로 사람을 대신할 수 있으리라는 생각을 자연스럽게 이끌 수 있었기 때문이다. 실제로 데카르트 본인도, 어린 나이에 죽은 자신의 딸과 닮은 자동인형을 제작해서 전 유럽을 여행할 때마다 데리고 다녔다는 이야기가 있다. 그 정도로 오토마톤은 시대를 장악하는 중요한 아이템이 되었다.

이후 18세기가 되면서 기술의 발전에 따라 증기를 동력으로 하는 대형 기계장치가 발명되기 시작했고, 기술적 정교함도 동시에 발달하면서 괄목할 만한 작품들이 많이 쏟아져 나왔다. 오토마톤이라는 의미가

튜링머신은 무한 저장공간을 가진 것을 의미한다. 이때 무한 저장공간은 1차원적 테이프 위의 모든 내용을 항상 활용할 수 있음을 의미한다. 유한상태 오토마톤과 스택 오토마톤이 주어진 문자열을 하나씩 읽으면서 작동했던 것과 달리 이제는 입력도 테이프에 적혀 있는 채로 주어진다. 테이프를 좌우로 움직이면서 동작하기 때문에 입력을 순서대로 읽는 것이 아니며 동작이 끝나지 않게 될 수도 있다. 유한상태 오토마톤과 스택 오토마톤이 현재의 컴퓨터가 할 수 있는 일 중 일부를 모델링했다면 튜링머신은 현재의 컴퓨터가 할 수 있는 모든 일을 모델링했다고 할 수 있다.
셀룰러 오토마타는 오토마타 중 특수한 경우에 속하는 것으로 존 폰노이만이 처음으로 제시한 개념이다. 즉, 격자와 같은 구조에 있는 단위(세포)들이 주변에 있는 셀룰러의 상태에 따라 자신의 상태를 바꾸는 개념이다. 폰노이만은 이것을 이용하여 스스로 복제하는 생명체와 같은 구조를 연구했고 DNA, RNA와 유사한 메커니즘으로 자기복제 하는 구조를 실제로 제시했다. 이 개념을 통해 간단한 자기복제 구조를 찾아낼 수 있었다(Buchholz et al., 1999: 319~322).

자동기계라는 의미에서 벗어나 일종의 인간을 닮은 인형으로서 눈도 깜박이고 글도 쓰고 그림도 그리는 실제 인간의 행위를 정교하게 재현하기 시작한 것도 이 무렵부터였다. 여기에 가장 유명한 인물로는 당시 시계장인으로 유명세를 떨쳤던 피에르 자케드로(Pierre Jaquet-Droz, 1721~1790)를 들 수 있다. 그의 오토마톤은 그림을 그리는 '화가', 오르간을 연주하는 '음악가', 글씨를 쓰는 '필기사'로 인간의 동작을 본 따 만든 자동인형이 대부분이었다. 그가 제작한 오토마톤은 현재 우리가 생각하는 '로봇'이나 '안드로이드'의 개념에 매우 근접한 것이었다.

2. 감성과 기계의 전이관계: 입력-저장-출력

오토마톤의 특징은 입력-저장-출력의 프로세스를 통해 일련의 동작을 구현하려 했다는 점에서 찾을 수 있다. 이런 오토마톤이 가진 프로세스는 논리학 분야에 활용되었다고 볼 수 있다. 하지만 이 과정은 단순히 논리과정에 국한되지 않고 오히려 감정, 감화, 감성의 특성을 정의하기 위한 프로세스로 활용되기 시작한다. 이러한 프로세스를 영화에 적용한 사람은 프랑스 출신의 질 들뢰즈(Gilles Deleuze)이며 더 나아가 그는 감화이미지, 충동이미지, 행동이미지로 이 프로세스를 구분했다.

　여기서 짚고 넘어가야 할 것은 오토마톤의 프로세스(입력-저장-출력)를 왜 영화의 특징을 구분하는 데 사용했는가이다. 가장 괄목할 만한 이유는 들뢰즈가 이러한 프로세스를 '영화'라는 매체의 특징에 견주어 인간의 감성을 설명하는 데 활용하려 했다는 것이다. 이는 오토마톤과 영화의 만남을 연결해 줄 뿐만 아니라 영화를 통해 공유되는 인간 감성의 문제를 엮어 주는 중요한 고리가 되기도 한다. 특히 필연적으로 발생하는 이른바 인간 감성의 재현 문제가 '안드로이드'를 등장시킬 때 '영화'매체 속에서 증폭될 수 있다는 점에서 그 의미가 상당하다. 이를 토대로 '입력-저장-출력'의 프로세스를 질 들뢰즈가 구분한 영화의 특징에 빗대어 살펴보면 다음과 같다.

감화이미지는 부동화된 신경판 위에서 일어나는 미세한 움직임을 지칭한다는 의미에서(들뢰즈, 2002: 169) 일종의 엔그램(*engramme*)이라 할 수 있다(들뢰즈, 2002: 160). 이는 기록과 각인의 차원일 수 있으며 거의 감화이미지의 범주에 속한 것으로 이해할 수 있다. 각인하는 것은 손의 감각을 통해 이루어진다는 면에서 보면 그 이해가 쉬울 것이다. 그런데 이 이미지는 단순히 만지고 만져짐의 반응이 아니라 최초의 입력정보로 생각해 볼 수 있다. 하지만, 여기에서 조금 더 신중히 살펴보아야 할 것은 입력정보가 존재하기 위해서는 반드시 '부동화된 판', 다시 말해 입력할 수 있는 '판'이 필요하다는 것이다.

따라서 오토마톤의 입력은 감화이미지의 차원에서 보면 부동화된 판 위에 새겨지는 '미세한 운동의 집합'이라는 특징으로, 영화매체의 특징에서도 발견할 수 있게 된다. 이것이 영화에 정확히 구현된 것을 들뢰즈는 제일 처음으로 '얼굴'을, 그다음에 '비'가 떨어지는 상황, 그리고 어둠과 빛의 경쟁관계로써 설명한다. 실제로 부동화된 표면에 강렬한 운동의 집합으로 분류될 수 있는 비 내리는 잔물결 또는 어둠과 빛의 암투가 발견되는 미묘한 움직임 장면만큼 감성적 특징이 포착되는 것도 없다.

오토마톤이 전기적 방전과 피부를 덧쓴 채 등장하면 아무런 의심을 하지 않고 인간으로 받아들이게 되는 것은 어쩌면 부동화된 '판' 위에

'눈, 코, 입' 등이 미세한 움직임으로 의미화를 표현하기 때문인지 모른다. 궁극적으로 오토마톤은 인간의 형상을 한 인형일 뿐 인간 그 자체일 수 없다는 명확한 한계를 지닌다. 하지만 그 한계를 자연스럽게 넘어서는 이유는 '얼굴'이 입력의 특징을 지닌 것으로 받아들여질 때 얻어질 수 있기 때문이다.

바로 이러한 개념의 오토마톤은 정보의 주체자로서 대부분 전기적 방전을 매개로 하여 극적으로 인간의 얼굴 모습을 띤 채 등장한다. 실제로 오토마톤의 최초 등장을 언급할 수 있는 프리츠 랑(Fritz Lang, 1890∼1976)의 〈메트로폴리스〉(Metropolis, 1927)에서도 이러한 전기적 방전 효과 이후에 재현된 영화 속 등장인물의 얼굴이 자연스럽게 등장한다.

이때 등장하는 전기 방전의 움직임은 마치 엔그램이라 할 수 있는 기록과 각인의 움직임이며 오토마톤이 인간이 되는 비약을 정교하게 '봉합'한다. 이때 기계장치가 인간임을 확정짓는 것은 '피부'이다. 다시 말해, 인간과 기계장치의 경계는 피부를 통해 자연스럽게 규정되는 것이다. 실제로 피부는 오토마톤을 아무 의심 없이 인간으로 선회시키는 클리셰(Cliché)가 된다. 다시 말해 인간과 기계장치의 경계는 피부를 통해 자연스럽게 규정되고 실제로 피부는 오토마톤의 입력에서 전제되는 부동의 판이며 아무 의심 없이 기계를 인간으로 탈바꿈시키는 공식이 된다.

이 논의를 더 밀고 나가기 위해서는 먼저 오토마톤의 저장 개념을 정리해 볼 필요가 있다. 오토마톤의 저장 개념은 사실, 감화이미지에서 언급되었던 내용이 반복될 수밖에 없다. 부동화된 물질(기계장치의 차원에서는 테이프나, 정보가 기록될 수 있는 물질로 명명될 수 있음) 위에서 포착되는 미세한 움직임이라는 정의에서 출발해야 하기 때문이다.

하지만 여기서 달라지는 부분은 표면과 움직임이 단순히 조건으로 주어진 것이 아니라, 그 조건을 기반으로 실행된 기록, 각인이라는 실천에서부터이다. 여기에서 저장된 정보는 기록과 흔적의 의미를 동시에 갖는 것이 된다(Derrida, 1998: 64).

특히 이러한 관계는 프로이트의 '미스틱 패드'(Mystic Pad) 개념에서 더욱더 잘 설명된다. 2 사실상 프로이트가 언급하고 데리다(Jacques Derrida)가 재해석한 기억, 망각, 흔적의 개념은 의식 속에 구현되는 저장된 정보로서 궁극적으로 베르그송(Henri Bergson)이 언급한 감화의 의미적 성격을 갖는다. 그리고 실질적으로 오토마톤이 저장하는 정보의 맥락은 인간 마리아의 영혼 중에서 퇴폐적인 것만을 선별해 드러내는 인격에서 등장하기도 한다.

이때 선별된 정보는 퇴폐적 성격이라는 정보가 의식 속에 기록되고, 이후 눈 주위에 새겨진 확연히 짙은 아이섀도로 재현된 바로 그것이다. 오토마톤의 저장된 정보가 각인 혹은 기록의 차원을 갖는다면 얼굴 그 자체보다는 얼굴 위에 그려진 아이섀도와 같은 짙은 화장의 흔적을 통해 더 정확한 '정보'가 된 것이다. 따라서 아이섀도는 그녀가 퇴폐적 정보로 물들어 있음을 보여주는 감화이미지로서 기능한다. 이때 퇴폐적 마리아의 재현된 오토마톤의 얼굴, 즉 정보가 기록된 얼굴은 퇴폐라는 의미로 감화된 인간으로 기능한다. 하지만 인간의 얼굴과 달리 표정은 부동화된 물질이 아니다. 끊임없이 움직이는 미세함 때문이다.

---

2 Hurst, A. M. (2008). *Derrida Vis-à-vis Lacan* (p. 138). Fordham University Press를 참고할 것.

그림 10-1 **순수한 마리아와 퇴폐적 마리아의 얼굴**

출처: 영화 〈메트로폴리스〉.

그럼에도 불구하고 영화 〈메트로폴리스〉에서 오토마톤 마리아가 자연스럽게 인간의 얼굴을 넘어 표정으로 인식되는 이유는 무엇인가? 그것은 오토마톤의 얼굴 위에 다시쓰기가 반복되는 '움직임'이 포착되기 때문이다. 그리고 결국 퇴폐적 마리아 역시 한 명의 인간의 성격으로 고정된다. 무엇보다 얼굴 위에 그려진 짙은 화장은 클로즈업을 통해 강력한 정보를 넘어서는 표정으로도 기능한다.

영화에 등장하는 오토마톤은 대부분 바로 이러한 저장의 차원을 표정으로 재현하게 되고 이때 클로즈업 이미지는 오토마톤을 하나의 기계장치를 넘어서 인간의 감정 그 자체에 동화될 수 있게 하는 강력한 방법이 된다. 프리츠 랑의 〈메트로폴리스〉에서 오토마톤의 퇴폐적인 '마리아'는 표정의 클로즈업을 통해 그렇게 인간이 된다. 그리고 이러한 표정이란 정보의 강렬함은 기계적 재현의 효율성과 실현 가능성을 무시한 채 그 자체로 오토마톤을 인간으로 만들어 버리는 힘을 발휘한다.

어떤 하나의 행동이 유발되는 것은 다른 상황과 연계하여 나타나는 것이라고 규정할 수 있다. 다시 말해 행동은 주어진 환경 속에서 서로서로 동작을 촉발시키는 긴 연쇄를 거쳐야만 발생하게 된다. 이러한 관점에서 볼 때 서사구조가 완벽한 영화는 그 자체로 오토마톤적 서사라 할 수 있다. 이를테면 서사의 연쇄는 항상 다른 사건과의 연계를 염두에 두고 있기 때문이다. 마찬가지로 출력으로서의 행동은 이러한 사건의 연계를 엄격한 논리의 규칙 아래에 두고자 한다.

하지만 실제로, '행동'이란 엄격히 의도된 연결 속에서만 이루어지는 것이 아니라 연결이 이탈될 때에도 유발될 수 있다. 전자는 예측 가능한 행동일 것이고, 후자는 예측 불가능한 행동일 것이다. 이것은 마치 기계가 작동할 때 고장이 났느냐, 나지 않았느냐의 판별기준과도 같다. 하지만 고장 없는 기계나 고장 난 기계나 어떠한 방식으로든 행동을 표출하여 의미를 보여준다(고장 난 기계가 움직이지 않는 것 역시 움직임의 의미화라고 할 수 있다).

영화 〈메트로폴리스〉에서 묘사되는 기하학적 거대구조물들은 연결이 밀접한 기계들의 연계성을 보여준다. 열을 맞추어 이동하는 노동자들의 일련의 직선운동을 통해 엄격히 통제된 연계관계를 더욱 강하게 암시하기도 한다. 하지만 영화를 보면 오히려 통제된 시스템 속에서 일탈을 열망하는 에너지를 주인공의 행동을 통해 발견할 수 있다. 다시 말해, 영화 〈메트로폴리스〉에 등장하는 도시 그 자체의 기계화는 서로 엄밀한 관계 속에서 작동하는 거대기계를 의미하기도 하지만, 사실 영화적 사건은 이러한 연결 조합이 붕괴되고 이탈되었을 때 발생한다. 이는 기계의 또 다른 측면, 즉 예측 불가능성에 대한 행동과 직접적으로 연결된다.

282

노동자의 무력감은 저항의 힘을 내포한 것이고 이것은 메트로폴리스의 주인이 가장 경계하는 힘이기도 하다. 하지만 엄격한 논리는 서구사회의 관심사와 맞물려 있었고 추상기계의 움직임은 이를 강조하는 맥거핀(macguffin)일 뿐이다. 그러므로 정교한 부속품의 연쇄를 통해, 〈메트로폴리스〉는 노동자들의 미세한 움직임을 규정하고 통제하려는 시도가 결국 실패할 수밖에 없음을 폭로한다. 그러나 다시 한 번 강조하지만 무기력한 노동자들의 처진 어깨는 인간들의 집합 사이에 이루어지는 간격이 일탈될 수 있는 가능성으로서만 작동할 뿐 실제 일탈의 역동성으로 연결되지는 않는다.

영화 〈메트로폴리스〉에 등장하는 오토마톤으로서의 마리아는 엄격한 통제원리에 의해 창조된다. 하지만 인간 마리아는 메트로폴리스에서는 예측할 수 없었던 일탈로서의 존재였다. 이렇게 보면 인간 마리아를 견제하기 위해 만들어 놓은 것이 오토마톤 마리아였다고 보아도 크게 틀리지 않을 것이다. 특히 노동자들의 저항정신을 일깨우는 인간 마리아의 혁명을 무마하기 위해서 오토마톤 마리아를 만들어낸 것으로 해석되는, 다분히 정치적 논리의 주석은 오토마톤 마리아 역시 하나의 돌출된 사건이었음을 나타낼 뿐이다. 따라서 퇴폐적 마리아의 오토마톤 그 자체는 엄밀한 추상기계인 동시에 질식할 것만 같은 의도성에서 벗어나 있는 또 다른 주체이기도 하다.

그러한 모순을 안고 태어난 오토마톤 마리아는 결국 퇴폐적 성격을 담보하면서 그렇게 남성을 유혹하는 행동으로서의 '춤동작'을 통해 '행동이미지'로 등장한다. 이 움직임은 엄격한 논리에 의한 움직임을 바탕으로 한 일탈적 행동이미지인 것이다. 왜냐하면 이때 마리아의 행동이미지는 궁극적으로 모든 파국을 촉발시키는 지점이 되기 때문이다.

오토마톤의 엄격한 논리적 행위가 이탈적 행동(이 동작은 후에 오토마톤 마리아를 화형시키는 데 결정적으로 작동한다)을 유발하는 것으로 뒤바뀌는 것은 일종의 논리모순이다. 바로 이러한 논리모순이 행동이미지의 근간이 되고 이 근간은 태생부터 모순 속에서 등장하는 행동이미지의 특징을 잘 보여준다. 특히 이를 더욱 강조하는 이미지는 마리아의 오토마톤이 화형에 처해질 때 가장 극대화된다. 실제로 근대에 이르러 오토마톤을 재현하는 영화들은 오토마톤의 논리모순을 영화의 클리셰로 만들어 놓았다. 영화에서 등장하는 로봇이 인간의 감각과 감성을 겸비하게 됨으로써 자신이 로봇임을 망각하거나 인간이 되기를 염원하고 인간의 편에 서게 된다는 대부분의 오토마톤의 행동이미지는 이러한 논리모순으로부터 야기된다.

이러한 측면에서 보면 오토마톤의 출현은 이탈적 행동이미지의 운명에서 벗어나지 못하고 있으며, 행동이미지는 바로 오토마톤의 이 운명을 토대로 발전된 논리모순의 개념이라고 정리할 수 있다.

3. 프리츠 랑의 〈메트로폴리스〉의 오토마타

독일 표현주의 영화의 대표감독인 프리츠 랑이 영화 〈메트로폴리스〉에서 표현하고 싶었던 것은 미래의 테크놀로지가 보여주게 될 대도시의 형상화에 있지 않았다. 물론 완성도 높은 마천루, 빌딩을 가로지르며 달리는 자동차와 도로, 컴퓨터 화면, 화상전화 등이 등장하는 〈메트로폴리스〉는 2026년의 거대한 산업도시와 하이 테크놀로지의 공간을 보여주고 있음을 부인할 수는 없다. 특히 거대한 메트로폴리스를 재현하기 위해 1년 반 동안 3만 7천 명 규모의 엑스트라를 동원하고 530만 제국마르크라는 기록적 제작비를 투자하여 마침내 1927년 1월 10일 베를린에서 최초로 개봉한 이 영화[3]에 대한 역사적 평가는 미래 테크놀로지의 혁신성에 있음은 부인할 수 없을 것이다.

더욱이 감독 프리츠 랑은 일종의 미시적 오토마톤의 테크놀로지가 도시의 형상화라는 거시적 주제에 발맞춰 그 영역을 확장한 측면에 주목했다. 특히 이 영화에 대한 평이 극단을 이루는 상황[4] 속에서도 현대에 재해석할 수 있는 부분은 메트로폴리스의 문제라기보다 그 안에

---

3 오리지널 필름(상영시간 210분)은 파라마운트사에서 편집된 후 독일에서 재편집된 바 있다. 이때 커트된 필름들이 사라져 버렸다고 알려졌었으나 2008년 여름 부에노스아이레스의 영화박물관에서 그 일부가 발견되어 영화가 다시 복원되기도 했다.

4 이 영화에 대한 비평은 초연 당시부터 극단을 이루었다. 미래 테크놀로지로 구현된 도시의 풍경, 노동자들의 세계를 묘사한 부분에서는 찬사가 이어졌지만, 내러티브는 환영받지 못했다. '통속적이고 진부한 낭만주의'(trivial, hackneyed romanticism) 혹은 일종의 '테크노 키치'(techno-kitsch)라는 용어는 당시 비평가들이 이 영화를 어떻게 보았는지 잘 설명해 준다. 자본가의 아들 프레더와 노동자의 딸 마리아의 새로울 것 없는 러브 스토리는 진부함으로 간주되었고(Jensen Eisner) 로트방의 실험실에서 탄생하는 로봇 마리아 역시 사건진행을 방해한다는 평(Siegfried Krakauer)이 지배적이었다. 그런가 하면 신비주의적이며 중세 상징주의로 점철된 미래 도시생활은 적용된 하이테크놀로지의 혁신에 비하면 부적절했다는 비판(Axel Eggebrecht)도 주를 이루었다. 계급사회 간 갈등구조가 극적 화해를 맞이하는 영화의 결말은 당혹스럽다 못해 황망할 정도여서 실제 역사적 계급투쟁을 심하게 변질시켰다는 평(Axel Eggebrecht)도 주목을 끌었다. 정리하자면 이 영화에서 재현되는 사회적 갈등의 화해 유도 방식은 깊은 고찰이 누락된 단선적 내러티브 구조 속에서 왜곡되고 말았다.

서 구조화된 시스템의 불완전성과 오토마톤의 논리모순 속에 있다고 볼 수 있다. 이를 통해 안드로이드의 등장이 함축하는 의미와 테크놀로지의 재현은 거의 새로운 근대 미학을 태동시키는 데 일조한다.

1) 오토마톤에서 안드로이드에 이르는 테크놀로지 미학

(1) 도시의 기계와 노동자

프리츠 랑이 1924년에 방문한 뉴욕 맨해튼의 스카이라인을 보면서 〈메트로폴리스〉의 영감을 얻었다는 비화는 이미 잘 알려져 있다. 이때 그가 미국에서 본 것은 기계의 추상적 원리에 입각해 작동하는 현란한 도시의 생태계였다. 영화 〈메트로폴리스〉에 대한 보편적 인상은 끝을 알 수 없는 마천루, 무리를 지어 이동하는 자동차, 빌딩을 가로지르는 비행선, 하늘을 향해 치솟는 강한 빛, 그리고 오차없이 맞물려 돌아가는 톱니바퀴의 이미지들로서, 이는 곧 미래에 도래하게 될 자동화 사회의 특징과 직결된다. 하지만 이러한 견해에도 불구하고 정작 프리츠 랑은 거대도시의 문명보다는 미시적 기계와 그 기계적 원리에 대한 관심에 주목하였다.[5]

프리츠 랑은 영화 〈메트로폴리스〉가 드러내는 정치적 이데올로기

---

5 "주요명제는 폰 하르보의 것이었다. 그러나 적어도 절반의 책임은 나에게 있다. 왜냐하면 내가 영화를 만들었기 때문이다. 시금과는 달리 당시 나는 별로 정치적 의식이 없었다. … 대신 기계에 관심이 있었다."(*Die Hauptthese war von Frau von Harbou, aber ich bin wenigstens zu fünfzig Prozent verantwortlich, weil ich den Film gemacht habe. Ich war damals nicht so politisch bewußt, wie ich es heute bin. … Aber ich interessierte mich für Maschinen*) (Bogdanovich, 1969: 124 재인용).

에 관심을 갖기보다 현대의 기계문명에 더 관심이 있었음을 분명히 밝혔다. 이 영화에서 중심 메타포는 기계 혹은 테크놀로지의 '시스템'이다. 이러한 관점으로 〈메트로폴리스〉를 보면 처음부터 등장하는 톱니바퀴의 추상적 움직임은 시사하는 바가 크다. 그리고 이러한 톱니바퀴의 규칙성은 오토마톤이 추구하는 추상기계의 시스템을 그대로 답습한다. 더욱이 톱니바퀴로 대변되는 규칙적 움직임과 작용-반작용의 메커니즘은 고스란히 메트로폴리스의 노동자들의 움직임으로 이어진다.[6] 이는 실제 도시 자체가 가진 엄격한 통제적 의미보다는 인간의 기계화 그 자체를 유지하기 위해 전제되어야 할 완벽한 시스템을 의미하는 것이다. 그러므로 오토마톤의 등장을 통해 인간의 기계화라는 화두에 포커스가 집중되었다고도 볼 수 있을 것이다.

---

6 기계는 10시간의 사이클에 맞춰진 시계에 따라 노동자들에게 작업시간을 알린다. 증기 소리가 나면 일은 중단되고, 새로운 근무조가 일을 시작한다. 이 영화에서 검은색 유니폼을 입은 노동자들은 기계의 확장으로 등장한다. 이들이 이른바 "대중의 장식"(das Ornament der Masse, p. 11)이다. 그들의 몸은 기계와 다름없다. 노동자들은 메트로폴리스 안에서 기계의 부속품으로 다루어지며 기계의 규칙적 리듬에 종속되어 동일한 움직임으로 반복적으로 작업한다. 〈메트로폴리스〉에서의 삶을 규정하는 기계의 리드미컬한 박자는 아름다움을 보여준다.

　루이스 부뉴엘(Luis Buñuel)은 이 영화에서 기계의 움직임이 한편의 교향악 혹은 시와 같다고 말했다. "얼마나 황홀한 움직임의 교향악인가! … 강철의 극도로 생생한 번쩍임, 바퀴, 피스톤, 아직 창조되지 않은 기계적 형태들의 계속되는 리듬. 이것은 우리 눈에는 찬미할 만한 송가, 즉 완전히 새로운 포에지이다."(Was für eine begeisternde Symphonie von Bewegung! …Das äußerst lebhafte Funkeln des Stahls, die rhythmische Abfolge von Rädern, Kolben, von noch nicht erschaffenen mechanischen Formen, dies ist eine bewundernswerte Ode, eine ganz neue Poesie für unsere Augen) (Töteberg, 1985: 55 재인용).

(2) 오토마톤과 피부의 관계

안드로이드는 생식과정이나 모태과정 없이 유기체의 외피인 피부를 통해 기계적 법칙의 추상적 형태를 극복하고, 비로소 인간이 된다. 다시 말해 인간과 닮은 외관으로 인해 안드로이드는 오토마톤으로서의 기계적 작동원리를 감춘 채 인간의 감성영역이라 할 수 있는 미지의 영역으로 진입한다. 이는 테크놀로지 미학으로서 새로운 자아의 출현 가능성을 낳는 동시에 오토마톤의 기계장치의 작동원리를 구현하는 문제를 괄호 안에 넣어 버리는 편리한 절충지점을 마련해 주기도 한다.

이에 대한 가장 대표적인 성향은 인간의 피부를 덧입게 되면서부터 본격적으로 인간의 감성이나 감각이 별 어려움 없이 재현되는 영화적 문법에서 나타난다. 영화 〈메트로폴리스〉에서도 오토마톤 마리아는 기계이기 이전에 인간의 악한 본성을 그대로 드러내는 또 다른 인간으로 등장한다. 바로 이렇게 오토마톤의 기계장치는 인간의 죄만 처벌할 수 있는 마녀사냥식 처형의 담론 속으로 자연스럽게 들어간다.

그렇다고 해서 오토마톤으로서 기계적 움직임과 시스템의 효용성을 영화 〈메트로폴리스〉가 포기한 것은 아니었다. 실제로 〈메트로폴리스〉가 개봉할 당시의 독일은 미국에서 등장한 두 개의 생산방식 즉 테일러리즘(*Taylorism*)과 포디즘(*Fordism*)을 성공적인 노동관리 시스템으로 이해하고 있었고, 이를 통해 국가 재건의 밝은 미래를 경험하고자 했다. 당대 비평가들은 〈메트로폴리스〉를 통해 이러한 미국적 생산방식을 통해 미래에 건설될 유토피아를 바라보고 싶어 했던 것이다. 하지만 프리츠 랑은 기계적 인간의 부정적 측면을 강조함으로써 당대의 유토피아적 기조에 적절한 변형을 가하고 싶어 했다. 그 대표적인 예가 바로 인간 마리아와 오토마톤 마리아를 대립시킨 것이다.

이것이 가능했던 이유는 오토마톤 위에 인간의 피부를 덧씌움으로써 기계적 움직임을 인간의 감성영역 안으로 들어갈 수 있게 했기 때문이다. 이때 피부를 두른 오토마톤으로서의 마리아는 기계적 움직임이 사라지고 마녀의 성격을 가진 인간으로 탈바꿈된다. 이는 자연스럽게 기술에 대한 긍정의 축을 부정의 축으로 돌리거나, 부정의 축을 긍정의 축으로 돌릴 수 있게 되었음을 보여준다. 기계인간에 대한 오토마톤과 피부의 관계는 이렇게 기계장치로 대변되는 테크놀로지의 불안함을 안정감으로 혹은 안정감을 불안함으로 재현하는 가능성[7]을 이미 보여주기 시작한다.

---

7 이러한 전형은 대부분 안드로이드로 대변되는 피부를 두른 오토마톤의 재현에서 발견된다. 그중 프리츠 랑과 관련이 깊은 대상으로 2001년 일본에서 개봉된 애니메이션 〈메트로폴리스〉(감독 린 타로)를 들 수 있다. 완성도 면에서 기존 일본 애니메이션이 주는 기대감에 못 미치는 이 일본 애니메이션 〈메트로폴리스〉는 프리츠 랑의 〈메트로폴리스〉에서 영감을 얻어 애니메이션 제작에 들어갔다고 밝혔다. 실제로 애니메이션의 분위기와 전체적 플롯 그리고 등장인물들의 이름 또한 프리츠 랑의 〈메트로폴리스〉를 오마주하고 있다. 이 애니메이션이 〈공각기동대〉와 다른 점은 의식 자체도 기계로부터 초래되었다는 데 있다. 실제로 애니메이션 〈메트로폴리스〉는 인간의 장기밀매와 기계접합이라는 기술을 등장시키고 오토마타의 기능주의적 관점을 오로지 피부를 덧씌우게 되었다는 점에서 구분짓고 있다. 이것은 이 영화의 만듦새를 망치는 주범이기는 하지만, 오토마톤에 피부를 덧씌워 대상을 의인화하고자 했다는 점에서 보면 가장 순진하게 표현한 애니메이션이라고 할 수 있다.

2) 오토마톤의 감성 감각 표현

프리츠 랑의 〈메트로폴리스〉는 거대도시의 엄격한 규율과 통제시스템을 엄밀한 기계의 움직임으로 보여주고 있지만, 오토마톤의 기계적 특성을 피부로 둘러쌈으로써 새로운 테크놀로지에 대한 인식을 선과 악으로 대립시키기도 한다. 이 부분에서 주목해야 할 점은 오토마톤으로서의 마리아가 피부를 갖게 된 이후에 나타나는 전이된 감성이다. 이는 미래에 제작될 수많은 영화에 영향을 미치는 문법으로 작동하게 되는데, 이는 러츠키(R. L. Rutsky)가 주장하는 테크놀로지를 심미화하는 경향의 '미적 모더니즘'의 영향을 받은 바 있다고 추정된다. 이때 미적인 것은 나름의 개별적인 생명이나 영성을 형상화할 때 나타나는 모든 이미지를 협소하게 정의한다. 즉 '미적 모더니즘'은 테크놀로지를 정신이나 영혼, 그리고 강렬한 아우라를 지닌 살아 있는 주체로 표현하려는 욕망이 그 안에 놓여 있는 것이다.

바로 이러한 미적 모더니즘의 욕망은 피부를 통해 감성과 감각의 인간적 표현과 마주하게 된다. 이때 피부 속에 숨어들어간 오토마톤 마리아는 인간 고유의 감성영역을 버리지 않으면서 교묘하게 인간의 감성영역의 은밀함을 드러내는 주체로 나타난다. 실제로 오토마톤 마리아는 인간 마리아에 비해 자신의 감각영역을 제한하지 않고 타인의 손길에 민감하지 않으며 피부로 둘러싸인 자신의 신체를 남성시선의 볼거리로 전락시킨다. 다시 말해, 테크놀로지의 미적 모더니즘은 오토마톤의 피부를 타락한 감성영역으로 치환함으로써 인간의 심성과 기계를 극단적으로 부각시킨다. 이를테면 인간과 기계의 대립을 통해 인간의 존엄성을 강조하고자 한다면 오토마톤이 덧쓰게 되는 피부는 '악', '불경스러움', '타락', '욕정'의 죄악으로 점철됨과 동시에, '무감각'으로 재현된다는 것이다. 실제로 오토마톤 마리아를 화형에 처하는 장면에서 그녀는 두려움보다 시종일관 조롱 섞인 시선과 뜨거움을 느끼지 못하는 표정으로 일관한다.

특히 오토마톤으로서의 죽음을 맞이하는 장면은 피부가 사라지는 시점이다. 바로 이것이 내포하는 의미는 영화적 표현에서만큼은 오토마톤의 생명력이 어디에 있는지 보여주는, 다시 말해 오토마톤이 인간으로 재현될 때 피부의 역할이 무엇인지 극명하게 보여주는 장면이라 할 수 있다. 특히 영화 〈메트로폴리스〉에서 피부를 가진 오토마톤으로서의 마리아는 주변 남성들로 하여금 일곱 가지의 죄악을 모두 지은 여자로 인식되며, 남성들의 욕정과 갈등을 조장하는 에로티시즘으로서의 피부를 가진 신체로 드러난다. 이는 피부를 가진 오토마톤의 감성적 재현이 무엇과 연결되고자 하는지 보여주는 극단적 예시라할 수 있다. 바로 이러한 재현의 메커니즘은 이후 자주 변형되기는 하지만 큰 흐름에서는 변함없이 영화적 문법으로서 그 명맥이 이어져오고 있다고 할 수 있다.

4. 오토마타의 감성 재현의 가능성

오토마톤의 감성 재현은 사실상 당대 기계에 대한 인식을 반영하는 방식으로 구성된다. 하지만, 이는 부정적 방식만을 전제하는 것이 아니라, 긍정에서 부정으로 혹은 부정에서 긍정으로 축이 옮겨지는 과정을 의미한다. 피부를 가진 오토마톤은 사실상 감추어진 인간의 양가적 속성을 폭로하는 동시에 테크놀로지에 대한 사회적 인식을 반영하기도 한다. 특히 오토마톤의 감성 재현은 궁극적으로 피부를 통해서 재현될 수밖에 없음을 보여준다. 영화 〈메트로폴리스〉에서 등장하는 감성의 재현은 결국 기계와 인간의 문제를 피부라는 매개체를 통해 당대 테크놀로지의 인식을 반영한 최초의 영화라 할 수 있다.

이를테면 〈메트로폴리스〉에서 오토마톤으로서의 마리아는 입력의 관계에서 인간 마리아로부터 원래의 마리아의 성격과는 전혀 다른 성격을 부여받게 된다. 이는 인간으로서의 마리아에서 비롯되었다는 점에서 분열된 자아로 해석될 여지가 있고 입력된 정보의 관점에서 보더라도 또 다른 자아의 표현을 의미한다. 순수한 인간으로서의 마리아에게 내재된 악한 기운이 정보화되어 오토마톤에게 입력되는 순간, 퇴폐적인 또 다른 주체가 형성되었다는 식의 이해가 그것이다.

그렇지만 오토마톤으로서의 마리아는 마녀사냥을 당하기 직전까지 자신에게 입력된 내용을 충실히 이행한다. 다시 말해, 오토마톤 마리아는 결코 고장 나거나 오류를 보인 것이 아니라 구조화되고 설계된 대로 악하게 작동한 것이다. 이것은 오토마톤에 저장된 정보가 거의 변형을 거치지 않았다고 볼 수 있는 대목이다. 따라서 저장된 정보가 오류를 일으키지 않고 지속적으로 퇴폐적이며 악의 넘치는 마녀의 성격으로 일관되었다는 점에서 우리는 기억과 저장에 대한 이해방식을 엿볼 수 있다.

이때 기억과 저장의 개념은 남성과 여성의 대립구조로 이해되어온 〈메트로폴리스〉의 역사적 계급투쟁의 관점에서 벗어나 기계장치의 윤리문제로 그 포커스를 옮겨 놓을 수 있도록 한다. 입력된 정보대로 작동한 기계의 과오는 누구의 책임이냐는 문제가 바로 그것이다. 실제로 영화 〈메트로폴리스〉에서 악한 마리아의 오토마톤을 제작한 로트뭉은 퇴폐적 마리아에게 내려진 끔찍한 화형만큼 동일한 죗값을 치르지 않는다. 바로 여기에서 인간과 기계 간 유발되는 문제는 윤리적 책무와 연결되어야 한다는 메시지가 부각될 수 있다.

지도자와 노동자 간 합의를 도출하는 것으로 성급히 일단락되는 영화 〈메트로폴리스〉의 어설픈 마무리는 그래서 당대 비평가들에게 철퇴를 맞을 수밖에 없었다. 왜냐하면 영화 〈메트로폴리스〉는 오토마톤에 의해 야기될 수 있는 기계적 윤리 문제를 보다 정교하게 제기하기 때문이다. 오토마톤 마리아는 결국 입력된 정보를 저장한 이후에 그에 걸맞은 행동을 출력해낸다. 하지만 〈메트로폴리스〉의 도시 구조가 거대한 오토마톤이라고 상정하는 한 오토마톤 마리아가 하는 행동이미지는 결과적으로 견고한 시스템 붕괴를 유발한다.

현대 사회에서 유발되는 각종 논리모순의 관계를 영화가 적절히 다룰 수 있게 발전한 것은 비인간적 존재의 등장, 그중에서도 피부를 가진 오토마톤의 발견과 무관하지 않다. 논리모순, 논리구조의 충돌 혹은 붕괴를 유발하는 캐릭터는 기괴한 캐릭터에게서도 발견되지만, 피부를 가진 오토마톤에서 보다 확실하게 발견되기 때문이다. 이는 단순한 오컬트(occult) 문화의 반영이 아니라 테크놀로지라는 시대의 사명과 연결된다는 점에서 그 파급력이 더하다. 그렇다면 그 궁극적인 이유는 무엇일까?

피부를 가진 오토마톤의 등장은 도대체 우리에게 무엇을 알려 주는 것인가? 왜 피부가 오토마톤을 감싸면 없던 감성이 재현될 수 있는가? 여러 가지 의미가 있을 수 있겠지만, 한 가지 주목해 볼 만한 것은 피부가 가진 생리학적 인식의 중핵을 담당하는 전염개념 덕분은 아닐까 한다. 피부는 그 자체로 촉각이고 그 촉각은 만져짐과 만짐의 경계에 놓여 있는 것이다. 이는 결국 이 사람에게서 저 사람에게로 옮아갈 수 있는 전이 혹은 전염으로서의 가능성 때문에 감성이 되었던 정보가 되었던 옮겨지고 전달되는 것을 더 친숙하게 받아들이게 되는 것은 아닐까?

대체로 피부를 가진 오토마톤의 등장은 군중의 선동이나 사회적 메시지를 강렬하게 부과하는 주체로 등장한다는 점에서 봐도 그럴 가능성은 농후해 보인다. 전이와 전염은 반드시 의학적 의미에만 국한되지 않고 가장 강렬한 사회적 의미이기도 하기 때문이다. 그러므로 피부가 가진 의미는 단순히 기계를 인간의 형상으로 만드는 것이 아니라, 피부의 접촉 가능성, 즉 전이와 전염의 문제를 가장 강렬하게 함축하고 있다. 이로써 우리는 기계에서 인간으로의 감성 전이를 전염현상으로 이해하게 되고 이에 이질감을 느끼지 못하는 것일지 모른다.

바로 이 점에서 오토마톤의 발명은 현실적 기계발전의 맥락에서 중요한 것이 아니라, 영화라는 매체 속에서 피부와 만나게 됨으로써 새로운 해석의 방향을 찾게 만들어 준다. 또한 다른 주체를 재현함으로써 감성의 전이 문제를 개인과 개인 사이의 일로 다룰 수 있게 해줌으로써 영화를 사회적 혁명의 에너지로 만들기도 한다. 이런 식으로 오토마톤을 감싼 피부는 결국 '전염현상'의 사회적 맥락을 우리에게 강조해 주는 것이다.

참고문헌

들뢰즈, 질 (2002). 《시네마 1: 운동-이미지》. 유진상 (역). 시각과언어.

Bogdanovich, P. (1969). *Fritz Lang in America*. Greenwood Publication.

Buchholz, T., Klein, A., & Kutrib, M. (1999). On tally languages and generalized interacting automata. In G. Rozenberg & W. Thomas (Eds.). *Development in language theory: Foundations, applications, and perspectives*. World Scientific.

Drrida, J. (1998). *Archive fever: A freudian impression*. University of Chicago Press.

Hurst, A. M. (2008). *Derrida Vis-à-vis Lacan: Interweaving deconstruction and psychoanalysis*. Fordham University Press

Töteberg, M. (1985). *Fritz Lang mit Selbstzeugnissen und Bilddokumenten*. Rowohlt.

11
현대미술의 새로운 경향
전염적 매체-네트워크 구조
강소정

1. 현대미술에서의 비인간 매체

동시대 현대미술은 다양한 매체 및 기술과 공존한 지 오래지만, 이론적 측면에서는 기술기반이거나 매체중심 작품의 실천이나 수용을 고찰하는 대안적 방법론에 대한 연구가 다소 부족하다. 여전히 많은 부분이 창작자 중심이거나, 미술가와 관람객의 상호작용이나 참여미술 등 수용미학적 관점에서의 설명에 기대고 있다. 이는 현대미술 연구의 대부분이 인간과 기술의 철저한 구분을 전제하며, 인간주체 중심의 해석에 기반하기 때문이다.

　그러나 인간중심의 해석에 기반을 두기에는 많은 작품들이 생산과 수용 주체와는 독립적으로 스스로 존재함을 우리는 종종 현대미술 실천의 장에서 목도한다. 많은 전시에서 기술의 발전에 기반을 둔 작품이 증가했고, 소재와 매체의 다양성, 즉 수많은 '비인간적(*nonhuman*) 매체들'과의 공생 가능성에 대해 고민하는 작업들도 많은 부분을 차지한다. 오늘날 인간과 연결된 기술적 존재들은 셀 수 없이 많고 다양해졌기 때문에, 기술이나 비인간적 매체들에 대한 문제는 광범위한 영역에서 논의 가능하다. 그런 까닭에 동시대 현대미술도 인간주체 중심에서 나아가 미술가와 매체, 작품과 매체, 즉 인간과 비인간의 이질적이고 전염적인 네트워크(network)의 관점에서 설명될 수 있다.

이런 맥락에서 이 글의 출발점은 현대미술에서 비인간적 매체들이 인간과 맺는 연결구조와 그 관계에 주목하는 것이라 할 수 있다. 나아가 소재나 매체의 일부로 하등하게 간주된 기계 또는 비인간적 매체와의 관계를 설명하고, 인간중심적이 아닌 다른 관점에서 이 관계를 설명할 가능성이 없는지 모색하려 한다. 본격적 연구를 위한 이론적 틀은 현대 기술철학 이론, 그중에서도 브루노 라투르(Bruno Latour)의 행위자-네트워크 이론(actor-network theory, ANT)에 기반을 둔다.

ANT를 현대미술 실천의 예에 적용해, 미술 실천과 수용의 장에서 인간과 비인간, 즉 창작주체와 수용자로서의 인간과 매체로서의 비인간 네트워크가 어떻게 생성되고 전염되어 그 존재성을 확보해가는지 간략히 살펴보려 한다. 이론적 틀인 라투르의 행위자-네트워크 이론에서 착안해 비인간 매체와 기술이 현대미술에서 만들어내는 구조와 관계는 이후 '매체-네트워크' 구조로 간략히 칭한다.

우선, 이 글에서 다루는 동시대 현대미술에서의 비인간 행위자 혹은 비인간 매체가 지칭하는 대상을 구체적으로 구분해 보자. 그 과정에서 '매체'라는 용어에 대한 정의도 함께 이루어질 것이다. 매체는 미술작품이 만들어지는 데 사용되는 모든 도구와 수단을 지칭한다. 전통적으로는 크게 미술가와 관람객을 제외한 모든 매체, 회화작품에서의 물감이나 캔버스 천의 종류, 조각에서의 브론즈, 나무 등 작품재료들이 대개 비인간 매체에 포함되었다.

동시대 현대미술에서 그 범위는 한층 넓어졌다. 기술기반 작품에서의 카메라, 프로젝터, 소프트웨어 프로그램, 센서 등이 포함되고, 더 넓게는 설치작품이 아우르는 종이, 텍스트, 음식, 음식이 만들어내는 공간의 변화, 냄새, 빛, 공기 등 모든 매체들이 비인간적 행위자로 정의된다. 비인간적 행위자와 매체들은 단순히 인간 행위자인 미술가의 '도구'로만 규정될 수 없고, 실시간으로 진화하는 다변적 정체성을 가짐으로써 기존 현대미술 연구에 견고하게 설정되어 있는 생산-수용, 기술-실천 등의 이분법적 도식을 가로지른다. 이러한 맥락에서 ANT 이론을 대안적 연구방법론으로서 주목할 수 있다.

ANT는 기술·사물·사회문화적 맥락, 물리적 현상 등을 포함한 모든 비인간들이 인간과 동등한 행위능력을 가진다고 간주한다. ANT는 사회가 인간-비인간 행위자들의 변덕스러운 네트워크로 구성된다고 보고, 이 네트워크의 규칙, 질서, 저항이 어떻게 생성되고 소멸되는지 연구한다. ANT는 이러한 네트워크 건설과정을 '번역' (translation)이라고 하는데, 이 번역 개념은 동시대 현대미술을 둘러싼 각종 행위자들의 생성과 운동, 변화과정을 읽어낼 수 있는 유용한 프레임을 제공한다.

인간, 사물, 기술과 같은 인간-비인간 행위자들이 서로에게 독립되고 고정된 존재가 아니라, 서로를 모방하거나 전염시키고 변화를 야기하는 등의 역동적 네트워크라고 보는 것이 ANT를 기반으로 한 현대미술 연구의 핵심이다. ANT를 통해서 동시대 미술 실천현장에서 발생되는 각종 혼종적 현상들에 대한 심도 있는 분석이 가능하다.

본 연구는 다음과 같이 전개된다. 먼저 이론적 틀로서 라투르의 ANT 이론을 간략히 살펴볼 것이다. 그 과정에서 그의 철학을 관통하는 '관계적 생성 존재론'(relational becoming ontology)에 대해서도 간략히 언급할 필요가 있다. 이후에는 이 이론적 틀을 현대미술 작품의 사례에 적용하고 분석한다. ANT를 적용한 연구들은 동시대 미술작품들에서의 각종 비인간 행위자들의 고유한 행위능력 분석을 가능하게 하고, 그 전염과 번역의 과정이 어떻게 이루어지는지 보여준다. 그 결과, 동시대 미술 현장에서의 혼종적 실천양식과 행위의 다양성을 설득력 있게 설명한다. 앞선 이론적 틀과 작품의 예시를 통해, 글의 말미에서는 ANT가 동시대 미술의 다양한 혼종들을 설명할 수 있는 대안적 방법론으로 제시될 수 있다는 가능성을 조심스럽게 제시해 보고자 한다.

2. 비인간 행위자-네트워크 이론

다른 사회문화 현상과 마찬가지로 기술을 주목했던 기존 현대미술 이론도 크게 두 관점으로 나눠 볼 수 있다. 첫째, 미술 생산과 수용 방식이 기술적 조건에 의해 결정된다는 기술결정론의 관점이다. 기술결정론에 기반을 둔 기존 연구들은 기술변화로 인한 작가의 제작방식 변화, 설치방식 변화, 관람자의 수용방식 등이 기술을 매개함으로써 어떻게 변화되었는지 설명하는 데 초점을 맞추었다. 이는 기술의 발달이 창작과 수용 환경을 지배하는 경우다. 두 번째는 기술이 사회 조건과 문화적 맥락을 매개로 어떻게 새롭게 수행되는지 탐구하는 사회구성론의 관점이다. 이는 미술가와 관람객의 주체적 위치, 저항적 실천들과 그 사회적 함의가 무엇인지 설명하는 데 강조점을 두었다.

하지만 이미 십수 년 전부터 동시대 현대미술 실천에서 점점 높은 비중을 차지해가는 다양한 매체나 기술기반 작품들은 인간과 기술의 철저한 구분과 분리를 전제하는 기존 연구의 관점만으로는 효과적으로 분석할 수 없다. 미술작품에서 기술적 대상이나 비인간적 매체들은 단순히 인간의 도구로만 규정될 수 없고, 미술가와 관람객이 함께 실시간으로 진화하는 다변적 정체성을 갖는다. 그 결과, 기존 미술이론 연구에서 견고하게 설정된 생산-수용, 기술-실천의 이분법적 도식을 거부한다.

이런 맥락에서 ANT는 미술연구의 대안적 연구방법론이 될 수 있다. ANT가 기반을 둔 기술적·비인간적 매개는 인간과 비인간적 존재가 동등한 차원에서 관계를 형성한다는 전제에서 출발한다. ANT는 기술이나 비인간적 존재에 행위능력이 있음을 증명한다. ANT의 관점을 따를 경우, '사물은 스스로 행위자가 될 수 있다'는 관점을 받아들이게 된다. 그동안 견고하게 설정되어온 주체인 인간에게 인간이 아닌 일개 사물도 동등한 위치에서의 주체가 될 수 있다는 주장은 다소 황당하지만 동시에 고찰해 볼 필요가 있는 지점이다. 우리의 삶이 이미 수많은 기계와 사물들에 둘러싸여 있고, 그에 기반을 두고 영위되기 때문이다.

미술연구의 한 방법론으로서 논하기에 앞서 ANT에 대해 조금 더 이론적으로 살펴보자. 질베르 시몽동(Gilbert Simondon)은 기술의 핵심이나 존재론을 '관계'로 파악했다. 이 '관계'라는 지점은 현대미술을 정의하는 핵심용어가 된 지 오래다. 지금의 나는 나와 연결된 숱한 인간 행위자와 비인간 행위자의 이종적 네트워크 그 자체에 다름 아니다. 내가 행하는 모든 행위는 나와 네트워크로 연결된 숱한 행위자들의 상호작용에서 비롯된 관계적 효과로 볼 수 있다.

인간의 정체성을 구성하는 네트워크에는 가족, 친구, 동료 같은 인간만이 아니라 책, 컴퓨터, 스마트폰, 자동차, 돈 등 다양한 종류의 비인간이 포함된다. 시몽동은 기술과학이 인간을 소외시키기는커녕 새로운 관계를 만들어낸다고 보았다(시몽동, 2011: 220~266). 그러나 기술과학은 인간이 원해서 만들고 발전시킨 것이지만 그 결과를 정확히 예측하기란 불가능해서 항상 인간이 예상하지 못한 결과들을 낳는다.

시몽동의 이러한 통찰은 1980년대에 존 로(John Law), 미셸 칼롱(Michel Callon), 라투르가 함께 개발한 ANT에서 더 정교한 형태로 발전한다. 이들은 자연과 문화, 인간과 기술, 과학과 정치 등을 분리했던 근대 학문의 연구방식에 문제를 제기했다. 또한, 분류하고 범주화하는 고체적(solid)이고 틀에 고정된 사유가 아닌 관계와 변화를 중시하는 유동적이고 액체적(liquid)인 자유로운 사유를 통해 세상을 파악하려 한다.

이들의 연구에 따르면 사회는 인간과 비인간이라는 이질적 행위자들의 네트워크로 구성된다. 따라서 ANT는 자연과 사회, 자연과 문화, 인간과 비인간은 분리된 것이 아니라 하나의 융합적이고 복합적인 상태로 작동하며 서로가 촘촘하게 연결된 유동적 관계임을 강조한다.

이 이론을 제대로 이해하기 위해서는 기저에 깔려 있는 가브리엘 타르드(Gabriel Tarde)의 모방이론도 함께 살펴볼 필요가 있다. 타르드 이론에서 ANT와 연결해 특히 중요하게 다룰 지점은 개인의 혁신과 모방에 대한 부분이다. 타르드는 사회적 변화가 초월적 법칙이나 선험적 구조에 의해서가 아닌 개인의 발명과 모방의 원리를 통해 결정된다고 주장했다. 즉, 타르드에게 사회변화의 기본원리는 바로 발명과 모방이었다. 이때 발명은 기존에 발생한 모방들의 전염과 재조합을 통해 일어나며, 모방은 환경과의 적합성은 물론 대안들 사이의 전염, 투쟁 및 연합을 통해 구축된다.

타르드는 사회를 선험적 구조나 서로에게 봉사하는 개인의 집단으로 규정하려는 것에 반대한다. 그에게 모든 것은 사회이며 그 사회는 상호작용하는 수많은 모나드(monad)의 불안정한 연합일 뿐이다. 타르드는 모방을 사람들 사이에서 형성되는 일종의 최면상태로 보았다(타르드, 2012: 135). 그의 모방이론은 이성적 방식으로는 제대로 해명할 수 없었던 문화적 유행과 전염, 특정문화의 끈질긴 존속 등 미시적 관계망에 걸린 현상을 설명할 수 있었다.

또한 타르드는 모방이론을 통해 개인들 간에 나타나는 유사성을 획일적인 것으로 비판하기보다 관습적 장벽의 해체, 특권의 종식은 물론이고 독창성을 촉진하는 긍정적 요소로 해석했다. 즉, 한 사람을 모방하는 것이 아니라 수많은 사람들이 각각 서로에게서 어떤 요소들을 빌려오고 그 요소들이 변이를 일으키며 전염된다면, 그 선택과 결합은 또 다른 독창성이 된다는 해석이었다. 이러한 지점들에 기반을 두어 라투르는 타르드가 행위자들의 네트워크를 제시했고 미시와 거시의 구분을 넘어섰음을 강조하면서, 타르드의 모방이론을 통해서 ANT를 보강하고자 했다.

ANT는 행위자들의 역동적 상호관계를 '네트워크'(network)로 개념화한다. ANT는 인간들과 비인간들 사이에 탄탄한 네트워크가 끊임없이 만들어지고 전염되고 확산되거나 유지되어야 한다고 보았으며, 비인간적 사물에도 인간과 동등한 행위능력을 부여한다. 즉, 기술, 매체, 사물, 바람, 물, 개, 나무 등과 같은 비인간들을 인간과 동등한 행위자로 간주하고, 세계는 이 행위자들의 복합적이고 변덕스러운 관계로 구성된다고 본다. 비인간들을 인간의 목적에 종속되는 도구로 보는 것이 아니라 인간과 같이 구체적인 행위와 역할을 한다고 보는 것이다.

행위자로서 비인간은 인간이 다른 인간에게 영향을 주고 다른 인간의 행위를 바꾸는 것처럼 비인간도 인간의 행위를 바꿀 수 있는 행위능력(agency)을 갖는다는 것을 의미한다(홍성욱, 2010: 134). 그리고 그 네트워크 속에서 다른 행위자들과의 상호작용을 통해서만 인간과 비인간 행위자의 정체성이 규정된다고 본다. 즉, 인간과 비인간에게 원인이나 본질은 없으며 결합이나 이질적 네트워크만 존재할 뿐이다. 인간들의 삶과 문화도 결국 이러한 이질적 네트워크의 결과인 것이다.

ANT에서 네트워크 개념은 사회이론이 생겨난 이래로 지배적이던 거시·미시 구분을 없앨 수 있게 한다. 과거에 분리 분할되었던 단계적 배분은 연결로 대체된다. 한 네트워크는 결코 다른 네트워크보다

큰 것이 아니라, 단지 더 길거나 더 강하게 연결된 것이다. 라투르가
제시한 도식에서 보듯(〈그림 11-1〉), 거시규모인 b가 다른 성질을 가
지므로 미시규모의 요소 a와는 다른 방식으로 연구되어야 한다고 암
시한다.

이 네트워크 개념은 매우 다른 사회이론을 함축한다. 이 개념은 선
험적 위계관계를 갖지 않는다. 이 네트워크 개념은 분석자에게 세계를
어떤 선험적 척도에 따라 나눌 것을 요구하지 않기 때문에, 척도의 변
화를 추적하기에 가장 적합하다. 국소적 관점과 전체적 관점 사이에서
선택하는 대신, 네트워크 개념은 우리가 밀접하게 연결된 전체적 존재
를 생각할 수 있게 한다. 개인과 대중을 상반된 것으로 파악하고, 구
조와 행위를 상반된 것으로 파악하는 대신에 하나의 요인에 의해 통제
된 연결을 통해서 어떻게 그 요인이 전략적으로 중요해지는지 파악한
다. 또한 그 요인이 연결을 잃었을 때의 여파를 추적할 수 있다(라투
르, 2010: 103~105).

그림 11-1 **브루노 라투르의 네트워크 개념**

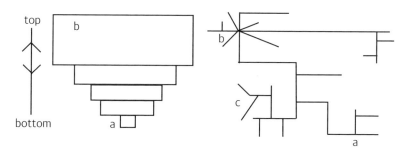

출처: Latour (1996).

즉, ANT는 이분법적 선택이나 상하층의 분리를 배제하고 행위와 그 결과에 초점을 맞추어 기술과 인간이라는 두 요소를 상호영향력을 갖는 결합체로 간주한다. 여기서 행위자들이 구성하는 네트워크 또한 중요한데, 행위자는 네트워크를 구성할 뿐만 아니라 네트워크 안에 있을 때에야 행위능력을 발휘할 수 있기 때문이다. 이때 각각의 행위자가 구성하는 네트워크는 여러 행위자의 연합과 동맹에 의해 변화된다. 결국 기술이나 행위자를 둘러싸고 형성되는 네트워크가 달라지면, 그 기술이나 행위자의 정체성도 변하게 되는 것이다.

앞서 ANT는 사회가 인간-비인간 행위자들의 변덕스러운 네트워크로 구성된다고 보고, 끊임없이 생성되고 소멸되는 이 네트워크들의 건설 과정을 '번역'이라고 정의한 바 있다. 인간의 행위능력은 개별적 신체구조, 기술의 숙련도, 교육방식, 문화적 정체성, 실습시간, 선천적 재능, 주거환경 등 다양한 요인들로 구성된다. 이와 같이 모든 행위자들은 단독자로서 존재하는 것이 아니라 언제나 다른 행위자의 행위에 대한 번역과 다른 행위자의 행위에 의한 번역으로 존재한다는 것이 ANT의 핵심이다(홍철기, 2013: 13).

번역의 과정 속에서 행위자들의 정체성은 끊임없이 변화한다. 번역 과정의 관찰을 통해 행위자들의 역동성으로 인해 발생되는 우연적이고 우발적인 생성들을 마주하게 된다. 새로운 행위자의 연합으로 또 다른 행위자 네트워크가 구축되고, 이 새로운 행위자 네트워크가 기존의 사회 구성원으로 전염되어 새로운 변화를 이끌어내면 비로소 '사회적'이라는 설명이 가능해진다.

3. 현대미술에서 행위자-네트워크 이론 적용의 예

앞서 살펴본 ANT에 기반을 두면 현대미술에서 기술과 매체는 이야기를 창조하거나 전달하는 데 필요한 도구가 아니라 이야기를 직접 만들어내는 주인공이 될 수 있음을 의미한다. 십수 년 전까지만 해도 상호작용성을 미학적 원칙으로 받아들였던 현대미술이 관객의 계산된 행위가 일종의 규범이 되어 버리는 상황을 극복하지 못한 것은 새로운 매개형식을 제시하지 못했기 때문이었다.

최근 현대미술에서의 매체와 기술은 작가나 관람객과의 상호협력적 관계를 통해, 즉 네트워크를 통해 구체화된다. 이는 동시대 현대미술에서의 다양한 혼종들의 생성과 전개과정을 효과적으로 설명할 단서들로 제공된다. 전통적 형태의 미술이 기술의 발달을 통해 다양한 매체를 받아들이고 그 기술의 발달에 의지하면서 끊임없이 새로운 방식의 매개를 구사했다는 점이 중요하다. 이때 작가와 매체 간 전염적 모방과 네트워크에 기반을 둔 여러 변이들이 발생한다.

따라서 이 일련의 과정들을 역동적으로 만들고 끊임없이 모방하고 전염해가는 그 무엇을 찾아내는 것이 이후의 논의에서 중요하다. 즉, ANT가 주장하는 것처럼 비인간 행위자가 필요하다. 그 비인간 행위자는 현대미술의 영역에서는 매체나 기술이 될 것이며, 매체-네트워크 구조를 형성하게 된다. 오늘날 사회적으로 그 스펙트럼을 점점 확장하고 있는 기술의 영역을 고려해 볼 때 비인간 행위자의 역할은 매우 중요하다. 그리고 이 인간과 비인간 행위자들의 역동적 상호관계가 어떻게 구축되고 번역되는지에 대한 논의가 현대미술을 이해하기 위한 방법론으로서도 필요하다.

조금 더 구체적으로 매체를 통한 예시로 이 인간과 비인간 행위자들의 네트워크와 번역에 대해 생각해 본다면 다음과 같을 것이다. 조각가가 브론즈(*bronze*) 작품을 만들 경우, 흙, 거푸집, 브론즈, 파우더 등과 각종 조형도구들은 기본적으로 각자 물리적 속성을 기초로 작동한다. 이 물리적 속성들은 인간의 조형행위를 통해 질서를 부여받는다. 그러나 다른 한편으로는 인간의 조형행위도 각 매체와 도구의 물질성에 맞춰 변화된다. 즉, 순수하게 인간의 생각이나 조형행위만이 작품을 만드는 것이 아니다. 브론즈의 재료적 특수성이 작가로 하여금 그에 걸맞은 특정 형태나 스타일을 추구하도록 조정한다. 다시 말해, 브론즈와 미술가 간 지속적으로 새로운 번역의 과정이 발생하는 것이다.

비디오 영상 작품의 변천은 더욱 극명한 예다. 지난 수년간 발달한 카메라, 프로젝터, 스크린, 미디어 플레이어 등의 발전과 변화는 작가들을 자극했다. 기술의 발달이 선행했고 그 발달에 맞춰 작가들은 움직였다. 초기에는 카메라 기술의 발달이나 프로젝터의 등장이 작가에게 단순하게 작품 구현을 위한 도구라고 간주되었다. 그러나 점점 우리는 역으로 많은 작가들이 기술의 발전을 조금이라도 발 빠르게 적용하기 위해 기술의 발달에 기반을 두어 작품을 구상하고 변화시키는 여러 예들을 목도하게 되었다.

그 결과, 작품의 형태나 구현 방식은 급격하게 변했다. 물론 이 과정에서도 작가의 의도와 개념이 작품의 근간을 이루지만, 동시에 비인간 매체와 기술발전과의 상호작용은 무시할 수 없는 부분이 되었다.

그림 11-2 **더그 에이트킨의 〈몽유병자들〉**(*Sleepwalkers*, 2006)

출처: www.dougaitkenworkshop.com

창작자의 의도와 관람객의 생각, 그리고 비인간 매체의 존재론은 끊임없이 새롭게 번역되고 다양한 네트워크를 형성한다. 현대미술이 극도로 어려워지면서 동시에 극도로 쉬워지는 지점이다.

영상설치(*Video Installation*) 작가인 더그 에이트킨(Doug Aitken)의 경우, 카메라나 프로젝션 기술의 발달은 그의 작품과 떼려야 뗄 수 없는 관계다. 뉴욕현대미술관(Museum of Modern Art, New York)의 6개 외벽을 모두 가득 채운 영상작품 〈몽유병자들〉은 전형적으로 기술매체의 발달과 함께하는 작품이다(〈그림 11-2〉). 이 작품에서 우리는 과연 이 작품이 순수 작가의 창조물인지, 혹은 기술발달이 야기한 기술매체 생태계의 작용이나 네트워크에 의해 파생된 새로운 미술작품의 구현인지 생각해 보게 된다.

여기서 네트워크는 앞서 살펴본 ANT에서 언급된 행위자들의 역동적 상호관계를 지칭한다. 미술가와 기술매체 간 탄탄한 네트워크가 끊임없이 만들어지고 전염되고 확산되는 그 복합적이고 변덕스러운 관계가 에이트킨의 작품들 속에서 시대적으로 구현된다. 그렇다면 에이트킨의 작품에서 기술은 비단 작가의 목적에 종속되는 도구였는지, 혹은 작가와 같이 구체적 행위를 하는지 짚어 볼 필요가 있다.

이 작가의 개별 특정 작품보다는 순차적으로 제작된 작품들의 일련의 변천과정에서 이 매체-네트워크 구조는 더 두드러지게 나타난다. 에이트킨의 이후 작품 〈전기 지구〉도 거대한 둥근 곡선으로 구현되는 영상 프로젝션의 발전이 선행되지 않았다면 시도도 못했을 프로젝트임에 틀림없다(〈그림 11-5〉).

그렇지만 기존 영상 프로젝션 기술을 작품이 그대로 받아들인 것은 아니다. 작가의 제안 없이 이토록 거대한 형태의 곡선 프로젝션은 당시 제작되었을 리 만무하다. 이 기술은 작가와의 아이디어 교환을 통해 시각적 효과를 극대화하는 방식으로 특수 제작되었다. 그 결과물은 다른 작가들에게는 또 다른 아이디어의 원천으로, 기술산업적 측면에서도 또 다른 하나의 대안이 되어 기술발달의 확산과 다양성을 야기했다. 즉, 선행된 기술발달과 작가의 아이디어가 새롭게 번역작업을 거쳐 새로운 형태의 네트워크로 확산되는 것이다.

ANT는 행위능력에 원인이나 본질은 없으며 결합이나 이질적 네트워크가 존재할 뿐이라고 보는데, 많은 현대미술 작품이 그렇다. 미술가와 많은 작품도 이 이질적 네트워크의 결과물로서 존재한다. 이들은 단지 네트워크를 구성할 뿐 아니라 네트워크 속에서 행위능력을 발휘한다.

그림 11-3 **더그 에이트킨의 〈검은 거울〉**(*Black Mirror*, 2011)

그림 11-4 **더그 에이트킨의 〈바뀐 지구〉**(*Altered Earth*, 2012)

그림 11-5 **더그 에이트킨의 〈전기 지구〉**(*Electric Earth*, 2016)

출처: www.dougaitkenworkshop.com

앞서 예로 들었던 에이트킨 작품 4점의 시대별 변화 추이에서 우리는 네트워크 속에서 인간 행위자인 작가와 비인간 행위자인 매체가 서로를 모방, 전염하고 재조합하는 현상을 확인했다.

여기서 모방은 한 특정대상이나 기술, 그리고 현상의 모방이 아니라, 개인으로서 수많은 작가들이 특정기술의 발달이나 다른 작가의 작품에서 특정한 요소를 빌려와서 작품을 제작하는 것을 이야기한다. 그 작품은 다시 변이를 일으키며 전염되는 과정을 거치고, 그러한 선택과 결합이 또 다른 독창성으로 연결될 수 있는 가능성을 보여준다. 결국 미술작품과 미술가를 둘러싸고 형성되는 네트워크가 달라지면, 그 작품과 미술가의 정체성도 함께 변하게 된다는 점을 확인할 수 있다.

앞선 예에서 우리는 다소 미흡하나마 미술연구에서 ANT 연구의 가능성들을 확인해 볼 수 있었다. 매체나 기술을 통한 전염적 행위자-네트워크 구조는 자율성을 가지고 인간과 관계를 맺으며 행위해 나간다는 점에서 미술작품도 ANT의 관점에서 살펴볼 필요가 있었다. 여기서 우리가 주목할 것은 이야기를 재구성하는 관점이다.

이 모든 매개자들의 정체성은 한순간도 고정되어 있지 않고 끊임없이 변화함을 보여준다. 작가는 행위자들의 다변적 정체성과 전개과정을 기술함으로써 전시공간에서 수용자들의 새로운 존재방식과 의미부여 작용을 보여준다. 살펴본 바와 같이 작품 속에서도 번역의 과정 속에서 행위자들의 정체성은 끊임없이 변화한다. 번역과정의 관찰을 통해 행위자들의 역동성으로 인해 발생되는 우연적이고 우발적인 생성들을 마주하게 되며, 이는 동시대 현대미술에서의 다양한 혼종들의 생성과 전개과정을 효과적으로 설명할 단서들이 된다.

4. 미술연구의 대안적 방법론으로서의 행위자-네트워크 이론

이전까지 현대미술에서 기술에 대한 논의는 기술의 사회적 전개과정에 따라 변화되는 미술가와 관람객의 지각 및 행동양식을 탐구하거나, 기술이 인간의 문화적 맥락과 개별적 상황을 매개함으로써 어떻게 의미화되는지 탐구했다. 이를 통해 기존의 현대미술 연구가들은 미술가와 관람객의 보편적 관습과 행동양식의 동인을 설명하고 인간의 주체적 위치가 어떻게 확보되는지, 인간의 저항적 실천이 가지는 사회미학적 함의가 무엇인지 드러냈다.

그러나 이제 현대미술에서 기술에 대한 논의는 조금 더 원론적인 구성과 형식의 차원으로 이동되고 있음을 알 수 있다. 오늘날 현대미술이 갖는 불확실성은 바로 이 새로운 미술의 동력이 변화를 거듭하는 기술의 발전에 기인하기 때문이다. 그렇다면 현대미술은 보다 광범위하고 유동적인 개념으로 이해되어야 할 것이다. 결국 그것은 인간과 비인간이 서로 동등한 언어를 찾아내고, 서로가 서로를 전염시켜 나가는 행위라고 정리해 볼 수 있다.

이러한 맥락에서 ANT는 기존 현대미술 연구의 대안적 방법론이다. ANT를 통한 현대미술 연구는 미술가가 다루는 매체와 기술에서부터 텍스트, 그리고 빛이나 공기에 이르기까지 모든 비인간 행위자들을 인간의 도구적 수준으로 격하시키지 않고, 인간과 동등한 위치에서 그 고유한 물적 특성과 행위능력을 분석한다. 그리고 이 행위능력이 다른 행위자들을 어떻게 번역하는지 기술함으로써 동시대 현대미술의 다양한 기술적 혼종들과 실천양식을 설득력 있게 설명한다.

ANT를 적용한 현대미술 연구가 갖는 의의는 여러 가지가 있을 수 있다. 우선, 시각적으로 드러나지는 않지만 작품을 둘러싼 비가시적 영역의 실재와 그 네트워크를 입증하고, 그 파급력과 의미를 분석해 볼 수 있다. 다음으로는 ANT를 통해 동시대 현대미술에 대한 비판적 성찰을 유도하고 대안적 실천전략을 구상할 수 있다. ANT는 연구자들에게 행위자들의 번역, 교섭 그리고 협상과정을 보여줌으로써 동시대 현대미술의 지배적 가치체계와 행동양식을 형성한다고 인식되는 행위자들의 재배치를 유도한다. 따라서 ANT의 관점을 가진 현대미술 연구자들은 행위자들의 관계망을 새롭게 위치시키고 재조합하여 새로운 번역을 만드는 창조적 작업을 수행할 수 있다.

그동안 ANT는 인간과 비인간 사이에 형성되는 네트워크라는 개념을 이용해 기술과 사회적 요소의 관계를 분석하는 데 주목할 만한 성과를 거두었고 다양한 사회현상을 설명하는 사회이론으로 확장되어 여러 학문분야에 큰 영향을 주었다. 이는 사회학은 물론이고 인류학, 문화연구, 지리학, 환경학, 경영학, 정보학, 경제학, 정치철학 등으로 점차 확산되고 있다. 문화연구로도 확장되고 있지만, 아직 본격적으로 ANT 를 적용해 미술작품이나 현장을 분석한 예는 드물다.

이 연구는 기술적 매개 과정이나 비인간 매체의 활용을 통해 비인간적 존재, 즉 사물이 사회변화의 동인으로 작용했음을 설명하고자 했다. 우리의 삶에서 기술과 사물의 중요성이 더욱 커지고 있는 만큼 인간과 비인간 사물의 관계를 새로운 관점에서 규정한 ANT에 대한 관심도 커지고 있으며, 이는 현대미술을 이해하는 하나의 대안적 연구 방법론이 될 수 있다.

참고문헌

김환석 (2011). 행위자-연결망 이론에서 보는 기술과학과 민주주의. 〈동향과 전망〉, 83, 11-46.

라투르, 브루노 (2016). 《젊은 과학의 전선: 테크노사이언스와 행위자-연결망의 구축》. 황희숙 (역). 아카넷.

_____ (2012). 《브뤼노 라투르의 과학인문학 편지: 인간과 자연, 과학과 정치에 관한 가장 도발적인 생각》. 이세진 (역). 사월의책.

_____ (2010). 《인간 사물 동맹: 행위자 네트워크 이론과 테크노사이언스》. 홍성욱 (역). 이음.

시몽동, 질베르 (2011). 《기술적 대상들의 존재양식에 대하여》. 김재희 (역). 그린비.

타르드, 가브리엘 (2012). 《모방의 법칙: 사회는 모방이며 모방은 일종의 몽유상태다》. 이상률 (역). 문예출판사.

_____ (2013). 《사회법칙: 모방과 발명의 사회학》. 이상률 (역). 아카넷.

_____ (2015). 《모나돌로지와 사회학: 모나돌로지에서 신모나돌로지로》. 이상률 (역). 이책.

홍성욱·이광석·김재희·김성재·백욱인·이재현·이지언·오경미·심혜련. (2016). 《현대기술·미디어 철학의 갈래들》. 그린비.

Callon, M., Lascoumes, P., & Barthe, Y. (2009). *Acting in an uncertain world: An essay on technical democracy*. The MIT Press.

Dumbadze, A., & Hudson, S. (Eds.). (2013). *Contemporary art, 1989 to the present*. Wiley-Blackwell.

Joselit, D. (2013). *After art*. Princeton University Press.

Larsen, L. B. (Ed.). (2014). *Networks (Whitechapel: Documents of contemporary art)*. The MIT Press.

Latour, B. (1996). The trouble with actor-network theory. Available: http://www.bruno-latour.fr/sites/default/files/P-67%20ACTOR-NETWORK.pdf.

12

2015년 한국의 메르스

회고와 대책

김우주

1. 감염, 인간, 그리고 사회

인류의 역사가 지속되는 한 감염병은 끊임없이 인간, 사회, 그리고 전세계에 영향을 미치게 된다. 최근 등장한 신종 감염병의 경우에는 더욱 빈번하게 예측할 수 없는 양상으로 출현하고 있다. 신종 감염병의 유행은 인명 피해뿐만이 아니라 사회, 교육, 문화, 경제, 정치에 막대한 피해를 끼쳤다. 신종 감염병의 영향은 매우 파괴적이다. 이에 따라 국가는 신종 감염병에 대해 사전에 대비하고 신속하게 대응함으로써 그 피해를 최소화하도록 노력해야 한다.

그런데 우리는 지난 2015년 우리 사회에서 발생한 메르스에 어떻게 대응했는가? 한국사회에서 메르스가 발생했을 때 정부와 전문가 집단에서는 환자격리에만 집중했으며 언론에 대한 대응에만 방점을 찍고 있었다. 이로 인해 메르스 위기에 대한 국가 대비·대응시스템, 보건

의료 전달체계, 의료기관의 감염 예방 및 관리에 문제가 있음을 인식하지 못한 채 메르스로 인한 부정적 영향으로 혼란에 빠질 수밖에 없었다.

감염병으로 인한 사회 내 혼란은 감염병 위기 대비를 위한 통제시스템이 존재하지 않았음을 나타낸다. 당시 관리조직, 전문인력, 지침 및 매뉴얼, 교육훈련, 그리고 위기 소통능력 등이 매우 부족했다. 보건의료 전달체계의 문제점은 1, 2, 3차 의료기관의 역할이 정립되지 않았으며 단계적 진료를 준수할 수 있는 시스템이 없었다는 것이다. 특히 메르스 유행 초기에 속절없이 환자가 폭발적으로 발생한 까닭은 중소병원에 감염예방 및 관리 시스템이 존재하지 않았기 때문이다.

추가적으로 한국 사회에 존재하는 병문안과 간병문화도 병원 내 혼잡을 유발했다. 병원 내 유행과 병원 간 전파가 연계되었던 사실도 메르스 사태의 문제점을 여실히 보여줬다. 당시 5명의 메르스 감염자가 153명의 2차 감염자를 초래한 것은 병원 내 유행과 전파로 인한 것이었다.

그림 12-1 **메르스의 병원 내 유행 및 전파**

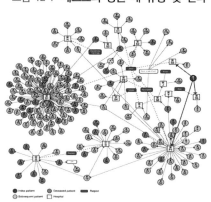

출처: http://dx.doi.org/10.3349/ymj.2015.56.5.1174.

메르스 환자의 직업군이 간호사가 8.1%, 의사와 간병인이 각각 4.3%에 이르는 등 다수의 병원 직원이 감염된 것만 보아도 알 수 있다. 우리 사회에서 메르스 확산을 막지 못한 이유는 무방비, 초기대응 실패 그리고 체계적 관리 부족을 꼽을 수 있다.

이제는 감염병, 인간, 그리고 사회가 하나로 연결되어 있음을 알고 감염병에 대한 과학적 접근만이 아니라 인문·사회·과학적 접근을 결합하여 융합적 이해를 통한 대응모색을 마련해야 할 것이다. 감염병의 과학적 이해는 병원균, 병원소, 매개체, 감염력, 감염경로, 잠복기, 증상, 합병증, 중증도, 치사율 등을 고려하는 것이다. 여기에 인문·사회·과학적 접근을 연결시키는 것은 인간, 사회, 그리고 국가와 세계적 차원이 상호작용한다는 사실을 알고 이들의 특성을 함께 고려하는 것이다.

먼저, 감염병에 있어 '개인적 차원'은 인간이 감염병을 앓고 거기에 대한 의학적 치료와 격리 조치를 받는 것, 그에 대한 조치가 적절하지

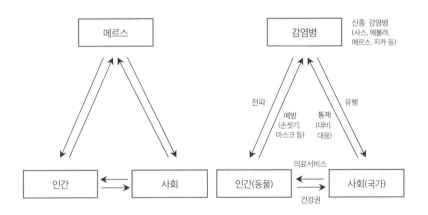

그림 12-2 **감염병-인간-사회 관계**

못하면 사망에 이르게 되는 내용까지를 포함한다. 또한 개인은 감염병으로 인해 학교 결석, 직장 결근을 하게 되고, 심리적으로는 불안과 공포, 그리고 우울증의 증상을 보이기도 한다. '사회적 차원'에서는 정부의 집회제한, 휴업과 휴교, 직장폐쇄라는 대응을 하는 과정, 쇼핑, 문화활동, 여행 등의 감소현상을 포함한다. 그리고 '세계적 차원'은 보건의료체계가 붕괴되는 현상과 이로 인해 국제여행 및 교역감소, 경제위축, 그리고 정치적 불안이 발생하는 것으로 나타난다.

　이러한 세 가지 차원을 고려하면서 우리 사회에 크나큰 영향을 미치는 신종 감염병에 대해 두 가지 질문을 던지고자 한다. "기존 신종 감염병들은 우리 사회에 어떠한 영향을 미쳤는가?" 그리고 "앞으로 우리는 끊임없이 등장하는 신종 감염병에 어떻게 대응해야 하는가?"

2. 인간과 사회에 대한 신종 감염병의 위협

신종 감염병이 우리 인간과 사회에 미치는 영향과 그 위협의 실체를 파악하기 위해서는 감염병의 전파경로(modes of transmission)를 확인할 필요가 있다. 일반적으로 감염병의 전파경로에는 '직접전파'와 '간접전파'가 있다. 직접전파는 만짐, 키스, 성관계, 비말(droplet) 전파, 동물에 물리거나, 균에 오염된 토양에 노출되고, 보균동물과 직접 접촉으로 인한 병원체에 노출, 그리고 산모가 태반을 통해 태아에게 병원균을 전달하는 수직감염 등을 의미한다. 간접전파는 물, 식품, 혈액, 혈청, 혈장, 그리고 장기와 같은 운반체(vehicle-borne), 모기, 진드기, 벼룩과 같은 매개체(*vector-borne*), 그리고 공기(*airborne*)를 통한 전파를 의미한다.

신종 감염병은 여기에 추가적으로 고려해야 할 두 가지가 있다. 하나는 일반적 감염병의 전파경로와 함께 야생동물과 가축의 영향이 존재한다는 것이고, 다른 하나는 미생물-인간-환경 간의 상호작용이 신종 감염병 유발 환경을 더욱 확대시킨다는 것이다. 이러한 두 가지 특징으로 신종 감염병의 등장과 재출현이 반복해서 끊임없이 나타나고 있다.

먼저, 신종 감염병은 기존의 전파경로 외에 야생동물에서 가축으로 그리고 최종적으로 인간에게 전파되는 과정이 존재한다. 박쥐, 철새, 원숭이, 사향고양이 등과 같은 야생동물은 신종 병원균의 '자연계 병원소'이다. 이 병원소는 가축과 매개체에 병원균을 전달하게 된다.

그림 12-3 **신종 감염병의 발생과정**

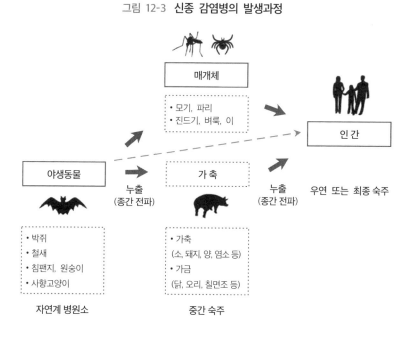

소, 돼지, 양, 염소, 닭, 오리 등의 가축과 모기, 파리, 진드기, 벼룩 등의 매개체는 '중간 숙주' 역할을 함으로써 최종 숙주인 인간에게 신종 병원균을 전파하게 된다. 이런 전파가 가능한 이유는 '종간 전파' 때문이다.

둘째로, 이러한 종간 전파 원리와 함께 미생물 요인, 사람요인, 그리고 환경요인 간의 상호영향으로 신종 감염병의 서식지가 더욱 확대되고 있다. 미생물 요인은 유전적 적응 및 변화로 나타난 새로운 성질을 의미한다. 사람요인은 감염에 취약한 노인 및 만성병 환자의 증가, 국제교역 및 여행과 같은 인구이동의 활성화, 생물테러(bioterrorism) 또는 부적절한 항생제 사용 등이 있다. 그리고 환경요인은 기후변화에 따른 생태

그림 12-4 **미생물-인간-환경의 상호작용을 통한 신종 감염병 출현**

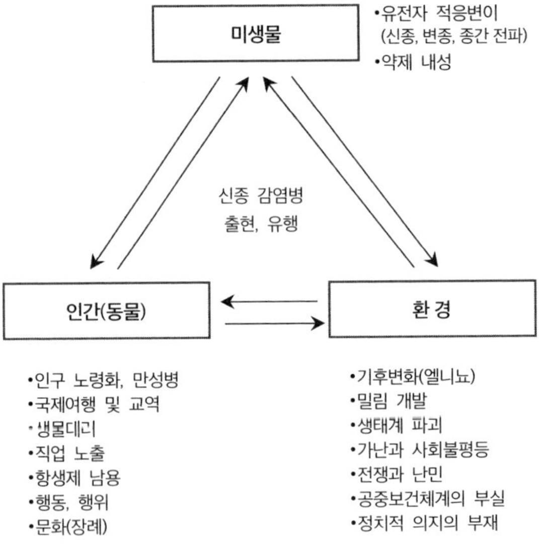

출처: Institute of Medicine (2003).

시스템의 변화와 경제발전과 토지이용 그리고 사회불평등으로 인한 가난 등의 요인을 포함한다. 공중보건서비스의 부재 및 시스템 미비 역시 여기에 해당된다. 더불어 동물 개체 수의 변화와 전쟁, 기근 등 정치적 현안과 정치적 의지 부재, 그리고 잦은 개발로 인한 생태파괴 문제도 있다. 무분별한 산림훼손, 댐건설, 화전, 공장식 사육, 화학비료를 통한 거대농작 문화 등은 신종 감염병 서식지 증대의 또 다른 원인이다.

2011년 5월 초에 유럽은 슈퍼박테리아 공포를 겪었다. 독일에서 시작된 장출혈성대장균(*Enterohemorrhagic Escherichia coli*, EHEC) O104 유행이 유럽 각국으로 퍼지면서 환자와 사망자가 속출한 것이다. EHEC는 1982년 미국에서 덜 익은 햄버거를 먹고 집단 식중독 환자가 발생함으로써 처음 알려진 신종 감염병으로 이후 세계 각국에서 종종 유행했다.

국내에서도 EHEC는 2000년 1군 법정 감염병으로 지정된 이후 매년 50여 명의 환자가 생길 정도로 전혀 새로운 병은 아니다. 일반적으로 대장균은 사람과 동물의 대장에 존재하며 보통 무해하다. 그러나 EHEC는 시가(*Shiga*) 독소를 생성해 세균성 이질과 유사한 증상, 즉 복통 및 피가 섞인 설사를 유발한다. 특히 중증 합병증으로 발생되는 용혈성요독증후군(HUS)은 신장기능부전과 적혈구가 쉽게 파괴되는 용혈성 빈혈을 수반해 사망을 초래할 수 있다. EHEC O157은 대규모 창궐을 부르는 가장 흔한 원인균으로 널리 알려져 있다.

2011년 독일 EHEC 유행을 주도한 원인균은 혈청형 O104로 과거 집단 유행을 일으킨 적이 없는 신종 병원균으로 밝혀졌다. O104는 기존의 O157과 비교했을 때 병독성이 높아 경각심을 불러일으켰다. EHEC O104 감염자에서 HUS 발생률이 30%로 O157보다 10% 높고, 대부분

성인에게서 발생하는 것이 주로 5세 미만 소아에게서 발생하는 O157과 다른 특성이다. 또한 EHEC O104는 광범위한 세파항생제를 포함한 여러 가지 항생제에 내성을 나타내는 등 슈퍼독성균으로까지 불린다.

역학조사 결과, EHEC O104 감염자 대부분이 5월 초 함부르크 축제가 열린 북부 독일을 여행했으며, 공통 식품 감염원에 노출되면서 유행규모가 커진 것으로 추정됐다. EHEC는 오염된 식재료를 섭취하거나 감염자와 직접 접촉함으로써 감염될 수 있다. 이러한 바이러스 영향에 다른 지역의 국가들 역시 안전하지는 않다. 당시 EHEC가 발생한 시점에 미국에서도 독일 여행을 다녀온 4명이 EHEC 환자로 확진받았다. 여기서 알 수 있는 것은 보건당국에서 공항과 항만의 검역을 통해 조기에 감염자를 찾아 격리, 치료함으로써 국내 유입 및 확산을 근원적으로 차단해야 한다는 것이다. 2014년 서아프리카에서 시작된 에볼라 바이러스 병(이하 에볼라)에서도 알 수 있다.

에볼라는 아프리카 밀림의 과일박쥐가 자연계 보유동물로 추정되며 원숭이, 침팬지 및 영양 등 야생동물이 박쥐로부터 감염되어 폐사한다. 사람은 야생동물을 사냥하거나 또는 폐사체를 접촉하면서 감염되고 에볼라 환자와 밀접한 접촉을 하는 가족, 친구 또는 의료진이 2차 감염된다. 따라서 에볼라는 야생동물에게서 사람으로 전파되는 인수공통 감염병의 하나이다. 그러나 사실 에볼라는 사스 또는 인플루엔자처럼 호흡기로 감염이 빠르게 전파되는 것이 아니라, 환자의 혈액 또는 체액(눈물, 침, 소변 등)과 직접 접촉에 의해 감염되기 때문에 세계적으로 확산되어 대유행이 될 가능성은 매우 낮다.

그런데 2014년 당시 에볼라는 서아프리카 기니에서 시작되어 인근

시에라리온, 라이베리아로 확산되고 항공여행객을 통해 나이지리아까지 번졌다. WHO는 전대미문의 사건으로 규정하고 국제공조를 통한 지원 없이는 해결될 수 없는 '국제적 공중보건 위기'로 선언했다. 당시 에볼라의 유행으로 국제적 공중보건 위기 대응에 동참하고자 하는 국제적 움직임이 있었고 한국 역시 보건의료인력 파견을 결정하고 자원자를 모집했다.

1976년 아프리카 중부의 밀림 마을에 처음 출현한 에볼라는 그동안 20여 차례의 유행이 있었지만 최대 400여 명 환자가 발생되고 매번 소멸됨으로써 해외토픽 정도로 기억되었을 뿐이다. 그런데 2014년 에볼라 유행은 최대 규모의 환자 수 및 사망자 수, 가장 넓은 유행지역 및 항공여행을 통한 국가 간 전파 등 유례없는 글로벌 위협이 된 것이다.

현재 국내에서 에볼라 환자가 자체적으로 발생할 가능성은 전혀 없다. 단, 서아프리카 유행국가에 체류 또는 여행한 내·외국인이 현지에서 바이러스에 노출된 후 최대 잠복기 3주 이내에 국내에 입국해 증상이 시작되는 유입환자는 있을 수 있다. 이마저도 에볼라 유행국가로부터 입국하는 사람이 소수이기 때문에 유입환자가 발생할 가능성은 낮을 것으로 예상된다. 에볼라는 밀접한 접촉으로 감염되기 때문에 유행국가에서 체류 중 실제 환자의 혈액 또는 체액에 접촉하거나 또는 감염된 야생동물과 접촉하는 것을 피한다면 감염의 우려는 거의 없다. 그러나 발생할 수 있는 가능성을 열어 두고 철저한 방역체계와 대책을 마련하고 있어야 한다.

에볼라와 같은 감염병에 대한 정부의 방역목표는 첫째 국내 유입환자 발생을 원천적으로 차단한다. 둘째 만약 유입환자가 있다면 조기에 발견·격리치료함으로써 2차감염자가 발생하지 않도록 해야 한다. 셋째 유입환자의 접촉자들을 철저히 모니터링해 추가 환자발생을 조기에 발견해야 한다. 마지막으로 에볼라 확진환자가 있는 경우 최고 수준의 중환자 치료를 동원해 사망자가 발생하지 않도록 해야 한다. 이와 같은 내용은 2009년 한국에서 신종플루 유행 시 국내 보건방역 및 의료체계를 통하여 매우 효과적으로 대응했던 경험에서 배울 수 있다.

3. 한국의 메르스 사태와 교훈

지난 2015년 한국에서 발생한 메르스로 인해 국민들은 감염병에 대한 효과적 대응이 이루어지지 않았을 때 나타나는 재앙을 몸소 뼈아프게 겪어야 했다. 한국에서 첫 메르스 환자가 나타난 것은 2015년 5월 20일이었다. 이 시기만 해도 의료계는 감염병 확산에 큰 관심을 기울이지 않았으며 정부는 관련 병원명을 비공개하는 비밀주의로 일관했다. 이런 안일한 인식과 맞물려 메르스는 7개월 만에 1만 6,752명이 격리되는 결과를 초래했고 186명의 감염자 중 38명이 사망했다.

메르스로 인한 경제적 피해와 사회적 불안과 공포도 매우 심각했다. 메르스로 인한 실제 경제적 피해는 해외관광객 감소, 매출 저하, GDP 감소에서 알 수 있다. 그리고 감염병에 잘 대응하지 못한 정부와 공중보건 대응에 대한 불신과 함께 막연한 공포는 사회적으로 매우 빠르게 확산되었다. 이처럼 사회·문화·경제적으로 막대한 피해를 준 메르스 사태는 국가 대비·대응시스템이 매우 취약했음을 여실히 보여주었다. 또한 감염병 위기 통제시스템 속의 관리조직, 전문인력, 지침 및 매뉴얼, 교육훈련, 위기소통 등에 대해 전면적 재정비 필요성을 논의하게끔 만들었다.

필자는 1999년 국립보건원 근무, 2003년 사스, 2009년 신종플루, 2014년 에볼라, 그리고 2015년 메르스 사태까지 신종 감염병 대응 전문가로서 활동하였으며 특히 2015년 메르스 사태에서 많은 것을 배웠다. 어찌 보면 당시 메르스 사태를 해결하고자 했던 사람들은 모두 감염병과 싸우는 의병과도 같았다.

2015년 5월 30일 아침, 보건복지부의 도움 요청을 받고 감염병 대응 전면에 나섰다. 당시 초기대응에 실패하면서 이미 엎질러진 물이라 국가적 재난이 시작된 뒤였다. 그러기에 전문가로서 이 감염병 확산을 온 힘을 다해 도와야 한다고 생각했다. 당시 상황을 돌아보면 매일 대책회의와 정부의 요청사안, 감염 관련 학회장들과의 소통, 메르스 통제 조건 등 제반 상황들을 고려해야 했다. 당시 메르스 즉각대응팀은 대한감염학회와 의료관련 감염관리학회 전문가가 주축이 되어 활동했고 메르스가 터진 병원에 즉각적으로 감염전문가를 파견했다. 비록 대비는 미흡하고 초기에 많이 당황했지만 이로 인해 얻은 교훈은 국내방역시스템을 개선하여 사전대응체계로 바꿔야 한다는 것이다.

지금은 전 세계를 여행하는 데 3일도 안 걸리는 시대가 되었다. 신종 감염병이 발병한 뒤 대응하는 사후 대비에서 벗어나 사전 대응하는 시스템으로 방역체계를 바꿔야 한다. 다른 신종 감염병처럼 메르스 사태도 사실상 발생할 가능성이 전혀 없어 보였다. 그러나 일단 발생하면 엄청난 충격과 파급효과를 가져오게 된다. 국제 여행이 늘면서 항공기가 전염병을 옮기는 거대한 매개체 역할을 하지만 한국의 대응은 게걸음 수준이다.

메르스 앞에서 서구 선진국 수준을 자부하던 국내 방역체계는 2015년 부끄러운 민낯을 드러냈다. 한국은 신종플루가 나오면 신종플루 과제를 만들고, 메르스가 나타나면 메르스 과제를 만든다. 국내 감염병 대응 연구개발(R&D) 체계는 축구할 때 공만 쫓아 뛰는 '동네 축구'와도 같다. 국내에는 아직까지 바이러스 전문가가 극히 적고 정보통신기술(ICT)이 발달했음에도 불구하고 감염병 현장에서 그 기술이 활용되는 경우를 거의 본 적이 없다. 이제부터라도 기초연구, 치료제 백신 연구 등을 강화해 자기 지역을 지키는 '프리미어리그'의 수준 높은 축구처럼 체계적인 연구개발이 필요하다.

앞으로 정부의 방역체계 개편방안은 역학조사관 확충과 감염병 전문치료병원 지정 등에 중점을 두고 진행해야 한다. 또한 에볼라·메르스·지카 등 여러 신종 감염병들이 동시 다발적으로 발생하고 있는 만큼 정부는 방역의 패러다임도 바꿔야 한다. 전 세계 곳곳에서 발생하는 신종 감염병 유행을 모니터하고 국내유입 위험, 유행 가능성, 환자 및 사망자 등 피해규모 등을 예측·평가하고 우선순위를 매겨서 체계적으로 대비·대응해야 한다. 한국도 미국의 PHEMCE(Public Health Emergency Medical Countermeasures Enterprise)와 같은 보건안보 위기대응 컨트롤타워가 필요하다. 앞으로 또 언젠가 다가올 신종 감염병 대응을 위해 보건안보 위기대응 컨트롤타워를 구축할 필요가 있다.

신종 감염병 대응체제 개편방안의 가장 핵심은 전문인력 활용이다. 그런데 아직까지 역학조사관 확충을 위한 목표 인원수를 채우지 못하고 있다. 정부는 새로 채용하는 역학조사관을 전문임기제 형식으로 뽑고 있지만 정규직이 아닌 계약직 조건이라 우수 전문인력이 근무할 동기부여가 부족해 보인다. 한국에서는 공무원이 감염병을 미리 대비하여 항바이러스제 등을 비축했다가 그 감염병이 나타나지 않으면 징계를 받을 위험이 있기 때문에 대비에 적극적으로 나서지 않는다.

보건복지부 상황실에 있어 보니 공무원들이 무척 바쁘게 움직였지만, 내부조직 시스템이 제대로 작동하지 않는다고 느꼈다. 신종 감염병의 특성상 즉각적으로 진단하고 빨리 후속조치를 해야 함에도 불구하고 결재받는 데 시간을 보내고 있었다. 조직의 한 일원으로서 함께 일하면서 공무원들의 고충을 이해할 수 있었지만 만약 신종 감염병 위기대응 프로세스가 법으로 규정돼 있고 평상시에도 공무원들이 훈련돼 있었다면 일사천리로 신종 감염병 대응과정이 순조롭게 진행되리라고 생각한다.

신종 감염병의 전파력, 치사율, 피해는 예측 불가다. 보건복지부든 국민안전처든, 관계부처와 민간 간에 논의를 하든 간에 가이드라인을 사전에 준비해 놔야 위기상황에서 당황하지 않고 효율적으로 대처할 수 있다. 발 빠른 방역대응을 못하면 언젠가 제2의 메르스 사태가 발생할 것이다. 2015년 메르스의 악몽이 채 가시지도 전에 지구 정반대편 브라질발 지카바이러스 감염증(이하 지카)이 유행했다. 이 유행에 대해서도 WHO가 긴급위원회를 열어 '국제공중보건 비상사태'를 선포할 정도로 긴박한 상태였다.

지카바이러스는 1947년 아프리카 우간다의 지카숲에서 사는 원숭이에게서 처음 발견됐지만 그동안 잘 알려지지 않았다. 지카는 지난

60여 년간 아프리카에서 동남아시아에 이어 남태평양 섬으로 조용히 동쪽으로 확산됐다. 또한 지카 환자 수도 폭발적이지 않았고, 대부분 가볍게 앓고 중증 사례가 없었기에 별다른 시선을 끌지 못했다.

그러다가 2015년 5월 아메리카 대륙의 브라질에서 지카 유행이 처음 확인되고, 11월 지카에 감염된 임신부에서 소두증 환아 출생 빈도가 매우 높다고 알려지면서 비로소 세계적 관심을 끌게 됐다. 아울러 지카에서 급성 말초신경마비가 특징인 길랭·바레증후군이 합병증으로 나타나는 것으로 알려졌다. 아직 지카와 소두증, 길랭·바레증후군 발생의 인과관계에 대한 확증은 없지만 관련성이 매우 높다는 견해가 다수인 만큼 효과적 치료제와 예방백신이 없어 두려움의 원인이 되고 있다.

앞에서도 언급했지만 국가방역의 핵심은 국민들이 해외체류 중 감염되지 않도록 예방에 주의를 기울이고, 만약 해외에서 감염돼 귀국 시에는 조기에 진단 치료해 국내 토착유행을 차단하는 것이다. 2013년 중증열성혈소판감소증후군(SFTS), 2014년 에볼라, 2015년 메르스, 2016년 지카 등 매년 국내외를 불문하고 발생하는 신종 감염병이 우리나라에 직간접으로 큰 영향을 끼치고 있다.

미국 〈뉴욕타임스〉의 칼럼니스트 토머스 프리드먼(Thomas Friedman)이 정보기술(IT) 발달로 실시간 정보와 서비스가 세계적으로 교류되는 것을 빗대어 "세계는 평평하다"고 했듯이 감염병 확산도 글로벌 여행 및 교역의 확대로 "세계는 평평하다"고 말할 정도가 됐다. 보건당국은 감염병 방역에 관한 한 '전 세계가 우리의 방역 영토'라고 인식하고 국제적 교류협력을 통해 감시, 백신, 치료제 개발 등 전방위적 공동대응에 적극 참여해야겠다.

4. 통합전염학적 접근을 통한 대응 모색

21세기는 신종 감염병 유행의 시대라고 할 만큼 신종 감염병이 더욱 빈번하게 발생할 것으로 예상된다. 특히 앞서 언급한 대로 이에 대한 적절한 치료제와 백신이 없는 만큼 그 공포는 가중될 가능성이 높다. 더욱이 지역사회 내에서의 전파보다 병원 내 전파와 유행의 경향으로 어느 때보다 공중보건 시스템 구축의 필요성이 절실히 요구된다. 특히 불안, 두려움, 공포 등 심리적 공황의 전염현상은 또 하나의 대비책을 마련해야 할 사안으로 부각되고 있다. 대중매체, SNS 등이 공포 전염의 매개체 역할을 하는 등 기술매체에 의한 전파력이 막강해지는 만큼 이에 대한 대비책이 필요하다.

한국사회의 메르스 사태를 보면 감염병이 사회 전반에 미치는 파급효과를 알 수 있다. 당시 대중매체의 경쟁적 또는 자극적 보도로 인한 사회불안, 공포심리가 만연했고, 적극적인 소비활동이 위축되었다. 여기에는 소셜 미디어를 통한 근거 없는 소문확산, 예를 들면 공기감염 가능성에 대한 의혹제기 등이 문제가 되었으며 감염자에 대한 낙인찍기가 횡행했다. 정치적 이슈화를 통해 편가르기 식의 분열이 조장된 것도 하나의 사회현상으로 언급할 수 있다.

이러한 이유로 메르스 유행은 결국 사회, 문화, 경제, 정치에 영향을 크게 미칠 수밖에 없었다. 이러한 막대한 피해를 줄이기 위해서라도 국가는 의료, 공중보건, 시민과의 소통을 원활하게 하고, 신속하게 대응할 수 있는 시스템을 구축해야 한다. 여기에는 반드시 감염병에 대한 의학·인문·사회과학의 융합적 이해와 대응이 더욱 효과적일 수 있음을 간과해서는 안 될 것이다.

기존의 신종 감염병 대응 수단은 어떠한가? 먼저 신종 감염병 대응 수단은 비약물조치(Non-Pharmaceutical Interventions)와 의료대응조치(Medical Countermeasures, MCMs)로 나눌 수 있다. 비약물조치는 감시와 검역, 격리와 접촉자 관리 등의 방역조치를 말하고, 의료대응조치는 기기 진단법의 개발, 약물치료 및 예방백신 그리고 생물제제를 의미한다. 이 대응조치는 서로 유기적으로 맞물려 돌아갈 때 신속대응의 효과를 극대화할 수 있으나, 그렇지 못할 경우에는 피해가 기하급수적으로 확대될 수 있다.

결론적으로, 감염병은 의료체계와 공중보건체계의 유기적 시스템 구축이 무엇보다 절실하다. 따라서 WHO의 감염병 유행 시 위기소통 원칙은 우리가 주목해야 할 내용을 담고 있다. 첫째 신뢰구축, 둘째 조기발표, 셋째 투명성, 넷째 공중관심 존중, 다섯째 사전계획이 그것이다. WHO의 다섯 가지 원칙은 바로 우리 사회가 감염병을 억제하고 대응할 수 있는 가장 기초적인 사항으로서 무엇이 필요하고 어떻게 행동해야 하는지 잘 보여준다.

병원감염관리의 실효를 거두기 위해서는 정부와 병원의 공동노력이 필요하다. 병원감염관리를 위한 전담조직 마련이 시급하다. 대부분의 병원에서는 인식부족으로 병원감염관리가 제대로 정립되어 있지 못하다. 보건당국 역시 예방사업으로서 백신접종이나 전염병 유행조사 등에만 주력할 뿐 감염관리에 대해선 전적으로 병원이 책임질 일이라는 잘못된 인식을 갖고 있다. 병원에 근무하는 의사들도 예방조치로서 감염관리 수칙 준수에 적극 나서야 한다.

정부는 병원들이 감염관리의 필요성을 느낄 수 있도록 제도를 바꿔야 한다. 정부는 병원들이 감염관리가 낭비가 아니라 환자의 안전을 확보하고 의료의 질을 향상시키는 투자라는 생각을 하게끔 만들어야 한다. 병원감염관리 비용책정으로 적정의료수가를 보장하고 병원평가제도를 통한 감염관리 우수병원 인증을 하고 결과에 따라 인센티브를 제공하는 것도 고려해야 한다.

또한 병원감염관리 전문인력 양성에도 힘써야 한다. 국가 감염병 대응체계에서 중앙 감염병 전문병원의 역할이 중요한 것이다. 중앙 감염병 전문병원은 전문인력에 대한 교육과 진료는 물론 국가적 감염병에 대한 싱크탱크 역할을 해야 한다. 싱크탱크 전문가가 질병관리본부에서 일할 수 있고 반대로도 가능해야 한다. 질병관리본부에서 많은 공무원들이 애쓰고 있지만 감염병 대비 역량을 키울 수 없고 싱크탱크 역할을 할 시간도 없다. 중앙 감염병 전문병원은 연구, 교육 외에도 정책의 싱크탱크도 맡아야 한다. 중앙 감염병 전문병원 연구용역 결과가 실제 정책적으로 시행되어야 하는 것이다.

감염병의 발생은 인간 그리고 사회 속에서 늘 있어왔다. 감염병의 유행은 항상 사회와 국가에 지대한 영향을 미쳐왔다. 앞에서 살펴봤듯이 문제는 단순히 감염병이 죽음에 이르게 한다는 것뿐만이 아니다. 예컨대 감염병에는 반드시 병원소, 매개체, 감염력과 감염경로를 갖게 되며 또한 잠복기, 합병증, 중증도, 증상, 치사율이라는 다양한 변수를 동반한다.

이로 인해 인간은 감염병이 발병하게 되면 치료를 위한 격리, 사망에 대한 공포, 불안, 우울 등으로 인한 스트레스에 노출되고 사회에서는 단체행동의 제한, 휴업 및 휴교, 소비·문화 활동의 감소 등을 야기한다. 이는 국가적으로 보건의료체계에 대한 정비, 교역감소, 경제위축, 정치적 불안이라는 후유증을 겪게 한다.

따라서 감염병은 인간과 사회의 관계 속에서는 항상 하나의 네트워크처럼 유기적으로 영향을 주고받게 되며, 이는 개인차원에서 국가차원으로 이어질 수밖에 없음을 보여준다. 이러한 현실 속에서 우리는 더욱 통합전염학적 접근을 통한 감염병 대응에 관해 고민해야 할 것이다.

참고문헌

Morens, D. M., Folkers, G. K., & Fauci, A. S. (2004). The challenge of emerging and re-emerging infectious diseases. *Nature*, 430 (6996), 242-249.

찾아보기

(용어)

ㅈ~ㅊ

기타

찾아보기

(인명)

저자 소개

(게재순)

박길성 (Park, Gil-Sung)

미국 위스콘신대(University of Wisconsin-Madison)에서 사회학 박사학위를 받았다. 현재 고려대 사회학과 교수이자 교육부총장이다. 경제사회학, 사회발전론, 세계화와 관련된 다양한 주제에 관심을 갖고 연구 중이다. 《한국사회의 재구조화》, 《사회는 갈등을 만들고 갈등은 사회를 만든다》 등 다수의 저서가 있다.

김성도 (Kim, Sung Do)

프랑스 파리 제 10 대학(Université Paris Nanterre)에서 언어학 박사학위를 받았다. 현재 고려대 언어학과 교수로 고려대 응용문화연구소를 창립해 소장을 맡고 있다. 주요 저서로는 《로고스에서 뮈토스까지》, 《도시 인간학》을 비롯해 다수이며, 《그라마톨로지》, 《퍼스의 기호 사상》, 《소쉬르의 마지막 강의》 등의 고전들을 번역했다.

오인규 (Oh, Ingyu)

미국 오리건대(University of Oregon)에서 사회학 박사학위를 받았다. 현재 고려대 민족문화연구원 교수로 경제사회학과 문화사회학을 연구하고 있으며, 세계한류학회(World Congress for Hallyu) 회장을 맡고 있다. 주요 저서로는 *Mafioso, Big Business and the Financial Crisis*와 *The Political Economy of Business Ethics in East Asia* 등이 있다.

정하웅 (Jeong, Hawoong)

서울대 자연과학대학에서 물리학 박사학위를 받았다. 현재 한국과학기술원(KAIST) 물리학과 교수로 재직 중이다. '복잡계 네트워크'라는 새로운 연구분야를 개척하며 물리학, 생물학, 사회학, 컴퓨터 분야를 넘나드는 논문들을 발표했다. 주요 저서로는《구글 신은 모든 것을 알고 있다》(공저) 등이 있다.

이병휘 (Lee, Byunghwee)

현재 한국과학기술원(KAIST) 물리학과에서 석박사 통합과정에 재학 중이다. 복잡계 네트워크 이론과 데이터 과학을 이용한 사회·문화 현상에 관한 연구를 진행 중이다. 최근에는《조선왕조실록》(*The Annals of the Joseon Dynasty*)을 연구하고 있다.

김익환 (Kim, Ik-Hwan)

미국 럿거스대(Rutgers University)에서 생물화학공학 박사학위를 받았다. 고려대 생명과학부 교수로 재직 중이며 생명과학대학 학장을 역임했다. 현재 고려대 생물방어연구소 소장이다. 연구분야는 생물공학, 동물세포 배양, 그리고 백신 및 세포치료제 등이며 국내외 특허 18건도 보유하고 있다.

이장혁 (Lee, Janghyuk)

프랑스 ESSEC 경영대에서 경영학 박사학위를 받았다. 현재 고려대 경영학과 마케팅 전공 교수로 재직 중이다. 소셜 네트워크를 활용한 신제품 확산, 고객생애가치 증진을 위한 로열티 프로그램 디자인, 디지털 마케팅에 대해 연구 중이다. 주요 저서로는《웹마케팅 혁명》(공저)과《창의성에 관한 11가지 생각》(공저) 등이 있다.

강수환 (Kang, Sou Hwan)

고려대 사회학과 박사과정에 재학 중이다. 고려대 한류융복합연구소 연구원이자 대학원 주니어 리서치 펠로우(*Junior Research Fellow*)로서 경제·조직사회학, 제도변화, 그리고 문화산업에 관해 연구하고 있다. 최근 연구로는 "Overcoming Ethical Issues through Symbolic Management, Cultivating Proponents and Storytelling" 등이 있다.

이종훈 (Lee, Jong-Hun)

고려대 사회학과 박사과정에 재학 중이다. 경제사회학, 사회발전론을 전공하고 있으며, 이를 토대로 '대형 국가프로젝트'와 '한국의 가계부채 문제'에 대해 연구하고자 한다. 경제위기의 원인과 경과를 조금 더 쉽게 이해할수는 없을지 고민하며 공부하다가 이 책의 출판에 참여하게 되었다.

김민형 (Kim, Minhyoung)

고려대에서 영상문화학 박사학위를 받았다. 현재 한국외국어대 지식콘텐츠학부 교수로 재직 중이다. 연구분야는 영상문화, 대중문화, 그리고 기호학 등이다. 주요 논문으로 "Anthropological-Semiotics of Rhythm and Animating Modernity in China: A Rhythmanalysis of Princess Iron Fan" 등이 있다.

지승학 (Chi, Seunghak)

고려대에서 영상문화학 박사학위를 받았다. 현재 고려대 응용문화연구소연구교수로 재직 중이다. 2011년 〈동아일보〉 신춘문예 영화평론 부문에 낭선하여 한국영화평론가협회 소속 평론가로 활동 중이다. 연구분야는 영상문화, 영화기호론, 영화비평이론, 그리고 시각기호학 등이다.

강소정 (Kang, Sojung)

고려대 영상문화학협동과정 박사과정에 재학 중이다. 갤러리에서 전시기획자로서 다년간 활동하고 있으며, 현대미술에서의 매체와 기억에 관한 문제에 관심을 갖고 연구 중이다.

김우주 (Kim, Woo Joo)

고려대에서 의학 박사학위를 받았다. 현재 고려대 의과대학 구로병원 감염내과 교수로 재직 중이다. 메르스 대응 민관합동대책본부 공동위원장을 역임하고 고려대 신종인플루엔자 범부처 사업단을 이끌고 있다. 주요 저서로《이기적인 바이러스 플루》, 역서로는《인플루엔자》등이 있다.